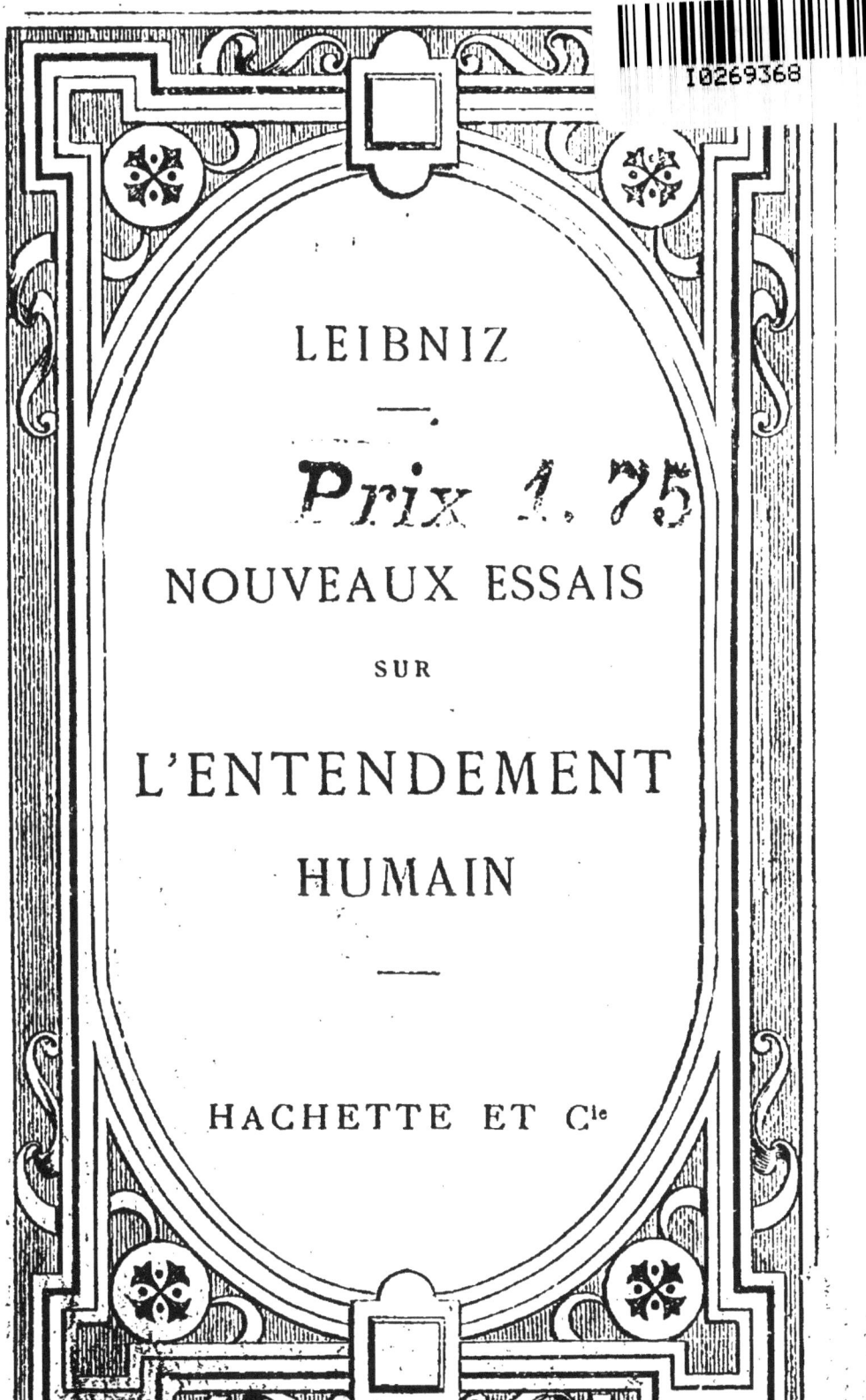

LEIBNIZ

Prix 1.75

NOUVEAUX ESSAIS

SUR

L'ENTENDEMENT

HUMAIN

HACHETTE ET Cie

8º
14976

LEIBNIZ

NOUVEAUX ESSAIS

SUR

L'ENTENDEMENT HUMAIN

A LA MÊME LIBRAIRIE

Leibniz : *La Monadologie*, publiée d'après les manuscrits de la Bibliothèque de Hanovre, avec introduction, notes et suppléments par M. H. Lachelier. Petit in-16, cartonné.   1 fr.

— *Extraits de la Théodicée*, publiés avec une introduction et des notes par M. P. Janet, membre de l'Institut, professeur à la Faculté des lettres de Paris; 3e édition. 1 vol. petit in-16, cartonné.   2 fr. 50

LEIBNIZ

NOUVEAUX ESSAIS

SUR

L'ENTENDEMENT HUMAIN

PUBLIÉS

AVEC UNE INTRODUCTION, DES NOTES ET UN APPENDICE

PAR

HENRI LACHELIER

Professeur de philosophie au Lycée Janson de Sailly

DEUXIÈME ÉDITION

PARIS

LIBRAIRIE HACHETTE ET Cie

79, BOULEVARD SAINT-GERMAIN, 79

1898

INTRODUCTION

AVANT-PROPOS

HISTOIRE DES NOUVEAUX ESSAIS.

Les *Nouveaux Essais* de Leibniz ne furent pas publiés du vivant de leur auteur. Ils parurent pour la première fois en 1765, c'est-à-dire près de cinquante ans après la mort de Leibniz, dans l'édition de ses œuvres publiée par E. Raspe.

Voici, d'après M. Gerhardt, qui publie en ce moment une édition définitive des œuvres philosophiques de Leibniz, l'histoire des *Nouveaux Essais*. Locke avait donné en 1690 son *Essay concerning human Understanding*. Leibniz lut cet ouvrage, et, comme les idées qui s'y trouvaient développées étaient en contradiction avec ses propres théories, il rédigea, suivant son habitude, tout en lisant, quelques remarques, qu'il fit parvenir à Locke. Nous publions ces remarques à la fin du volume sous les titres suivants : *Sur l'Essai de l'Entendement humain de M. Locke*, et *Échantillon de réflexions sur le premier livre de l'Essai de l'Entendement de l'homme* (*Extraits* n°ˢ 1 et 2).

En 1700 parut la traduction française de l'Essai de Locke, par Pierre Coste. Cette traduction permit à Leibniz, qui, de son propre aveu, savait mal l'anglais, de mieux saisir la pensée de Locke. C'est alors que, voyant le succès croissant du livre du philosophe anglais, il se décida à répondre à l'*Essai* par un grand ouvrage. Cet ouvrage fut composé dans les années qui suivirent 1700 et terminé vers 1703 ou 1704. Leibniz y travaillait, comme il le déclare lui-même, à ses moments perdus, quand il était en voyage, quand il ne pouvait vaquer à des recherches qui demandaient « plus de besoin ». L'ouvrage fut achevé vers 1704, mais plusieurs raisons en retardèrent la publication. D'abord Leibniz commença par confier ses manuscrits, qui avaient été rédigés un peu à la hâte, à un Français, pour qu'il en revît le style ; cette revision se prolongea jusqu'en 1705. L'année suivante il entra en correspondance avec P. Coste, et celui-ci lui fit savoir que sa traduction de l'*Essai* avait été revue et enrichie par Locke lui-même ; il conseillait vivement à Leibniz d'attendre, pour donner son ouvrage au public, qu'il eût pris connaissance de la nouvelle édition qu'il préparait de sa traduction. Enfin une dernière raison décida Leibniz à ajourner la publication de son livre et même à en modifier complètement le plan. Pour rendre plus facile l'intelligence de ses idées, et mieux faire sentir la valeur des objections qu'il adressait à Locke, il avait donné à son ouvrage la forme d'un dialogue, dans lequel deux amis, Philalèthe et Théophile, soutenaient, le premier les idées de Locke, le second les siennes propres. Mais la mort de Locke était survenue en 1704, et Leibniz, trouvant indélicat de publier une réfutation d'un homme qui ne pouvait pas se défendre, finit par se décider à composer un grand ouvrage original, où il exposerait sa propre théorie de la connaissance sans se préoccuper de celle de son adversaire. Mais il ne mit jamais ce projet à exécution ; il commença un autre ouvrage, la *Théodicée*, et, peu à peu, renonça à rien publier sur Locke et la *Théorie de la connaissance.*

C'est seulement en 1765 que Raspe publia le manuscrit du dialogue entre Philalèthe et Théophile, que Leibniz avait laissé inachevé, au moins quant à la forme. Raspe donna à ce dialogue le titre que Leibniz lui-même lui avait donné : *Nouveaux Essais sur l'entendement humain, par l'auteur du Système de l'Harmonie préétablie.*

Les *Nouveaux Essais* furent réimprimés dans l'édition des œuvres philosophiques latines, françaises et allemandes de Leibniz, par Erdmann (Berlin, 1840).

Une nouvelle édition, par M. Jacques, parut en 1847.

M. Janet les a fait entrer dans son édition classique des œuvres de Leibniz.

Enfin M. Gerhardt vient d'en donner une nouvelle édition, dont le texte a été revu sur les manuscrits, dans le cinquième volume des *Écrits philosophiques de Leibniz*, qui sont encore en cours de publication.

Nous avons corrigé le texte de Erdmann en le comparant à celui de M. Gerhardt.

VIE ET ÉCRITS DE LEIBNIZ.

Nous croyons devoir écrire le nom de Leibniz par un simple *z*. L'orthographe contraire (*Leibnitz*) peut sembler justifiée, comme le remarque M. Kuno Fischer, par ce fait que le nom de Leibniz est d'origine slave (*Lubeniecz*) et rappelle les noms de villes en *itz* de même origine, fréquents dans l'Allemagne orientale, et même dans la Saxe, patrie de Leibniz : par exemple *Crostewitz*, *Plagwitz*, aux environs de Leipzig, *Chemnitz*, etc. Mais nous avons une raison décisive pour préférer l'orthographe la plus simple, c'est que c'est celle dont Leibniz lui-même s'est toujours servi. La prononciation reste d'ailleurs exactement la même, le *z* allemand ayant la valeur d'un *tz*.

INTRODUCTION.

Il ne faudrait pas conclure de l'origine de son nom que Leibniz fût un Slave, ni chercher en lui le génie de la race slave. M. Kuno Fischer le revendique énergiquement à l'Allemagne. Ses ancêtres, en effet, aussi loin qu'on puisse remonter, étaient Saxons et ont même occupé en Saxe des positions officielles. Son arrière grand-père était magistrat à Altenburg, près de Leipzig. Son grand-père exploitait des mines dans les montagnes saxonnes. Enfin son père, élevé à Meissen, près de Dresde, accomplit à Leipzig toute une longue carrière universitaire. Il était, au moment de la naissance de Leibniz (Gottfried-Wilhelm), professeur de morale à l'université de cette ville.

La vie de Leibniz, au point de vue purement philosophique, présente un intérêt moins direct que celle de Descartes par exemple. L'histoire de sa carrière n'est pas, en effet, l'histoire de son esprit et de ses découvertes. Il n'y a guère de rapport entre les diverses charges qu'il remplit en Allemagne, à la cour de Hanovre, et les études philosophiques et mathématiques qui ont fait sa célébrité. Leibniz fut mêlé à la plupart des événements politiques et religieux de son temps, et c'est au milieu d'une vie publique agitée que son esprit prodigieusement actif trouva moyen de fonder une nouvelle philosophie et une nouvelle science[1]. Nous allons donc seulement indiquer les principales époques de sa vie ; nous ferons connaître ensuite ses principaux ouvrages philosophiques.

---

[1]. Bien que nous n'ayons pas à parler ici de la partie mathématique de l'œuvre de Leibniz, nous ne pouvons nous dispenser d'indiquer sa principale découverte scientifique, celle du *Calcul différentiel*, qu'il fit en 1070, à peu près en même temps que Newton. On connaît le débat qui s'éleva entre ces deux grands hommes sur la question de priorité.

Leibniz est né, le 21 juin 1646, à Leipzig. Il fit ses premières études dans cette ville, au gymnase Saint-Nicolas (Nicolaïschule), qui existe encore aujourd'hui, et se fit immatriculer à l'université, au commencement du semestre d'été de 1661. En 1666, après cinq ans d'études à Leipzig et à Iéna, il se fit recevoir docteur en droit à Altdorf, près de Nuremberg, avec une thèse à moitié juridique, à moitié philosophique, sur le sujet suivant : *De casibus perplexis in jure.*

Les dix années qui suivirent (1666-1676) furent employées par Leibniz à des voyages. Après avoir séjourné dans différentes villes de l'Allemagne, il se rendit en 1672 à Londres, en passant par Paris, puis en 1673 il vint s'établir à Paris, où il resta jusqu'à la fin de 1676. C'est pendant ces trois années qu'il devint à la fois écrivain français et grand mathématicien. Les principaux savants et lettrés avec lesquels il fut en relation pendant son séjour à l'étranger furent : à Paris, le théologien Arnauld, le physicien hollandais Huygens et le mathématicien logicien allemand Walther von Tschirnhausen; à Londres, le chimiste Boyle et le mathématicien Collins[1]. En traversant la Hollande pour retourner dans son pays il alla voir, à Amsterdam, Spinoza, avec lequel il était déjà entré en correspondance à propos d'une question d'optique.

En 1676 Leibniz fut nommé, par le prince Frédéric de Brunswick-Lünebourg, conservateur de la Bibliothèque de Hanovre, charge qu'il conserva jusqu'à sa mort. Il reçut bientôt, en outre, la mission d'écrire l'histoire de la maison de Brunswick, et entreprit même, à ce sujet, en 1687, un voyage de trois ans en Allemagne et en Ita-

---

[1]. Qui le mit peut-être au courant des travaux de Newton.

lie. Pendant les quarante années qui s'écoulèrent depuis sa nomination à Hanovre jusqu'à sa mort, Leibniz participa activement à toutes les affaires dans lesquelles se trouvèrent engagés les ducs de Hanovre. Il fut le conseiller intime et l'ami des ducs Jean-Frédéric, Ernest-Auguste, enfin de Georges-Louis, qui devait devenir roi d'Angleterre sous le nom de George Ier. Nous croyons inutile d'entrer dans le détail de la vie pour ainsi dire politique de notre philosophe. Nous nous contenterons d'en noter deux points importants : la manière active dont il contribua aux négociations entreprises, à la fin du dix-huitième siècle, pour amener un rapprochement entre l'Église catholique et l'Église protestante, et surtout ses efforts pour favoriser le développement de l'étude des sciences en Allemagne. La Société des sciences de Berlin, transformée en Académie en 1744, fut fondée par le roi de Prusse, Frédéric Ier, sur ses conseils. Leibniz passa les années 1712-1714 à Vienne, où l'empereur d'Autriche l'avait appelé comme conseiller particulier, revint à Hanovre en 1714, et y mourut le 14 novembre 1716.

Leibniz commença de fort bonne heure à philosopher. Il raconte lui-même que, à peine âgé de quinze ans, il se promenait dans le parc de Leipzig, le Rosenthal, et y méditait des journées entières pour savoir s'il prendrait parti pour Démocrite ou pour Aristote. Son système, néanmoins, ne se forma pas en un jour; il « changea et rechangea », comme il le dit lui-même, et ce n'est qu'après « une délibération de vingt ans » (vers 1680) que ses principales idées furent arrêtées et qu'il se trouva satisfait.

Leibniz n'a jamais exposé systématiquement sa doctrine dans un ouvrage de longue haleine. Les deux seuls grands traités que nous ayons de lui, les *Nouveaux Es-*

sais et la *Théodicée*, ne contiennent, ni l'un ni l'autre, toute sa pensée métaphysique. Elle est restée en partie éparse dans un nombre considérable de petits traités, d'articles de revues, et surtout dans la correspondance qu'il entretenait avec les principaux savants de son temps. Indiquons les titres de ses principaux écrits, de ceux qu'il est indispensable de connaître pour comprendre sa philosophie.

Parmi les articles (publiés surtout dans les *Acta Eruditorum Lipsiensium* et dans le *Journal des Savants*):

Meditationes de cognitione, veritate et ideis (abrégé d'une théorie de la connaissance : *Acta*, 1684).

De primæ philosophiæ emendatione et notione substantiæ (nouvelle conception de la substance : *Acta*, 1694).

Système nouveau de la nature et de la communication des substances et *Eclaircissement de ce système* (premier aperçu de la théorie des Monades : *Journal des Savants*, 1695 et 1696).

De ipsa natura sive de vi insita actionibusque creaturarum (sur la force et le mouvement : *Acta*, 1698).

Parmi les petits traités, écrits pour différentes personnes :

Discours de métaphysique. (Résumé des principales idées métaphysiques de Leibniz, écrit pour Arnauld, au commencement de 1686, et publié pour la première fois par Grotefend, en 1846).

De rerum originatione radicali (1697), publié par Erdmann, d'après les manuscrits de la Bibliothèque de Hanovre. (Sur les principes métaphysiques de l'explication de l'univers.)

La *Monadologie*, écrite pour le prince Eugène de Savoie, en 1714, où Leibniz donne un résumé succinct de toute sa philosophie.

Les *Principes de la Nature et de la Grâce*, qui peuvent être considérés comme une autre rédaction de la Monadologie (1714).

Parmi les lettres, nous indiquerons comme les plus importantes :

Quelques lettres à Bayle.

La *Correspondance avec Arnauld*, de 1686 à 1690, en français.

La *Correspondance avec de Volder*, 1690-1706.

La *Correspondance avec le P. Desbosses*, 1706-1716, en latin.

La *Correspondance avec Clarke*, 1714-1716, qui s'arrête à la mort de Leibniz.

Les *Nouveaux Essais sur l'Entendement humain*, en quatre livres, qui furent terminés vers 1704, et dont nous donnons l'Avant-Propos et le premier livre, sont l'exposé d'une théorie générale de la connaissance humaine, opposée à celle de Locke.

Les Essais de *Théodicée, sur la bonté de Dieu, la liberté de l'homme et l'origine du mal* (1710) ont pour objet principal de justifier la Providence de l'existence du mal dans le monde ; Leibniz y expose (part. I, § 32 sqq.) ses idées sur le libre arbitre.

LA PHILOSOPHIE DE LEIBNIZ

AVANT-PROPOS.

Les *Nouveaux Essais* de Leibniz sont, comme nous l'avons déjà dit, une réfutation de la théorie de la connaissance humaine que Locke avait exposée dans son *Essai philosophique concernant l'Entendement humain*. L'âme est-elle passive et purement receptive comme une tablette où rien n'a encore été écrit, mais où tout peut être écrit, ou bien possède-t-elle une activité propre et peut-elle tirer de son fonds certaines connaissances qui dépassent l'expérience sensible? Telle est la question que les Cartésiens et Locke avaient posée, et résolue en sens différents. Cette question pourrait être formulée plus brièvement ainsi: Y a-t-il ou n'y a-t-il pas en nous une Raison?

Nous ne pouvons néanmoins nous borner, dans cette introduction, à l'exposition de la théorie de la connaissance de Leibniz. Leibniz en effet, au cours de la discussion, s'écarte à chaque instant du problème particulier qu'il veut résoudre. Suivant son habitude, il saisit toutes les occasions pour développer une fois de plus les théories métaphysiques qui lui sont chères. C'est ainsi que dans l'Avant-Propos et même dans les premières pages du premier livre de ses *Essais*, il trouve moyen de revenir sur ses principales découvertes métaphysiques: l'Harmonie préétablie, la théorie des petites perceptions, le système des Monades. Il est donc impossible de séparer dans cette étude la Théorie de la connaissance de la Métaphysique. La théorie de la connaissance tire d'ailleurs ses principes de la Métaphysique, car la question des principes de l'existence et la question des principes de la connaissance sont solidaires l'une de l'autre et sont peut-être au fond une seule et même question. La doctrine des idées de Platon, la doctrine des quatre causes d'Aristote sont tout à la fois des systèmes logiques et des systèmes métaphysiques. Le cartésianisme a fondé une science nouvelle, en fondant une nouvelle théorie de la connaissance. Le système nouveau de la communication des substances, que Leibniz avait introduit dans la science philosophique, devait avoir pour complément une nouvelle théorie de l'entendement humain.

Nous commencerons l'étude de la philosophie de Leibniz par la métaphysique, et nous passerons de la métaphysique à la théorie de la connaissance. Nous avons pour suivre cet ordre deux raisons : la première est que c'est la méthode d'exposition qui semble présenter le plus de clarté ; la seconde est que c'est la marche que paraît avoir suivie la pensée de Leibniz. Leibniz a commencé sa carrière philosophique par une réforme métaphysique. Nous le voyons pendant longtemps uniquement préoccupé de substituer une nouvelle théorie de la substance à celle de Descartes. Ce n'est que plus tard, à l'occasion du livre de Locke, qu'il eut nettement conscience de la nécessité de compléter son œuvre par une théorie de la connaissance humaine et qu'il se décida à entreprendre un ouvrage sur ce sujet.

Cette introduction sera donc divisée en deux parties :
1º Esquisse de la Métaphysique de Leibniz ;
2º Théorie de la Connaissance.

PREMIÈRE PARTIE

ESQUISSE DE LA MÉTAPHYSIQUE DE LEIBNIZ[1]

I

APERÇU GÉNÉRAL.

La Métaphysique cartésienne consistait essentiellement dans l'opposition de deux substances radicalement différentes, irréductibles l'une à l'autre, l'Étendue et la Pensée, l'Étendue identique à la Matière, la Pensée identique à l'Esprit. Spinoza comprit ce qu'il pouvait y avoir d'arbitraire dans ce dualisme absolu. Il pensa que la réalité devait être une, et des deux substances de Descartes, la Pensée et l'Étendue, il fit deux attributs d'une substance unique, qu'il appela Dieu. Leibniz est, avec Spinoza, l'adversaire du dualisme cartésien. Mais, tandis que la substance de Spinoza reste une sorte de tout indivisible, Leibniz reconnaît l'existence d'une pluralité de substances. Il n'y a qu'un seul être pour Spinoza; il y en a une infinité pour Leibniz. En résumé, Descartes admet deux espèces de réalités, Spinoza n'en reconnaît qu'une, mais cette réalité pour lui est renfermée tout entière

---

[1]. Nous ne reviendrons pas sur les difficultés, déjà signalées dans l'Introduction à la Monadologie, que rencontre une exposition de la doctrine métaphysique de Leibniz. Nous rappellerons seulement que cette doctrine a varié et même, sur certains points, n'est jamais parvenue à une forme définitive, et que, d'autre part, Leibniz donnait une forme différente à ses idées suivant les lecteurs auxquels il s'adressait. L'interprétation idéaliste que nous allons donner du système des Monades nous semble la seule qui soit d'accord avec les textes des dernières années de la vie de Leibniz.

dans un seul être. Leibniz comme Spinoza ne reconnaît qu'une seule espèce de réalité ; mais cette réalité est pour ainsi dire morcelée en une infinité d'êtres. Telle est la pensée fondamentale que l'on retrouve dans tous les écrits métaphysiques de Leibniz. Nous allons essayer de l'exposer systématiquement.

II.

NOUVELLE THÉORIE DE LA SUBSTANCE.

C'est la Physique qui paraît avoir conduit Leibniz à sa théorie métaphysique de la Substance. Il se borna d'abord à modifier et à compléter l'explication cartésienne des phénomènes du monde physique, qui lui paraissait insuffisante, puis il la transforma complètement par une conception toute nouvelle des substances et de l'univers.

A la question : Quelle est l'essence des corps ? Descartes répond : l'Étendue. Ce qui est réel dans un corps, ce n'est ni sa couleur, ni sa température, ni même sa pesanteur ou la résistance qu'il oppose à nos efforts pour le déplacer, c'est l'étendue qu'il occupe dans l'espace. Quant aux caractères des corps, ils se ramènent tous à des modes de l'étendue : leurs changements sont des mouvements dans l'espace. Avec de la matière et du mouvement Descartes se flattait de reconstruire le monde *a priori*.

Quand Leibniz, élevé dans la philosophie scolastique, connut le système cartésien, il nous déclare lui-même qu'il l'adopta d'abord avec enthousiasme : « Leurs belles manières d'expliquer la nature mécaniquement me charmèrent, et je méprisais avec raison la méthode de ceux qui n'emploient que des formes et des facultés dont on n'apprend rien[1] ». C'est qu'en effet les scolastiques, avec leurs formes et leurs facultés, ne donnaient que l'apparence d'une explication, tandis que Descartes, en ramenant tous les phénomènes à un principe simple, dont la raison trouve en elle-même la notion claire et distincte, le mouvement, expliquait véritablement les changements d'état des corps.

Leibniz pourtant ne s'en tint pas longtemps aux principes de Descartes, ou tout au moins à la lettre de ses principes. Différentes considérations, les unes physiques, les autres métaphysiques, le conduisirent à perfectionner d'abord l'explication mécanique des phénomènes, puis à remplacer la théorie cartésienne, qui opposait l'étendue à la pensée, par l'idéalisme absolu de la Monadologie. Voici quelles furent ces considérations.

Les corps, suivant Descartes, ne sont que des portions de l'étendue; tous leurs caractères sont des modes de l'étendue, tous leurs changements sont des mouvements dans l'étendue; aussi la science du monde physique ne diffère-t-elle pas de la science de l'étendue, c'est-à-dire de la Géométrie. Cette théorie, qui est le fondement de la science cartésienne, reposait avant tout sur des raisons *a priori*. Je conçois clairement et distinctement la matière comme une chose étendue : donc l'étendue est l'essence des choses matérielles, donc les qualités des corps se ramènent aux modes de l'étendue. Mais encore faut-il que la théorie, édifiée par la raison, s'accorde avec les faits, et Leibniz n'eut pas de peine à démontrer qu'il y a certaines propriétés des corps, certaines lois des mouvements des corps, dont il est impossible de rendre compte par la seule notion d'étendue.

1. *Système nouveau*, § 2.

Si l'essence des corps est l'étendue et rien que l'étendue, les corps doivent être absolument indifférents au mouvement ou au repos; ils ne doivent opposer aucune résistance aux impulsions qu'ils reçoivent. Or c'est un fait bien facile à vérifier que les corps résistent au mouvement et qu'il faut plus d'effort pour déplacer un grand corps qu'un petit. Descartes lui-même enseigne dans ses *Principes* que tout corps qui rencontre et déplace un autre corps perd autant de mouvement qu'il en communique à ce corps. Mais pourquoi cette perte de mouvement, si les corps ne sont rien qu'étendus? Descartes, pour répondre à cette question, invoquait la grande loi suivant laquelle la même quantité de mouvement se conserve toujours dans le monde. Si le corps qui reçoit l'impulsion d'un autre corps se mettait en mouvement avec toute la vitesse de ce corps, il y aurait une véritable création de mouvement, puisque, au lieu d'un corps animé d'une certaine vitesse, il y aurait deux corps animés de cette même vitesse. C'est pourtant, répond Leibniz, ce qui devrait arriver si l'essence des corps consistait seulement à être étendus en longueur, largeur et profondeur. « S'il n'y avait dans les corps qu'une masse étendue, et s'il n'y avait dans le mouvement que le changement de place, et si tout se devait et se pouvait déduire de ces définitions toutes seules par une nécessité géométrique, il s'ensuivrait que le moindre corps donnerait au plus grand, qui serait en repos et qu'il rencontrerait, la même vitesse qu'il a, sans perdre quoi que ce soit de la sienne[1]. » Les choses ne se passent pas ainsi, parce qu'il y a dans le corps qui reçoit l'impulsion, outre son étendue, une certaine force de résistance, et dans celui qui donne

---

1. *Disc. de Métaph.*, § 21.

l'impulsion une certaine force active qui triomphe de la résistance qui lui est opposée. On voit donc que la loi cartésienne de la conservation de la même quantité de mouvement suppose déjà que l'essence des corps ne consiste pas seulement dans l'étendue.

D'ailleurs, quand même les Cartésiens pourraient accorder cette loi avec la théorie qui identifie l'essence des corps avec l'étendue, ils ne pourraient pas, avec leurs principes, expliquer cette autre loi, que deux corps qui ont la même quantité de mouvement peuvent déployer une force active différente, ou, inversement, que deux corps peuvent déployer la même force active, sans avoir la même quantité de mouvement.

« Je suppose qu'un corps tombant d'une certaine hauteur acquiert la force d'y remonter, si sa direction le porte ainsi, à moins qu'il ne se trouve quelques empêchements : par exemple un pendule remonterait parfaitement à la hauteur dont il est descendu, si la résistance de l'air et quelques autres petits obstacles ne diminuaient un peu sa force acquise. Je suppose aussi qu'il faut autant de force pour élever un corps A, d'une livre, à la hauteur CD, de quatre toises, que pour élever un corps B, de quatre livres, à la hauteur EF, d'une toise. Tout cela est accordé par nos nouveaux philosophes (les Cartésiens). Il est donc manifeste que le corps A, étant tombé de la hauteur CD, a acquis autant de force précisément que le corps B, tombé de la hauteur EF; car le corps B, étant parvenu en F, et y ayant la force de remonter jusqu'à E (par la première supposition), a par conséquent la force de porter un corps de quatre livres, c'est-à-dire son propre poids, à la hauteur EF, d'une toise, et de même le corps A, étant parvenu en D et y ayant la force de remonter jusqu'à C, a la force de porter un corps d'une livre, c'est-à-dire son propre corps, à la hauteur CD, de quatre toises. Donc (par la seconde supposition) la force de ces deux corps est égale. Voyons maintenant si la quantité de mouvement est aussi la même de part et d'autre[1], mais c'est là où on sera surpris de trouver une différence grandissime. Car il a été démontré par Galilée que la vitesse acquise par la chute CD est double de la

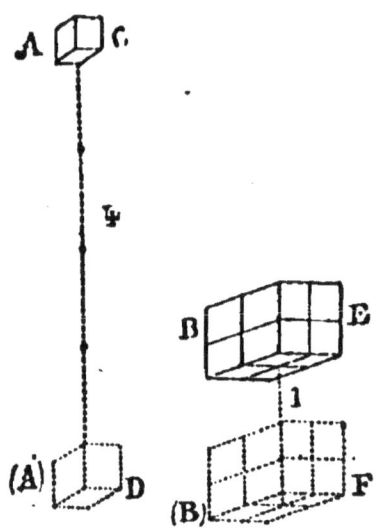

vitesse acquise par la chute EF, quoique la hauteur soit quadruple. Multiplions donc le corps A, qui est comme 1, par sa vitesse, qui est comme 2, le produit ou la quantité de mouvement sera comme 2, et, de l'autre part, multiplions le corps B, qui est comme 4, par sa vitesse, qui est comme 1, le produit ou la quantité de mouvement sera comme 4 : donc la quantité de mouvement du corps A au point D est la moitié de la quantité de mouvement du corps B au point F, et cependant leurs forces sont égales :

1. La quantité de mouvement est la vitesse multipliée par la grandeur mobile.

donc il y a bien de la différence entre la quantité de mouvement et la force, ce qu'il fallait montrer [1]. »

Ainsi deux corps peuvent déployer la même force sans avoir la même quantité de mouvement. Leibniz conclut de là que la « force ou cause prochaine des changements » est quelque chose de différent de l'étendue, de la grandeur, de la figure et du mouvement, et que « tout ce qui est conçu dans les corps ne consiste pas uniquement dans l'étendue et dans ses modifications ».

Il reste vrai sans doute que « tout se fait mécaniquement dans la nature corporelle », mais les principes de la Mécanique elle-même « sont plutôt métaphysiques que géométriques et appartiennent plutôt à quelques formes ou natures indivisibles »[2]. Ces formes immatérielles sont les principes de substance et de force que Leibniz appela les Monades.

Mais Leibniz ne s'en tint pas à cette modification de la théorie cartésienne du mouvement. Il ne se borna pas à joindre à la notion géométrique de l'étendue et de ses modes la notion métaphysique de la substance et de la force. Il ne tarda pas à se convaincre que l'étendue et ses modes ne sont que de pures apparences, des phénomènes comme la couleur et la température, et il démontra que la substance active, inétendue et indivisible constitue à elle seule l'essence des choses. Ici Leibniz devance la critique kantienne : il prouve, exactement par les mêmes arguments que Kant, l'inconcevabilité de la matière étendue, si on veut la considérer comme chose en soi et non comme phénomène : l'étendue matérielle est composée, le composé suppose le simple, or le simple matériel est inconcevable, implique contradiction et par

1. *Disc. de Métaph.*, § 17. | 2. *Ibid.*, § 18.

conséquent n'a pas d'existence réelle. « Je m'aperçus, dit-il dans le *Système nouveau de la nature*, publié en 1695, qu'il est impossible de trouver les principes d'une véritable unité dans la matière seule... puisque tout n'y est que collection et amas de parties à l'infini. Or la multitude ne peut avoir sa réalité que des unités véritables [1] ». Mais comment trouver dans l'étendue matérielle ces unités véritables, puisqu'un corpuscule, si petit qu'on le suppose, est encore composé de parties, et ces parties de parties, jusqu'à l'infini? Ces parties sont, il est vrai, invinciblement attachées les unes aux autres, mais, comme il est toujours possible de les désunir, au moins par la pensée, on ne peut soutenir que des agrégats de parties soient des unités.

« Supposons, dit Leibniz, qu'il y ait deux pierres, par exemple le diamant du Grand Duc et celui du Grand Mogol; on pourra mettre un même nom collectif en ligne de compte pour tous deux et on pourra dire que c'est une paire de diamants, quoiqu'ils se trouvent bien éloignés l'un de l'autre; mais on ne dira pas que ces deux diamants composent une substance. Or le plus et le moins ne font rien ici. Qu'on les approche donc davantage l'un de l'autre et qu'on les fasse toucher même, ils ne seront pas plus substantiellement unis; et quand après l'attouchement on y joindrait quelque autre corps propre à empêcher leur séparation, par exemple si on les enchâssait dans un seul anneau, tout cela n'en ferait que ce qu'on appelle *unum per accidens*. Car c'est comme par accident qu'ils sont obligés à un même mouvement [2]. » Or il en est de même des corpuscules les plus petits qu'on puisse imaginer: ce sont toujours des composés de parties, bien

---

1. *Syst. nouv.*, §3., Erdm., p. 124. *Monadologie*, §§ 3 et §§ 64 et suiv.

2. *Corresp. entre Leibniz et Arnauld*, lettre XII.

que ces parties soient indissolublement liées les unes aux autres ; ce ne sont pas des unités véritables. Ainsi les atomes de matière sont contraires à la raison : il n'en existe donc pas. Mais, s'il n'y a pas d'atomes de matière, quelle est donc l'unité véritable, qui existe réellement hors de notre esprit ? Cette réalité, répond Leibniz, n'est autre que la Substance ou Force immatérielle. « Il n'y a que les atomes de substance, c'est-à-dire les unités réelles et absolument destituées de parties, qui soient les sources des actions et les premiers principes absolus de la composition des choses et comme les derniers éléments de l'analyse des substances. On pourrait les appeler points métaphysiques... Ainsi les points (c'est-à-dire les atomes) physiques ne sont indivisibles qu'en apparence ; les points mathématiques sont exacts (c'est-à-dire de vrais points inétendus), mais ce ne sont que des modalités (des abstractions) ; il n'y a que les points métaphysiques ou de substance... qui soient exacts et réels, et sans eux il n'y aurait rien de réel, puisque sans les véritables unités il n'y aurait point de multitude [1] ».

La conclusion de tout ce raisonnement, c'est que l'étendue matérielle n'a aucune réalité, puisqu'il est impossible de concevoir les éléments simples dont elle devrait être composée. Ainsi l'étude des lois du mouvement avait conduit Leibniz à ajouter à la notion d'étendue qui, pour Descartes, suffisait à rendre compte des corps et de leurs changements, la notion de force. L'analyse de la notion d'étendue le conduit maintenant à résoudre la matière en atomes inétendus de substance et à déclarer que la seule réalité dont la raison puisse concevoir l'existence, c'est la Force inétendue.

1. *Système nouveau*, § 11.

On verra dans l'Avant-Propos des *Nouveaux Essais* que Leibniz invoque encore contre l'existence des atomes un autre argument, fondé, non plus comme celui que nous venons de résumer, sur le principe de Contradiction, mais sur le principe de Raison Suffisante, principe en vertu duquel le monde doit réaliser la plus grande somme possible de perfection. Un atome de matière serait quelque chose d'inerte, dans quoi rien ne vivrait plus ; et le principe de Raison Suffisante veut que la nature soit organisée jusqu'à l'infini, car l'organisation est une perfection. D'autre part, les atomes que l'on suppose seraient tous semblables et même identiques les uns aux autres ; ils ne différeraient que *numero*, et cela encore serait une imperfection, une véritable pauvreté[1]. Le monde que l'Être parfait a jugé le meilleur des mondes possibles et qu'il a pour cette raison admis à l'existence, doit être non seulement organisé, mais encore varié à l'infini. Il faut donc que chaque molécule de matière, si petite qu'on la suppose, contienne une infinité de parties, et que l'ordre de ces parties ne soit jamais le même dans deux molécules différentes. En un mot le meilleur des mondes doit être infini, et, si les corps pouvaient se résoudre en atomes, l'univers serait fini, comme notre esprit ; et c'est même pour cette raison que notre esprit borné adopte si facilement l'hypothèse atomistique. Mais en réalité il n'y a pas d'atomes matériels, il n'y a que des atomes immatériels,

---

1. « Il n'y a point deux individus indiscernables. Un gentilhomme d'esprit de mes amis, en parlant avec moi en présence de Madame l'Électrice, dans le jardin de Herrenhausen, crut qu'il trouverait bien deux feuilles entièrement semblables. Madame l'Électrice l'en défia et il courut longtemps en vain pour en chercher. Deux gouttes d'eau ou de lait regardées par le microscope se trouveront discernables. C'est *un argument contre les atomes*, qui ne sont pas moins combattus que le vide par les principes de la véritable Métaphysique. » (Leibniz, IVe *lettre à Clarke*, § 4 ; Erdm., p. 755.)

qu'il faut concevoir à l'imitation de la notion que nous avons des âmes. Ces atomes immatériels, ces âmes sont les Monades. Quant aux corps étendus, nous verrons qu'ils se réduisent à de pures représentations des Monades : « *Corpora omnia cum omnibus qualitatibus suis non sunt aliud quam phænomena... ut iris.* »

III

LES MONADES

1° *La Force et la Perception.*

La réalité se compose donc d'unités de Force. Ces unités tout immatérielles, en nombre infini, sont les Monades. Partout où nos sens nous font percevoir un corps étendu, notre raison doit seulement admettre l'existence d'un agrégat de Monades inétendues. Les particules matérielles qui composent ce corps pour notre représentation sensible sont de simples phénomènes et n'ont aucune existence absolue. Mais, à chacune de ces particules, en descendant jusqu'à l'infiniment petit, correspond, dans le monde réel qui échappe à nos sens, un principe de résistance et d'action. Tout point physique n'est pour ainsi dire que l'expression phénoménale d'un point métaphysique.

Le dynamisme de Leibniz présenterait peu de difficultés, si la Monade y était restée un simple atome de force aveugle. Mais il n'en est pas ainsi. Dès les premiers écrits de Leibniz, nous voyons, à la notion de Force, s'ajouter celle de perception, de conscience. Dans le *Système nouveau de la nature* où Leibniz, pour la première fois, expose systématiquement les principes de sa métaphysique, les atomes substantiels 1 chose de vital et une espèce de perception ». Ils « expriment l'univers ». La perception semble ne pouvoir être distinguée de l'effort; tout acte se traduit en pensée. Dans la *Monadologie*, les deux notions sont encore réunies. Celle de perception prend seulement une plus grande importance. La Monade est, avant tout, un miroir de l'univers, mais toute perception est en même temps une tendance.

Le passage de l'idée d'effort à l'idée de perception est peut-être le point le plus obscur de la philosophie de Leibniz. Nous ne saurions résoudre définitivement une question sur laquelle Leibniz lui-même ne s'est jamais clairement expliqué. Indiquons seulement une solution qui semble justifiée par les textes.

Essayons d'abord de nous représenter comment un atome, ou plutôt une molécule physique, matérielle, du monde de nos sens, peut exprimer tout l'univers. Nous chercherons ensuite à concevoir l'expression de l'univers dans la Monade spirituelle.

Toutes les parties du monde sont tellement liées entre elles, qu'il ne peut s'y produire aucun changement qui n'ait, pour ainsi dire, son retentissement dans l'univers tout entier. La chute d'un arbre, par exemple, sera ressentie par toutes les particules de matière dont se compose le monde, sans exception aucune ; distinctement par celles qui sont voisines du lieu où l'arbre est tombé, confusément par les autres, et de plus en plus confusément, à mesure que l'on s'éloigne de ce lieu. Mais, si faible que soit le contre-coup, il s'étendra jusqu'aux parties les plus reculées, non seulement de la terre, mais du monde entier, à cause, dit Leibniz, « de la connexion de toute la matière dans le plein [1] ». En effet, comme il n'y a pas de

---

1. *Monadol.*, § 62. Cf. *Corresp. avec Arnauld*, lettre XXIV.

vide entre les choses, il est impossible d'assigner un point où l'ébranlement devra cesser de se propager. Il n'est donc pas de molécule de matière, si petite qu'on la suppose, qui, à chaque instant, ne ressente, c'est-à-dire, suivant Leibniz, n'exprime, plus ou moins distinctement, la totalité des changements survenus dans l'univers.

Considérons maintenant la Monade qui correspond, dans la réalité, à tout point du monde de nos sens. Dans la Monade, l'ensemble des impressions subies par la molécule étendue prend la forme d'efforts de résistance. Chaque Monade exerce donc, pour ainsi dire, autant d'efforts qu'il se produit de changements dans le monde, et c'est de cette manière qu'elle exprime tout l'univers. « Cette expression arrive partout, parce que toutes les substances sympathisent avec toutes les autres et reçoivent quelque changement proportionnel, répondant au moindre changement qui arrive dans l'univers[1]. » Ainsi l'univers entier est contenu dans toute Monade sous la forme d'une infinité de tendances ou efforts. Il reste maintenant, pour arriver à l'expression consciente des choses, à admettre avec Leibniz, sans l'expliquer toutefois, que l'effort est en même temps perception, et que la perception peut devenir sentiment, conscience. « L'Expression est commune à toutes les formes, et c'est un genre dont la Perception naturelle, le Sentiment animal et la Connaissance intellectuelle des choses sont des espèces[2]. » L'effort se projette donc pour ainsi dire en représentations, et il n'y a pas d'acte d'énergie qui ne soit accompagné d'un degré quelconque de pensée. « Je crois que la pensée

---

1. *Cor. avec Arnauld*, lettre XXIV. | 2. *Ibid.*

consiste dans l'effort », écrit Leibniz à Arnauld : *cogitationem consistere in conatu*[1].

Le monde n'est donc plus seulement composé de principes de force aveugle, mais d'une infinité d'êtres dont la fonction essentielle est la perception. Toute substance active est substance pensante. Mais quelle est la nature, l'origine de ces efforts et de ces perceptions ? Elles ne sont pas provoquées, comme on pourrait le croire, par l'action des Monades les unes sur les autres, elles naissent spontanément du fonds même de chaque Monade. Nous allons étudier maintenant la théorie des Monades sous ce nouvel aspect.

Il est un point sur lequel Leibniz ne varie jamais, c'est que la Monade immatérielle ne reçoit aucune influence qui lui vienne de l'extérieur, et n'exerce aucune espèce d'action hors d'elle-même. Toute substance est pour ainsi dire isolée, sans rapport avec les autres substances. « La Monade n'a point de fenêtres par lesquelles quelque chose y puisse entrer ou sortir[2]. » — « Tout lui naît de son propre fonds[3]. » Il serait facile de multiplier les citations.

Comment expliquerons-nous donc cette « Expression de l'univers » en termes d'efforts ? Si la Monade ne reçoit rien du dehors, quel sens donnerons nous aux mots : Effort, Acte, *Conatus* ? Il semble impossible de résoudre ce problème, si l'on ne voit au fond de toute la métaphysique Leibnizienne, un idéalisme absolu, qui se découvre seulement d'une manière plus ou moins explicite, dans les différents écrits de notre auteur. Toute cette série d'efforts, qui expriment les changements de l'univers en-

---

1. *Corresp. avec Arnauld*, lettre latine (Grotefend, p. 142).
2. *Monadologie*, § 7.
3. *Système nouveau*, § 14.

tier, toutes les perceptions liées à ces efforts, la Monade les tire de son sein et les déroule par une activité toute spontanée. A cet égard, les textes de Leibniz sont formels. Le monde sensible n'est autre chose pour chaque Monade que l'ensemble de ses efforts et de ses représentations. Il n'existe pour elle que ses propres états. Elle renferme donc en elle-même, suivant l'expression si souvent répétée de Leibniz, un « Univers concentré[1] ». L'univers n'est pas un : il se trouve reproduit autant de fois qu'il existe de substances. Nous verrons plus tard ce que Leibniz pensait des corps et de la matière, et quelle sorte d'existence il leur attribuait.

Voyons d'abord en quoi consistent les perceptions des Monades.

2° *Les perceptions de la Monade.*

Le contenu de chaque Monade comprend deux éléments inséparables en réalité, et que nous ne distinguerons que par une analyse idéale : 1° l'Effort ou tendance ; 2° la Perception liée à l'effort. Occupons-nous d'abord de la Perception, et, pour plus de clarté, considérons la Perception telle que nous la trouvons dans la seule Monade qui nous soit directement connue, c'est-à-dire dans notre *moi*. La Monade est un miroir de l'univers. Nous savons dans quel sens Leibniz affirme qu'elle exprime l'univers jusque dans ses derniers détails. Seulement cette expression n'est accompagnée d'une conscience claire que pour une très petite partie de l'univers, celle qui est en rap-

---

1. Il y a comme autant de différents univers, qui ne sont pourtant que les perspectives d'un seul (*Monadologie*, § 57).

« Monas, ut anima, est velut mundus quidam proprius. » (Lettre XVIII au P. Desbosses, éd. Erdmann p. 680, col. 2).

port direct avec notre corps (notre corps étant lui-même une représentation de notre Monade).

Leibniz distingue trois degrés dans la perception :

1° La perception obscure, qui ne suffit pas pour que l'âme distingue la chose perçue. Ainsi un souvenir caché dans les replis de notre âme, et qui ne nous est pas présent, est une perception obscure de notre Monade. Nous percevons encore d'une façon obscure les phénomènes qui nous affectent, mais que nos sens ne sont pas assez délicats pour discerner ; par exemple, un coup de canon en Amérique, les mouvements de la lymphe de notre corps. Dans quelques cas, un grand nombre de perceptions obscures peuvent donner lieu à un état de conscience vague : « Ainsi, écrit Leibniz à Arnauld, nous sentons quelque résultat confus de tous les mouvements qui se passent en nous, mais, étant accoutumés à ce mouvement interne, nous ne nous en apercevons distinctement que lorsqu'il y a une altération considérable, comme dans les commencements de maladie[1] ».

2° Lorsque nos perceptions ont assez de relief pour qu'il soit possible à l'âme de les distinguer les unes des autres, Leibniz leur donne le nom de sentiments[2]. Telles sont les perceptions des sens proprement dits. Dans les *Nouveaux Essais* il propose de distinguer entre la Perception et l'Aperception, celle-ci étant seule accompagnée d'une conscience distincte ; ainsi nous nous *apercevons* des sons, des couleurs, mais nous ne nous *apercevons* pas des petites impressions infiniment nombreuses qui donnent lieu à une sensation visuelle ou auditive. Nous nous *apercevons* du bruit de la mer, et nous ne faisons que *perce-*

---

1. *Corresp. avec Arnauld*, lettre XXIV. Cf. *Monadologie*, § 20-25.

2. *Principes de la nature et de la grâce.*

voir obscurément le bruit produit par chaque vague. La perception claire, suivie de mémoire, est la perception proprement animale. Elle n'est pas particulière à l'homme.

3° Enfin, il y a un troisième degré de connaissance qui distingue l'homme des animaux, c'est la connaissance réflexive ou scientifique, qui résulte de l'application des principes *a priori* de la raison aux données de l'expérience sensible. La raison est le pouvoir de découvrir des vérités valables objectivement et pour toute intelligence, comme celle-ci, par exemple : les trois angles d'un triangle sont égaux à deux droits. Or il n'y a de *vérité* que pour l'intelligence humaine. L'animal est seulement capable d'être modifié, jamais il ne s'élève à la notion du vrai. Nous verrons plus tard que cette connaissance réfléchie de la vérité repose sur deux grands principes unis dans la raison, le principe de Contradiction et le principe de Raison Suffisante[1].

3° *Le point de vue de la Monade.*

La Monade perçoit tout l'univers, mais elle ne perçoit clairement que la partie infiniment restreinte de cet univers qui se trouve en rapport avec le corps dont elle est l'entéléchie. Notre corps est la partie de l'univers que notre Monade, c'est-à-dire notre Ame, perçoit avant toutes les autres, et celles-ci ne sont perçues que par l'intermédiaire du corps et relativement à ce corps. Ainsi, lorsque je suis dans ma chambre, l'objet qui m'est tout d'abord représenté, c'est mon corps, assis, par exemple, puis, devant ce corps, une table, autour de lui des meubles, des murs, une fenêtre, etc. Si je fais une promenade, mon

---

1. *Monadol.*, §§ 29 et 30.

corps m'est représenté debout et en mouvement, et, autour de ce corps, des arbres, des maisons, d'autres hommes, etc. Notre Monade se représente donc « un corps exprimant tout l'univers par la connexion de la matière dans le plein[1] », et, par suite, « elle représente tout l'univers en représentant ce corps qui lui appartient d'une manière particulière ». Mais, le corps ne pouvant exprimer distinctement, ainsi que nous l'avons vu, qu'une petite partie des choses, notre âme n'a de perception claire que d'une petite partie du monde. Tous les autres changements qui se produisent dans l'univers sont encore perçus, mais obscurément, c'est-à-dire sans conscience. Le corps détermine ce que Leibniz appelle le *Point de vue* de la Monade.

Nous savons qu'il existe un nombre infini de Monades. Partout où nous percevons une étendue matérielle quelconque, nous sommes en droit d'admettre l'existence de Monades douées, comme la nôtre, d'une certaine force d'action et de représentation. Chacune de ces Monades exprime le même univers que la nôtre, mais d'un point de vue différent : c'est-à-dire que la petite portion de l'univers qui est le plus distinctement représentée, n'y est pas la même que dans notre âme. Le point de vue d'une Monade quelconque se trouve placé précisément à l'endroit où, dans le monde de nos sens, nous percevons le point matériel qui lui correspond. Je vois, par exemple, un animal devant moi. Je puis affirmer qu'il y a là une Monade dans laquelle les objets que je perçois se trouvent également représentés, mais de ce corps d'animal pris pour point de vue.

Et ce n'est pas seulement aux corps des animaux que

---

[1]. *Monadol.*, § 62.

correspondent des Monades, mais encore aux végétaux, aux plus petites plantes, même aux corps inorganiques. Et de plus il ne faut pas seulement concevoir une Monade pour la totalité du corps, mais encore pour chacune de ses parties, en descendant jusqu'aux plus petites. Ainsi il y a, pour notre corps, une Monade dominante, qui est notre Ame ; il y a des Monades de chacun de nos grands organes, de chacun de nos muscles, de chacune des fibres de ces muscles, de chacune des cellules vivantes de notre organisme. Il y a autant de Monades que de points mathématiques dans le monde sensible[1]. Seulement il n'y a qu'un très petit nombre de ces Monades qui soient douées de perceptions conscientes.

L'Ame humaine a seule des perceptions réfléchies ; les Ames des animaux n'ont que des perceptions du second degré[2], claires chez les animaux supérieurs, de plus en plus obscures à mesure que l'on descend vers les espèces inférieures. Dans le végétal, la perception est tombée à un degré d'obscurité que nous ne pouvons plus nous figurer. Les perceptions d'un arbre sont comme ces souvenirs perdus qui existent quelque part dans notre âme, mais que nous ne pouvons pas retrouver. Dans le rocher, la pierre, la perception est absolument obscure : l'effort subsiste inconscient.

L'univers se trouve donc reproduit un nombre infini de fois, puisque chaque Monade l'exprime et ne reçoit pourtant aucune impression d'un être quelconque situé en dehors d'elle. Il y a autant d' « univers réduits » que

---

1. « On pourrait les appeler point. métaphysiques : les atomes de substance et les points mathématiques sont leur point de vue pour exprimer l'univers. » (Système nouveau, édition Erdmann, p. 126.

2. Leibniz appelle Ame la Monade douée de sentiment, et Esprit, la Monade capable de connaître la vérité.

de Monades. Le même ensemble de phénomènes variés à l'infini est répété dans chaque substance : seulement la petite partie du monde qui s'y trouve exprimée le plus distinctement (ou le moins confusément) n'est jamais exactement la même dans deux Monades différentes. Toutes les parties de l'univers ont leur expression, mais le maximum de clarté de cette expression ne se trouve jamais dans la même Monade pour deux parties différentes de l'univers. Prenons un exemple : Si je suis dans ma chambre, à Paris, ma Monade ne perçoit clairement qu'un petit coin de Paris, l'intérieur de mon cabinet de travail, par exemple. Mais au même moment d'autres Monades, celles des passants, perçoivent clairement la façade de ma maison et toute ma rue, d'autres les jardins, les boulevards, si bien que tous les coins et recoins de Paris se trouvent distinctement représentés dans deux millions d'âmes.

4° *Le monde des corps et la matière.*

Il résulte clairement de toute cette analyse que, suivant Leibniz, il n'existe pas, comme le croyaient Malebranche et Descartes, deux sortes de substances, l'une pensante et inétendue, l'autre matérielle et étendue, mais une seule espèce de substance, inétendue, spirituelle, qui a pour caractère la force et la pensée.

Il devient dès lors impossible de comprendre la doctrine des Monades, si l'on n'y voit un idéalisme conséquent, à la manière de Berkeley. Les corps, les choses ne peuvent être que des perceptions, des idées. Nous ne dissimulerons pas toutefois que, sur ce point, Leibniz n'est pas toujours parfaitement d'accord avec lui-même. On pourrait citer des textes nombreux où il semble partisan d'un réalisme voisin de celui de Descartes. Il oppose l'âme au corps, comme un pur cartésien. Il va même jusqu'à parler de ses *Points métaphysiques*, de ses *Atomes formels*, comme de véritables choses, situées dans l'espace. Il définit les corps « des agrégats de Monades », comme si des Monades spirituelles pouvaient occuper des places les unes par rapport aux autres[1]. Il est donc bien vrai qu'une interprétation purement idéaliste de la doctrine des Monades rencontre de grandes difficultés ; elle a contre soi des textes nombreux et précis. D'un autre côté, comme les textes idéalistes ne sont guère moins nombreux et sont tout aussi précis, la seule chose qui reste à faire est de chercher à découvrir quels sont les plus conformes au fond de la pensée de leur auteur. Or nous savons que Leibniz se faisait réaliste, quand il le jugeait utile pour l'intérêt de sa philosophie. Il n'osait pas être idéaliste avec tout le monde. Peut-être donc suffit-il que quelques-uns de ses écrits, et, au point de vue métaphysique, les plus importants, soient favorables à l'idéalisme, pour qu'il soit permis d'adopter l'interprétation qui seule paraît conséquente.

Nous savons par quel argument décisif Leibniz est conduit à nier l'existence de l'atome matériel et par conséquent de la matière elle-même : c'est que l'atome matériel est contraire à la raison. L'atome matériel est contraire à la raison, d'abord parce que les termes de *matériel* et d'*atome* ou de *simple* se contredisent, et, d'autre part, parce que le meilleur des mondes, œuvre d'un Dieu parfait, ne peut être fini et par conséquent ne saurait se résoudre en un nombre fini de parties indivi-

---

1. Ce qui ne l'empêche pas d'écrire au P. Desbosses : « Monades esse partes corporum, tangere sese, componere corpora, non magis dici debet, quam hoc de punctis et animabus dicere licet. » (Lettre XVIII.)

sibles. L'univers n'est pas seulement infini, en ce sens qu'il n'a de bornes ni dans le temps ni dans l'espace, mais encore en ce sens qu'il est actuellement divisé à l'infini. Une particule de matière que nous distinguons à peine au microscope est encore un agrégat de parties : « Chaque partie de la matière peut être conçue comme un jardin plein de plantes et comme un étang plein de poissons. Mais chaque rameau de la plante, chaque membre de l'animal, chaque goutte de ses humeurs est encore un tel jardin ou un tel étang [1]. » On peut donc prolonger à l'infini l'analyse de la matière, jamais on n'atteindra quelque chose dont on puisse dire : Voici véritablement un être. Il n'y a donc aucune réalité dans la matière. Les corps sont de simples phénomènes dans lesquels le tout existe avant les parties ; notre pensée a le droit de les subdiviser toujours, mais sans jamais pouvoir terminer son travail. Aussitôt qu'elle veut sonder la matière, elle ne trouve que le vide ; ses regards se perdent, comme les rayons d'un phare dans l'infini de l'espace.

Leibniz est souvent revenu sur cette idée que les corps, avec toutes leurs qualités, ne sont que des phénomènes, des apparences : « *De corporibus demonstrare possum non tantum lucem, calorem, colorem et similes qualitates esse apparentes sed et motum et figuram et extensionem. Et, si quid est reale, id solum esse vim agendi et patiendi* [2]. » Dans l'*Examen des principes du P. Malebranche* il dit plus clairement encore : « Il y a même grand sujet de douter si Dieu a fait autre chose que des Monades, ou des substances sans étendue, et si les corps sont autre chose que des phénomènes résultant de ces

---

1. *Monadologie*, § 67.   2. Er m., n° LXIII, p. 415.

substances[1] ». En effet, puisque la Monade ne reçoit aucune influence du dehors, pourquoi supposer, par exemple, derrière l'arbre que je vois, touche, sens, un autre arbre réel, dont je n'ai aucun moyen de constater l'existence? Et pourtant Leibniz ne croit pas que l'univers ne soit autre chose qu'une somme d'apparences et de vaines images, se succédant sur le miroir de la Monade. Ces images ne correspondent pas à des réalités matérielles, qui seraient inconcevables; mais elles correspondent pourtant à quelque chose. Foucher, dans ses objections au *Système nouveau*, demandait avec beaucoup de raison : « D'où vient que Dieu ne se contente pas de produire toutes les pensées et modifications de l'Ame, sans qu'il y ait des corps inutiles que l'esprit ne saurait ni connaître ni remuer[2]? » Et Leibniz répondait : « C'est que Dieu a voulu qu'il y eût plutôt plus que moins de substances, et qu'il a trouvé bon que ces modifications de l'âme répondissent à quelque chose en dehors[3] ». Quel est donc ce « quelque chose » qui n'est pas une réalité matérielle et qui pourtant est réel? Ce quelque chose ne peut être que les perceptions des autres Monades. Ce qui fait la réalité de cet arbre que je vois, c'est qu'il n'existe pas seulement pour moi, mais qu'il se trouve répété, clairement ou obscurément, dans un nombre infini de Monades. Voilà ce qui fait du contenu de mes perceptions plus qu'une apparence, plus qu'un phénomène subjectif de ma conscience. L'univers est objectif en ce sens qu'il est le même pour toutes les Monades. Ce point de la pensée de Leibniz deviendra plus clair quand nous aurons exposé la doctrine de l'Harmonie préétablie.

1. Erdmann, p. 035, col. 2.
2. Erdmann, p. 130, col. 1.
3. Voyez l'édition d'Erdmann p. 132, col. 1.

IV

L'HARMONIE PRÉÉTABLIE

Leibniz a exposé l'Harmonie préétablie, comme la plupart de ses idées, de plusieurs manières assez différentes et difficilement conciliables. Il donne à sa théorie tantôt une forme populaire, qui semble avoir pour but principal la diffusion de sa doctrine, tantôt, au contraire, une forme toute métaphysique, qu'il réserve pour un petit nombre de ses correspondants.

La première forme de l'Harmonie préétablie repose sur la conception d'un dualisme de la pensée et de l'étendue, et reste parfaitement conciliable avec le cartésianisme. Leibniz se propose, en effet, d'expliquer les rapports de l'âme et du corps, conçus à la manière cartésienne, comme deux substances également réelles, quoique radicalement différentes et incapables d'exercer aucune action l'une sur l'autre. C'est dans les éclaircissements du *Système nouveau* que l'idée de l'Harmonie préétablie se trouve pour la première fois exposée. Leibniz essaye de la rendre sensible par la comparaison célèbre des deux horloges[1]. Il s'agit d'expliquer comment des phénomènes de pensée peuvent donner lieu à des phénomènes de mouvement, et inversement : comment, par exemple, le désir et la résolution d'atteindre un certain but peuvent produire dans le corps les mouvements nécessaires pour atteindre ce but. Les modifications de l'âme ne sauraient avoir aucune action sur celles du corps. C'est par une sorte d'inconséquence que Descartes avait accordé à

---

1. *Second éclaircissement du Système nouveau* (Erdm., p. 133).

l'âme le pouvoir de changer la direction des esprits animaux. Admettre, d'un autre côté, avec Malebranche, que Dieu produit à chaque instant, dans le monde des corps, des phénomènes correspondant à ceux du monde des âmes, ou dans les âmes des états correspondant à ceux des corps, c'est recourir, d'une façon peu philosophique, à un véritable *deus ex machina*. La seule explication qui reste est donc celle d'une harmonie ou correspondance établie de toute éternité entre la série tout entière des états de l'âme et la série totale des états du corps. Tous les mouvements d'un corps sont des conséquences immédiates de ses états antécédents, de sorte que, depuis la naissance jusqu'à la mort, toutes les modifications de notre être matériel forment une succession continue, réglée par les lois de la mécanique. Toute modification de notre pensée trouve de même sa raison suffisante dans une pensée antécédente. La série de nos pensées forme, elle aussi, une chaîne continue et indépendante, depuis la naissance jusqu'à la mort. Mais Dieu a prévu, dès l'origine des choses, les séries des mouvements des corps et les séries des perceptions des Monades, et il a disposé ces séries de telle façon qu'il y eût toujours entre elles une parfaite correspondance. C'est en vertu de cet accord que chacune de nos volitions, par exemple, est immédiatement suivie, dans le corps, des mouvements souhaités. Dieu a agi comme un horloger qui aurait réglé la marche de deux horloges différentes, pourvues chacune d'un mécanisme indépendant, d'une façon tellement parfaite, que les mouvements de l'une fussent toujours en concordance avec ceux de l'autre, comme si elles obéissaient à un seul mécanisme.

On voit que cette théorie suppose une dualité d'être, une opposition de l'âme et du corps, qui est étrangère au fond de la métaphysique de Leibniz. Nous savons que Leibniz n'admet qu'un seul genre de substance doué de force et de conscience : « Ces perceptions ou expressions des choses, dit-il, arrivent à l'âme en vertu de ses propres lois, comme s'il n'existait rien que Dieu et elle[1] ». La Monade ne connaît que ses tendances et ses perceptions, et le monde matériel n'est autre chose que ces perceptions mêmes ; il ne saurait donc être question d'établir une correspondance entre les perceptions de la Monade et les modifications d'un monde matériel extérieur à elle. Au contraire, il importe fort d'expliquer l'accord entre les perceptions des Monades différentes. Les Monades, en nombre infini, représentent toutes le même univers, qui est reproduit dans chacune d'elles. Voilà déjà une harmonie qui a dû être réglée par Dieu. Mais, bien plus, les Monades perçoivent toutes le monde à un point de vue différent, et il faut que l'accord soit établi entre les points de vue de toutes les Monades. Par exemple, je cause avec un ami. Je me représente ma propre personne devant une autre personne et causant avec elle. C'est mon point de vue pour percevoir le monde. Mais, au même moment, une autre Monade, l'âme de mon ami, doit se représenter sa personne vis-à-vis de la mienne, et causant avec elle : et cela bien que chacune des deux Monades tire toutes ses perceptions de son propre fonds. C'est dans cette correspondance entre les perceptions de substances qui ne communiquent ni entre elles ni avec aucune réalité extérieure que consiste cette harmonie vraiment merveilleuse que Leibniz regardait comme la principale découverte de la philosophie.

Dans le *Système nouveau*, qui paraît pourtant en

---

1. Erdmann, p. 132.

grande partie réaliste, Leibniz parle déjà d'un accord parfait entre toutes les substances qui se représentent le même univers à différents points de vue. Dans tous les écrits, lettres, opuscules, où il semble découvrir le fond de sa pensée, la question qui le préoccupe est d'expliquer, non pas l'accord entre une substance pensante et une substance matérielle, mais l'accord des perceptions entre toutes les substances pensantes. Et l'idée qu'il combat n'est pas celle d'une influence de la matière sur la pensée, mais celle d'une influence des Pensées les unes sur les autres. Dans le *Second éclaircissement du Système nouveau*, où l'expression d'*Harmonie préétablie* se trouve employée pour la première fois, nous lisons : « Il y a, selon moi, des efforts (ajoutons : et des perceptions) dans toutes les substances (Monades) ; mais ces efforts ne sont proprement que dans la substance même, et ce qui s'ensuit dans les autres n'est qu'en vertu d'une harmonie préétablie, et nullement par une influence réelle ou par une transmission de quelque espèce ou qualité ». C'est peut-être dans les lettres au P. Desbosses que se trouvent les textes les plus décisifs. Leibniz y réduit le monde sensible à des perceptions de Monades en accord les unes avec les autres, *Monadum perceptiones inter se conspirantes*, en renonçant à toute substance corporelle, *seposita substantia corporea*. L'accord qui existe entre les perceptions des Monades ne peut s'expliquer ni par l'influence d'une substance corporelle agissant de la même façon sur toutes, ni par une action réciproque des Monades les unes sur les autres. Cet accord a donc dû être préétabli par Dieu : *Harmonia phænomenorum* (les perceptions) *in animabus non oritur ex influxu corporum, sed est præstabilita ; idque sufficeret si solæ essent animæ vel Monadas, quo casu etiam evanesceret extensio realis, nedum motus, cujus realitas ad meras phænomenorum mutationes redigeretur*[1].

V.

LE DÉTERMINISME ET LE SENTIMENT DE LA LIBERTÉ

La doctrine de l'Harmonie préétablie entraîne comme une conséquence nécessaire le déterminisme de la volonté. En effet, si la Monade, par son activité propre pouvait apporter une modification, si légère qu'elle fût, à l'enchaînement des perceptions par lesquelles elle exprime tous les phénomènes de l'univers, ses représentations ne correspondraient plus à celles des autres Monades, et l'harmonie serait rompue. En créant le monde, Dieu a connu et voulu tous les phénomènes qui devaient se produire dans ce monde, jusqu'aux plus insignifiants ; il a donc connu et voulu nos moindres actions, nos moindres perceptions. La connaissance que Dieu a eue d'Adam lorsqu'il a résolu de le créer, écrit Leibniz à Arnauld, « a enfermé celle de tout ce qui lui est arrivé, de tout ce qui est arrivé et doit arriver à sa postérité ». Chacune des Monades que Dieu a créées à l'origine du monde contenait pour ainsi dire en germe tout ce qu'elle devait percevoir et vouloir ; quelqu'un qui aurait pu alors pénétrer dans les replis d'une de ces Monades, y aurait découvert, à l'état de tendance, tout ce qui devait lui arriver. « La notion individuelle de chaque personne enferme une fois pour toutes ce qui lui arrivera à jamais. » Ainsi le passage du Rubicon était compris, dès la création, dans la trame des phénomènes du monde choisi

[1]. *Correspondance avec le P. Desbosses*, lettre XIX (Erdm., p. 681).

par Dieu, et par conséquent dans la chaîne des perceptions de la Monade de César ; il était donc certain dès la création du monde que César passerait le Rubicon ; cela était même certain de toute éternité, car, pour que César ne passât point le Rubicon, il aurait fallu qu'un autre monde eût été appelé à l'existence, ce qui ne pouvait arriver, car le monde qui a été créé était le meilleur des mondes possibles, et Dieu, qui est déterminé à vouloir le meilleur, ne pouvait en créer d'autre.

Leibniz n'admet donc pas le libre arbitre, au moins au sens populaire du mot. La philosophie de Descartes avait d'ailleurs rendu le déterminisme inévitable, car c'est par une inconséquence que Descartes avait admis la possibilité d'une influence de l'âme sur la direction du mouvement des esprits animaux. Leibniz n'eut pas de peine à démontrer que tout mouvement de la matière est déterminé, non seulement dans sa quantité, mais encore dans sa direction, par le mouvement qui en est la cause. S'il est inadmissible que la pensée produise du mouvement, il est tout aussi inadmissible qu'elle dirige le mouvement. Aussi Leibniz abandonne-t-il résolument l'hypothèse d'une action quelconque de la Monade sur le mécanisme matériel : « On s'est prostitué, dit-il, en le prenant de ce biais. Les Cartésiens ont fort mal réussi, à peu près comme Épicure avec sa déclinaison des atomes, dont Cicéron se moque si bien, lorsqu'ils ont voulu que l'âme, ne pouvant point donner de mouvement au corps, en change pourtant la direction : mais ni l'un ni l'autre ne se peut ni ne se doit, et les matérialistes n'ont pas besoin d'y recourir, de sorte que rien de ce qui paraît au dehors de l'homme n'est capable de réfuter leur doctrine[1]. »

1. *Réplique aux réflexions de Bayle* (Erdmann, p. 185).

Toute philosophie a pour premier devoir de se conformer à cet axiome de la physique moderne : qu'un mouvement ne peut s'expliquer que par un mouvement. On sait que Kant, qui pourtant tenait à la liberté par-dessus tout, ne songea pas un instant à révoquer en doute le déterminisme physique et psychologique de nos actions, et personne depuis Kant, au moins dans les écoles anglaise et allemande, n'a admis un instant qu'on pût le contester. Leibniz pourrait peut-être revendiquer l'honneur d'avoir compris un des premiers que la philosophie devait avoir pour tâche dorénavant de concilier le déterminisme universel des phénomènes avec le sentiment réel et très légitime que nous avons de notre liberté. La solution qu'il donna de ce problème peut ne pas être considérée comme définitive par certains esprits ; elle est moins profonde que celle de Kant ; on y est pourtant revenu de nos jours. Il semble, en effet, que la théorie de la liberté de Stuart Mill ne soit qu'une forme moderne de celle de Leibniz.

Leibniz essaye de résoudre le problème de la liberté et du déterminisme en prenant pour base la distinction consacrée entre les vérités nécessaires d'une nécessité absolue et les vérités contingentes. La nécessité logique ou métaphysique implique l'impossibilité absolue du contraire. Ainsi le contraire d'une proposition géométrique implique contradiction et ne peut pas même être conçu. Si nos actions étaient nécessaires d'une pareille nécessité, elles ne sauraient, à aucune condition, nous paraître libres. Mais il ne faut pas confondre la nécessité avec la détermination : et nos actions peuvent fort bien être déterminées, sans être pour cela nécessaires. Sans doute, le contraire de ce qui m'arrive ne pouvait pas arriver. La succession de toutes les perceptions de ma Monade était en effet réglée dès l'origine du monde. Dieu, en voulant Adam, a voulu, par là même, tout ce qui lui est arrivé et tout ce qui est arrivé à sa postérité, et il était vrai, dès la création d'Adam, que j'écrirais aujourd'hui. Mais si toutes mes actions sont déterminées, elles ne sont pas nécessaires, puisque leur opposé n'implique pas contradiction. Et cet opposé aurait fort bien pu se produire, si Dieu, au lieu du monde qu'il a admis à l'existence, eût jugé à propos d'en choisir un autre. Ainsi, chaque fois que je prends une détermination, l'opposé du parti que j'adopte m'apparaît comme étant possible. La question se réduit donc à savoir comment une action qui, sans être logiquement nécessaire, est pourtant déterminée, peut paraître libre. La réponse de Leibniz est que « la volonté choisit librement lorsqu'elle se sent seulement inclinée et non nécessitée [1] ». Il faut renoncer à l'hypothèse chimérique et contraire à toute raison d'une volonté qui se déciderait sans être inclinée par des motifs. La liberté d'indifférence ne supporte pas l'examen : *Libertas indifferentiæ est impossibilis, adeo ut ne in Deum quidem cadat*[2]. Or, si pour se déterminer, la volonté a besoin d'être inclinée par des motifs, il est inévitable qu'en dernière analyse elle obéisse au motif qui l'incline le plus, de quelque nature que soit ce motif. « Il y a toujours une raison prévalente qui porte la liberté à son choix, bien que cette raison déterminante ne nous soit pas toujours connue. » Si bien que « le parti vers lequel la volonté est plus inclinée ne manque jamais d'être pris ». Mais, pour sauver la liberté, il suffit que cette raison « incline sans nécessiter [3] »,

---

1. Cf. *Théodicée*, § 45.
2. *De Libertate* (Voyez l'édition d'Erdmann, n° LXXVI, p. 669).
3. *Théodicée*, §§ 43 et 45.

autrement dit il suffit que la volonté conserve le sentiment qu'elle aurait pu choisir autrement. Dieu même n'est pas libre d'une liberté d'indifférence; il ne peut manquer de choisir le meilleur, par conséquent il obéit au principe de Raison Suffisante. Ainsi il y a une raison suffisante qui a déterminé Dieu à choisir le monde où nous vivons, plutôt que tout autre monde possible, c'est que ce monde était le meilleur des mondes possibles. Dieu est donc, lui aussi, déterminé, *Determinatus ille est ad optimum efficiendum*[1]. Or l'homme ne saurait prétendre à une liberté qui n'appartient pas même à Dieu.

On voit que, pour Leibniz, ce que la philosophie moderne appelle « l'objection des motifs » n'est pas réfutable. Mais il sait bien que, si notre volonté n'échappe pas au déterminisme universel, il y a lieu, néanmoins, de distinguer entre l'activité humaine et l'activité animale. L'animal obéit en aveugle à l'inclination qui le pousse ; il ne se rend pas compte de la fin de son action. L'homme, au contraire, est capable de se déterminer par la représentation nettement conçue d'un but à atteindre. Ainsi l'oiseau qui bâtit son nid cède à une impulsion irréfléchie; selon toute vraisemblance, il n'a aucune idée ni de ce que sera son nid terminé, ni de l'usage auquel il servira. Au contraire, l'homme, avant de bâtir une maison, s'est représenté sa maison toute bâtie et l'usage qu'il peut en faire, et c'est cette représentation qui l'a déterminé. On peut donc dire que l'homme accepte librement le motif qui le détermine, ce que ne peut faire l'animal. Et la liberté humaine peut être conçue comme « la spontanéité d'un être intelligent », qui, incliné vers une

---

[1]. *De Libertate* (Erdmann, n° LXXVI, p. 669).

étermination, s'y porte de son plein gré, sans subir ucune nécessité logique ni aucune contrainte physique. *ibertas est spontaneitas intelligentis, itaque, quod ontaneum est in bruto... id in homine... altius assur- it et liberum appellatur. — Spontaneitas est contingentia sine coactione, seu spontaneum est quod nec necessarium nec coactum est. — Contingens seu Nonnecessarium est cujus oppositum non implicat contradictionem. — Coactum est cujus principium est externum* [1].

Le déterminisme de la volonté, conçu de cette manière, se concilie aisément avec le témoignage de notre conscience. Comme l'a fort bien remarqué Stuart Mill, lorsque je prends un parti, j'ai seulement conscience que le contraire de ce parti eût été logiquement possible, mais non pas qu'il eût été réellement possible, les antécédents restant les mêmes. J'aurais pu agir autrement, si je l'avais préféré, c'est-à-dire si les circonstances extérieures capables d'influer sur ma volonté et si ma disposition d'esprit avaient été autres au moment où je me suis décidé ; mais je n'ai pas le sentiment que, ces circonstances et mes inclinations restant exactement les mêmes, je pouvais choisir autrement. Mais Stuart Mill n'aperçoit pas ce qui, dans une décision prise de cette manière, est véritablement libre, c'est-à-dire l'acte par lequel le *moi* intelligent conçoit le motif et s'en distingue, tandis que le *moi* animal reste confondu avec le mobile e l'acte. De là l'impuissance de Stuart Mill à rendre ompte d'une façon satisfaisante du sentiment que nous vons de notre liberté, alors même que nous savons obéir un motif.

[1]. *De Libertate* (Erdmann, n° LXXVI, p. 669).

Leibniz, au contraire, nous paraît satisfaire à toutes les exigences de la conscience et du sens commun. Le sens commun ne prétend pas que nous nous déterminions sans motif; il prétend seulement que, deux motifs d'action se présentant dans une circonstance donnée, nous pouvons faire un choix, c'est-à-dire que le motif le plus puissant ne l'emporte pas d'une manière fatale et aveugle, comme un poids mis sur le plateau d'une balance. Mais voyons en quoi consiste ce choix. Les deux motifs sont d'abord nettement conçus, aperçus par l'intelligence; mais, pour que l'un des deux incline la volonté, il faut qu'il s'accorde avec d'autres motifs plus profonds, permanents, avec ces inclinations intellectuelles, morales et religieuses qui forment le fond de notre caractère, c'est-à-dire notre *moi*. Cet accord entre le motif fortuit, accidentel, et le motif profond est encore aperçu par l'intelligence, et alors seulement la volonté est déterminée à agir. La volonté nous paraît alors agir librement. Qu'est-ce qu'un honnête homme? C'est un homme qui a des inclinations morales inébranlables, liées à des idées morales nettement conçues. Si un tel homme se trouve avoir à choisir entre un parti honnête et un parti déshonnête, c'est-à-dire si sa volonté est à la fois sollicitée par un motif moral et par un motif immoral, le motif moral, s'accordant avec les inclinations morales qui forment le fond du caractère de cet homme, l'emportera certainement. Ainsi un véritable honnête homme ne peut pas violer son serment. Le sens commun en est convaincu, et pourtant il est également convaincu que cet honnête homme est libre. C'est qu'il prend le mot *liberté* dans le sens de Leibniz: *spontaneitas intelligentis*. C'est d'une façon consciente, réfléchie, voulue, que l'honnête homme ne peut pas violer son serment. Il est donc libre. En résumé, une seule chose est incompatible avec l'idée de notre liberté : la nécessité métaphysique ou logique, mais nullement le déterminisme.

VI

L'IMMORTALITÉ DES MONADES

Il nous reste, pour terminer ce résumé de la *Monadologie* de Leibniz, à répondre à une dernière question : Quelle est l'origine et quelle est la destinée des Monades[1] ?

Une substance simple, dit Leibniz au début de sa Monadologie, ne peut ni commencer ni finir naturellement. Toute naissance naturelle n'est en effet qu'une combinaison, une intégration d'éléments simples ; toute mort naturelle est une désintégration : les notions de naissance et de mort ne peuvent donc s'appliquer à la Monade, qui n'est pas composée. Les Monades ne peuvent commencer et finir que tout d'un coup, c'est-à-dire elles ne peuvent commencer que par création et finir que par annihilation. Mais, si la création est certaine, car les Monades, n'existant pas par elles-mêmes, ont dû être créées par Dieu, l'annihilation est inadmissible. Chaque Monade ayant en effet pour mission de représenter clairement ou confusément l'univers à un certain point de vue, on peut dire qu'il n'y a pas de Monade qui ne soit nécessaire à l'harmonie du monde. La destruction d'une Monade équivaudrait d'abord à la destruction d'une partie de l'univers ; de plus, comme il y a une correspondance entre les perceptions d'une Monade et celles de

---

1. Voyez l'Extrait n° 8 à la fin du volume.

toutes les autres, la suppression d'une Monade causerait un vide dans les perceptions des autres et briserait la continuité de leurs représentations.

Cet argument, qui prouve que les Monades doivent durer aussi longtemps que l'univers, prouve en même temps qu'elles sont aussi anciennes que lui.

Mais il reste à expliquer ce que tout le monde entend par naissance et par mort.

Nous savons que la Monade ne cesse jamais de percevoir le monde d'un certain point de vue; nous savons aussi que ce point de vue est déterminé par le corps auquel la Monade est unie, c'est-à-dire par la portion de matière qui fait l'objet immédiat de ses représentations: « l'âme représente tout l'univers en représentant le corps qui lui appartient d'une manière particulière [1] ». Notre Monade était donc unie à quelque particule matérielle, bien avant ce que nous appelons notre naissance, et même dès l'origine du monde, et, de cette particule prise comme point de vue, elle représentait, confusément il est vrai, l'univers entier. Tant que cette particule matérielle est demeurée isolée, les perceptions de la Monade sont restées obscures, mais lorsqu'elle se fut unie à d'autres particules de manière à former un organisme, et lorsque cet organisme eut atteint un certain développement, nos perceptions devinrent de moins en moins confuses, puis enfin, grâce aux organes des sens et au cerveau, tout à fait distinctes. La naissance n'est donc qu'un développement et le passage de la Monade « à un plus grand théâtre » [2]. De même que la naissance est un développement, la mort est un enveloppement. La décomposition, la séparation des parties qui composent le

1. *Monadologie*, § 62. | 2. *Monadologie*, § 75.

corps, n'empêche pas la Monade de rester attachée à quelque molécule, « à quelque dépouille organique », par l'intermédiaire de laquelle elle continue à percevoir l'univers. Mais, les conditions de l'aperception n'étant plus réalisées, elle retombe dans l'inconscience dont la naissance l'avait fait sortir.

Tel est le sort commun des Monades animales. Mais Leibniz a bien senti qu'il fallait faire aux Ames raisonnables une condition exceptionnelle, car l'immortalité, sans la conservation de la conscience et de la personnalité, équivaudrait pour nous à l'anéantissement. L'idée d'un pareil avenir ne pourrait évidemment, ni nous soutenir dans les épreuves de la vie, ni nous déterminer à la pratique de la vertu[1]. La destinée de l'Ame raisonnable ne peut donc être la même que celle des Monades simples ou des Monades animales.

L'Ame d'un homme, avant sa naissance, n'est qu'une « simple Monade » qui perçoit confusément le monde. Lorsque, par la formation du corps, elle se trouve unie à l'organisme le plus parfait de l'univers, non seulement elle acquiert des perceptions claires, comme les animaux, mais encore elle est « élevée au degré de la raison et à la prérogative de l'esprit ». Or l'Esprit, la Monade raisonnable, non seulement découvre les vérités universelles et nécessaires, dont l'ensemble constitue la Science et la Philosophie, mais encore conçoit le bien et agit moralement[2]. Mais un être moral doit conserver, après la vie terrestre, la conscience de lui-même, afin de pou-

---

1. « Car c'est le souvenir ou la connaissance de ce moi qui la rend capable de châtiment ou de récompense. » (Leibniz, *Disc. de Métaph.*, § 34.) Voyez à la fin du volume l'Extrait n° 8.

2. Elle n'exprime pas seulement le monde, elle le connaît aussi et « y gouverne à la façon de Dieu », c'est-à-dire en obéissant à l'idée du meilleur. (*Disc. de Métaph.*, § 36.)

voir être puni ou récompensé selon ses mérites. La Monade de l'homme, l'Esprit échappera donc au sort commun, il « ne subsistera pas seulement métaphysiquement, il demeurera encore le même moralement et fera le même personnage ». Leibniz, à la fin du *Discours de Métaphysique*, exprime cette idée, toute kantienne, que la personne raisonnable ne peut mourir. « Il ne faut donc point douter que Dieu n'ait ordonné tout en sorte que les esprits, non seulement puissent vivre toujours, ce qui est immanquable, mais encore qu'ils conservent toujours leur qualité morale, afin que sa cité ne perde aucune personne, comme le monde ne perd aucune substance. Et par conséquent ils sauront toujours ce qu'ils sont, autrement ils ne seraient susceptibles de récompense ni de châtiment, ce qui est pourtant de l'essence d'une république, mais surtout de la plus parfaite où rien ne saurait être négligé. » (*Disc. de Métaph.*, § 36. Voyez l'Extrait n° 8.)

DEUXIÈME PARTIE

THÉORIE DE LA CONNAISSANCE

AVANT-PROPOS.

La question qui doit faire l'objet de la seconde partie de cette étude a déjà été posée dans la première. On a vu que la Monade humaine ou Esprit fait plus que représenter l'univers, on sait qu'elle réfléchit et découvre des vérités universelles et nécessaires. C'est cette faculté de réfléchir qu'il faut étudier maintenant. Qu'est-ce d'abord que réfléchir, et ensuite quelle est la nature, quelle est l'étendue de la connaissance que fonde la réflexion ? Si la connaissance réfléchie du monde sensible est quelque chose de plus que la simple aperception de ce monde, il faut découvrir ce que l'Esprit ajoute à l'aperception. Il faut chercher, d'un autre côté, si l'Esprit est borné à la connaissance de l'univers sensible, s'il ne peut pas s'élever plus haut, atteindre l'absolu et créer la science du réel et de l'éternel, la métaphysique. En un mot, il nous reste à faire d'après Leibniz la théorie de la Raison.

Mais, avant d'aborder l'étude de la Raison, il est indispensable de revenir avec quelques détails sur la représentation. Car, s'il est vrai que la Raison est une faculté radicalement différente de la faculté représentative, il est également vrai que c'est la représentation qui, d'un côté, fournit à la Raison l'objet de ses réflexions et qui, de l'autre, l'excite à chercher dans son propre fonds les idées par lesquelles elle peut s'élever à la connaissance de l'absolu. Leibniz croit, comme Descartes, que la Raison resterait aveugle et inerte sans la représentation. C'est donc par une théorie de la représentation ou perception, que doit commencer une théorie de la Raison.

I

CONNAISSANCE NON RÉFLÉCHIE.

PERCEPTIONS INSENSIBLES ET PERCEPTIONS CLAIRES[1].

Si nous voulons descendre jusqu'au dernier fondement de nos connaissances, il ne faut pas nous arrêter, comme le font la plupart des philosophes, aux idées ou perceptions dont nous avons une connaissance distincte : il faut pénétrer plus avant, dans le domaine de ces perceptions obscures dont nous avons déjà dit quelques mots, — on dirait aujourd'hui dans le domaine de l'inconscient. C'est en effet dans l'inconscient que se trouvent, suivant Leibniz, les racines de toutes nos représentations claires et même celles des idées *a priori* au moyen desquelles la Pensée fonde la science.

La doctrine des petites perceptions ou perceptions insensibles est un des organes les plus importants de toute la Métaphysique de Leibniz.

Elle résulte nécessairement de la doctrine des Monades et de l'Harmonie préétablie. Les perceptions de la Monade vont à l'infini, elles embrassent l'univers entier, jusque dans ses moindres détails, telle est la thèse fondamentale de la *Monadologie*. Mais nous ne percevons clairement qu'une partie très restreinte de cet univers ; il doit donc y avoir en nous, outre les perceptions dont nous avons une

1. Voyez à la fin du volume les Extraits n°s 1, 2 et 3.

conscience nette, une infinité d'autres perceptions que nous ne sentons pas et qui n'en composent pas moins la partie la plus considérable du contenu de notre Monade. Il y a même un nombre infini de Monades, celles que Leibniz appelle les simples Monades, par opposition aux Ames et aux Esprits, qui n'ont aucune perception claire ; si ces Monades expriment l'univers entier, il faut bien que ce soit par des perceptions obscures.

En second lieu, la succession des perceptions claires dans notre Monade est périodiquement interrompue par le sommeil, quelquefois par l'évanouissement, la léthargie. Mais, l'univers n'existant pour chaque Monade que dans ses représentations et la Monade, ne recevant rien du dehors, une interruption véritable dans l'enchaînement des perceptions équivaudrait à une destruction et à une nouvelle création de l'univers. Il faut donc que les lacunes de nos perceptions claires soient comblées par des perceptions insensibles qui rétablissent la continuité absolue de nos états d'âme. C'est même en ce sens que Leibniz affirme, comme Descartes, que l'âme pense toujours.

Leibniz tire encore de la définition de la Monade un troisième argument *a priori* en faveur de l'existence des petites perceptions. Il ne faut pas considérer la Monade comme une substance à laquelle l'activité n'appartiendrait que par accident : la Monade est par essence une activité, elle n'est même qu'une activité. Jamais Leibniz n'a admis l'existence d'un je ne sais quoi qui servirait de substrat à cette activité. La substance n'existe donc qu'autant qu'elle agit. Mais agir, pour la Monade, c'est percevoir. La Monade perçoit donc toujours, et, comme elle n'a pas toujours des perceptions claires, il faut bien qu'elle possède, outre ses perceptions claires, des perceptions insensibles.

Enfin l'Harmonie préétablie suppose les perceptions insensibles. L'Harmonie préétablie est l'accord établi par Dieu de toute éternité entre les perceptions des Monades en nombre infini, qui toutes se représentent le même univers, mais à des points de vue différents. En vertu de cette harmonie, il faut que toute perception d'une Monade se trouve reproduite dans les autres. Ainsi tout ce que je perçois clairement aujourd'hui est perçu par toutes les Monades de l'univers, mais il est impossible que ce soit d'une façon distincte; car le paysan qui habite à l'intérieur des terres ne perçoit pas clairement le bruit des vagues qui, en ce moment, frappe mon oreille sur le rivage. C'est donc sous forme de perceptions insensibles que presque toutes les Monades qui composent l'univers représentent les phénomènes que, de mon point de vue, j'aperçois distinctement.

Nous expliquerons, dans les notes de l'Avant-Propos, les autres preuves *a priori* que Leibniz invoque à l'appui de sa théorie des petites perceptions. Qu'il nous suffise d'avoir indiqué les plus importantes. Il faut chercher maintenant quel est le rôle des petites perceptions dans la connaissance.

Les perceptions claires supposent l'existence des petites perceptions.

Je me promène sur le rivage de la mer, j'entends le bruit des vagues qui déferlent : voilà une perception claire. Mais si j'entends le bruit des vagues, c'est que j'entends le bruit de chaque vague, et même de chaque goutte d'eau qui tombe, car si je ne percevais à aucun degré le bruit d'une goutte d'eau, je ne percevrais pas non plus le bruit de mille, de cent mille, d'un million de gouttes d'eau, et par conséquent je n'entendrais pas le bruit de la mer qui déferle. Mais la perception d'une goutte d'eau qui tombe sur le rivage à cent pas de moi est une perception insensible. Toute perception claire se compose donc de perceptions insensibles.

« Qu'un homme qui dort soit appelé par plusieurs à la fois, et qu'on suppose que la voix de chacun ne serait pas assez forte pour l'éveiller, mais que le bruit de toutes ces voix ensemble l'éveille ; prenons-en une : il faut bien qu'il ait été touché de cette voix en particulier, car les parties sont dans le tout, et si chacune à part ne fait rien, le tout ne fera rien non plus. Cependant il aurait continué à dormir si elle avait été seule, et cela sans se souvenir d'avoir été appelé[1]. »

Ainsi je perçois le bruit d'une goutte d'eau qui tombe à cent pas de moi, le dormeur perçoit le moindre bruit, même un mot prononcé à voix basse près de lui, mais ce n'est pas d'une manière consciente. La perception, dans ce cas, est une simple affection, un simple état de la Monade, que la conscience ne sent pas.

On a objecté à Leibniz que les mouvements, qui, d'après sa théorie, doivent déterminer des perceptions insensibles, pourraient bien affecter le cerveau sans affecter l'âme. Ainsi une goutte d'eau tombe à cent pas de moi : sans doute les ondes sonores atteignent mon tympan, ébranlent le nerf acoustique et parviennent jusqu'au cerveau; mais est-il nécessaire d'admettre qu'elles arrivent jusqu'à l'âme? L'excitation trop faible pour déterminer un état de conscience claire, ne pourrait-elle pas rester un simple phénomène physiologique? Ainsi, qu'une corde donne seulement quinze vibrations à la seconde, le cerveau seul sera affecté ; qu'elle en donne vingt-cinq, la conscience perce-

---

1. *Échantillon de réflexions sur le second livre (de l'Essai de Locke).* Voyez à la fin du volume l'Extrait n° 2.

vra un son. Mais Leibniz a prévu l'objection et a pris soin d'y répondre. Il n'y a point, suivant Leibniz, de phénomène purement matériel, puisqu'il n'y a pas de matière en dehors des représentations des Monades. Il n'y a donc point d'état du cerveau qui ne soit un état, une affection de la Monade. La Monade, qui, par ses perceptions, représente tous les changements qui se produisent dans l'univers entier, peut *a fortiori* représenter tout ce qui se passe dans le corps, mais elle représente les changements insensibles par des perceptions insensibles.

Ce sont ces perceptions insensibles qui, devenant plus intenses et se produisant en grand nombre à la fois, forment nos perceptions claires et distinctes : « Les perceptions remarquables viennent par degrés de celles qui sont trop petites pour être remarquées. En juger autrement c'est peu connaître l'immense subtilité des choses qui enveloppe un infini actuel toujours et partout[1] ». Ce passage des perceptions insensibles aux perceptions claires est nettement expliqué dans la *Monadologie :* « La nature a donné des perceptions relevées aux animaux, par les soins qu'elle a pris de leur donner des organes qui ramassent plusieurs rayons de lumière ou plusieurs ondulations de l'air, pour les faire avoir plus d'efficacité par leur union[2] ». Une perception claire, comme celle que me donnent mes yeux en ce moment-ci, résulte donc d'une accumulation de petites perceptions dont chacune prise à part, isolée des autres, resterait confuse. Un rayon lumineux, frappant seul un point quelconque du corps, produirait dans la Monade une perception insensible. Mais, soit un organe disposé de manière à concentrer des milliers

---

1. *Nouveaux Essais.* Avant-Propos (Erdm., p. 198, col. 2).
2. *Monadologie*, § 25.

de rayons lumineux, soit un nerf composé d'une multitude de fibres dont chacune conduit au cerveau l'excitation produite par un de ces rayons, et la Monade percevra la lumière avec pleine conscience. Il y a lieu de croire qu'une représentation qui revient à notre mémoire exprime une multitude de petits mouvements insensibles qui se réveillent dans les cellules du cerveau. Et ce ne sont pas seulement nos représentations, ce sont encore nos actes qui s'expliquent par les perceptions insensibles. Nous avons sans doute bien souvent une conscience nette, et de la fin que nous poursuivons, et des motifs pour lesquels nous la poursuivons : mais dans des cas incomparablement plus nombreux nous ne saisissons que partiellement, ou même nous ne saisissons pas du tout, les motifs auxquels pourtant nous obéissons. Et cela arrive même quand nous avons délibéré, quand nous avons soigneusement fait le plan de nos actes. Nous avons préféré le parti A au parti B ; parmi les moyens que l'expérience nous suggérait pour atteindre la fin A, nous avons préféré la série $a\ b\ c\ d$ à la série $a'\ b'\ c'\ d'$. Mais par quoi au juste a été déterminé le choix de la fin et ensuite le choix de chacun des moyens ? la plupart du temps par des tendances dont nous nous rendions mal compte ; et c'est ainsi que nous savons bien rarement, et que peut-être nous ne savons jamais, quels sont les derniers motifs de nos actes.

C'est cette ignorance des motifs profonds de notre conduite qui explique, suivant Leibniz, l'illusion du libre arbitre absolu. Quand nous croyons nous décider sans motifs, c'est que nous ne voyons pas ce qui nous fait agir. Quand nous croyons choisir malgré l'équilibre des motifs, c'est que nous n'en apercevons pas les légères différences. « Les petites perceptions nous déterminent en bien des rencontres sans qu'on y pense, et trompent le vulgaire par l'apparence d'une indifférence d'équilibre[1]. »

II
CONNAISSANCE RÉFLÉCHIE.

La formation des perceptions claires, les consécutions ou associations de ces perceptions, l'activité spontanée, nous sont communes avec l'animal. Ces facultés constituent, pour ainsi dire, une intelligence d'un degré inférieur qui, chez l'animal, est toute l'intelligence, mais qui, chez l'homme, n'est que la base d'une intelligence supérieure, c'est-à-dire de la Pensée réfléchie. La Pensée réfléchie est l'essence même de la Monade humaine ou Esprit. Tandis que l'animal se borne à former des représentations et à les associer, l'homme réagit sur ces représentations ; il réfléchit d'abord sur les choses sensibles et, ramenant les faits d'expérience à des formules abstraites et générales, il fonde la science; ensuite, stimulé par un puissant désir de savoir, il tâche de dépasser la connaissance du monde des phénomènes, il s'efforce de s'élever à l'intuition de l'absolu et jette les fondements de la Métaphysique. Mais comment, à quelles conditions la Science et la Métaphysique sont-elles possibles? Leibniz répond : la Science est possible, parce que l'Esprit trouve en lui-même deux grands principes au moyen desquels il juge et raisonne, le principe de Contradiction et le principe de Raison Suffisante. La Métaphysique est

---

[1]. *Nouv. Essais.* Avant-propos. Voy. ci-dessous p. 108. Voy. aussi la *Théodicée*, § 40 et suivants : « Une infinité de grands et de petits mouvements externes et internes concourent avec nous, dont le plus souvent on ne s'aperçoit pas ».

possible, parce que l'Esprit humain a la faculté de réfléchir sur sa propre essence, parce qu'il peut se penser lui-même et trouver ainsi dans son propre fonds les idées premières de la Métaphysique, les idées d'être, de substance, d'activité. En résumé, la Science et la Métaphysique sont rendues possibles par les idées et vérités que l'Esprit contient en lui-même. La théorie des idées innées est la base de toute la théorie de la connaissance de Leibniz.

Il est nécessaire, pour bien comprendre la doctrine de Leibniz sur l'origine des idées, de donner un aperçu de l'état de cette question à l'époque où furent composés les *Nouveaux Essais*.

I

LA QUESTION DES IDÉES INNÉES AVANT LEIBNIZ.

Deux écoles, avant Leibniz, avaient abordé le problème de l'origine de nos connaissances et le résolvaient différemment. Les Cartésiens admettaient l'existence de notions claires et distinctes, indépendantes de l'expérience, que la Pensée peut découvrir en elle-même par un effort d'attention. Locke et l'école anglaise niaient l'existence de pareilles idées et s'efforçaient de rendre compte par la seule expérience de tout le contenu de la connaissance humaine.

1° *Les Cartésiens et le Rationalisme.*

Le principe de toute connaissance, c'est-à-dire de toute explication scientifique et philosophique, doit être cherché, suivant Descartes, dans des notions telles que l'esprit puisse en tirer par déduction toutes les vérités nécessaires qui composent la science et la philosophie. Ainsi les sens nous font connaître les corps avec leurs caractères variés à l'infini, leurs changements constants. Ces caractères, ces changements, ne peuvent être dits connus et expliqués que lorsqu'ils sont ramenés à un petit nombre de notions, de lois simples que nous concevons clairement. Ces notions sont les notions de l'étendue et de ses modes; ces lois sont les lois du mouvement. Or la pensée bien arrêtée et souvent exprimée de Descartes, c'est que la raison peut découvrir en elle-même, par une sorte d'intuition, les notions et les lois simples qui rendent les choses et les phénomènes intelligibles, et que la perception sensible ne fait que nous exciter à chercher en nous-mêmes ce qui s'y trouve déjà [1]. Si nos facultés étaient bornées aux sens et à la mémoire qui conserve et reproduit les sensations, nous pourrions bien percevoir le ciel étoilé, comme les animaux, et retrouver au besoin cette représentation, mais nous ne pourrions pas apercevoir les lois mathématiques qui règlent les mouvements des astres, ni surtout concevoir ces lois comme des vérités claires, distinctes, valables pour toutes les intelligences, dans tous les temps, dans tous les lieux.

Ainsi, tandis que les données des sens sont confuses, les idées que la raison découvre dans son fonds sont claires, distinctes. Toutes les idées claires et distinctes peuvent donc être appelées idées innées. Ainsi les notions mathématiques, les lois du mouvement sont innées en nous. Je conçois clairement et distinctement l'âme comme une chose qui pense, Dieu comme un être parfait. Les notions de la substance pensante, de Dieu, sont innées.

---

1. *Méditation III et Réponses aux troisièmes objections.*

Nulle part Descartes n'a donné une liste complète et raisonnée des idées ou vérités qu'il considérait comme innées. Sa pensée était certainement que tout ce qui n'était pas de nature sensible était inné. Il s'est borné à ramener à trois chefs principaux les idées et vérités d'origine rationnelle :

L'idée de la substance étendue et de ses modes (avec les notions mathématiques, les lois du mouvement, etc.);

L'idée de la substance pensante et de ses modes ;

Enfin l'idée de Dieu [1].

Nous pouvons ajouter que Descartes ne s'est pas assez préoccupé de chercher un *criterium* suffisant sur lequel on pût s'appuyer pour décider si une idée, si une vérité est ou n'est pas innée, et même qu'il n'a pas trouvé d'argument décisif pour démontrer qu'il y a véritablement quelque chose d'inné en nous. Le fait que nous concevons clairement et distinctement une idée, une vérité, suffit-il pour démontrer que cette idée ou que cette vérité n'est pas d'origine sensible ? C'est là précisément l'une des principales objections que Locke et les empiristes feront aux Cartésiens. La véritable preuve de l'innéité et de l'apriorité d'une idée n'est pas en effet la clarté avec laquelle elle se présente à l'esprit, ce n'est même pas son universalité, mais sa nécessité.

2° *Locke et l'Empirisme.*

Dans son *Essai sur l'Entendement humain*, Locke combat la théorie cartésienne des idées et vérités innées, et entreprend d'expliquer par l'expérience l'origine de toutes

---

1. Voyez *Principes*, 1re partie, 48, où Descartes indique les principales idées qu'il considère comme innées.

les idées qui constituent la connaissance humaine. C'est dans le premier des quatre livres de l'*Essai* que se trouve la discussion de la doctrine des idées innées : le second est consacré à l'explication empirique de la connaissance.

Toute l'argumentation de Locke contre l'innéité des idées et des vérités peut se ramener aux deux points suivants :

1° L'hypothèse de l'existence d'idées ou vérités innées est contredite par les faits, car une idée ou vérité innée doit être universelle, et il n'y a aucun principe sur lequel les hommes s'accordent généralement ;

2° Quand le fait du consentement universel serait vrai, il ne prouverait en rien que les vérités sur lesquelles tous les hommes s'accorderaient fussent innées, si l'on pouvait montrer une autre voie par laquelle les hommes ont pu arriver à cette uniformité de sentiment sur les choses dont ils conviennent [1].

Locke croit facile la démonstration du premier point, car, si l'on considère les principes auxquels on donne préférablement à tous les autres la qualité de principes innés, comme le principe d'Identité et le principe de Contradiction, on remarque que « les enfants, les idiots, les sauvages n'ont pas la moindre idée de ces principes ». Cette simple observation suffit, suivant Locke, pour détruire l'argument tiré du consentement universel, car dire qu'il y a des vérités imprimées dans l'âme que l'âme n'aperçoit pas, est une espèce de contradiction.

Mais ne peut-on pas dire qu'il y a des vérités que tout homme reconnaît et admet comme évidentes aussitôt qu'on les énonce devant lui ? et n'est-ce pas ainsi qu'il faut entendre le consentement universel ? Mais, répond

---

1. Cf. Locke, *Essai*, liv. 1, ch. 1, §§ 3 et 4.

Locke, ce fait prouve seulement qu'il y a des connaissances que tout esprit humain a le pouvoir d'acquérir ; il ne prouve nullement que l'esprit contienne en lui-même ces connaissances.

Si l'on objecte que tout homme raisonnable peut arriver par lui-même et sans l'aide de personne à concevoir certains principes, ce fait, même en supposant qu'il fût prouvé, ne démontrerait pas encore l'innéité de ces principes, car alors il faudrait soutenir qu'une vérité comme celle-ci : le doux n'est pas l'amer, est une vérité innée, sous prétexte que tout enfant arrive par ses seules forces et sans l'aide de personne à la saisir clairement et distinctement.

Le fait de l'accord de tous les hommes sur certaines idées ou vérités est donc fort contestable, et, quand même il serait démontré vrai, il ne prouverait pas l'innéité de ces idées et de ces vérités, car une expérience universelle, dont les résultats sont les mêmes pour tout esprit, suffit, dans tous les cas, à en rendre compte. Il n'y a d'inné que la faculté que possède l'âme de recevoir du dehors les éléments sensibles dont sont formées les idées et vérités générales.

Dans le second livre de son *Essai*, Locke expose sa propre théorie de l'origine de nos connaissances. L'âme, à la naissance, est vide comme une tablette sur laquelle rien n'a encore été écrit. Les données fournies par les sens externes et le sens intime ou réflexion remplissent cette tablette, et forment, par leur combinaison, toutes nos idées générales. Ainsi la vue nous fait connaître la lumière et la couleur ; le toucher, la dureté et la mollesse, le chaud et le froid. La réflexion nous donne les idées de la volonté, de la perception et de nos diverses facultés ; la réflexion unie à la sensation externe, celle du plaisir et de la douleur, de la succession, de la force, de l'unité. Les idées ou vérités générales qui servent de principes à la connaissance scientifique ou philosophique sont également composées d'éléments fournis par l'expérience externe ou interne. Les idées de temps et d'espace se forment quand nous comparons nos sensations entre elles; ainsi, quand nous remarquons l'enchaînement de nos sensations, nous concevons la durée. L'idée de puissance se forme quand nous considérons dans une chose la simple possibilité qu'il y a qu'une de ses idées simples (c'est-à-dire un de ses caractères) soit changée et, dans une autre chose, la possibilité de produire ce changement [1]. Enfin l'idée de substance naît dans notre esprit quand nous remarquons que plusieurs idées simples, venues des sens ou de la réflexion, vont toujours ensemble ; nous sommes alors portés à considérer cet amas d'idées toujours unies comme une seule idée simple, parce que, « ne pouvant imaginer comment ces idées simples peuvent subsister par elles-mêmes, nous nous accoutumons à supposer quelque chose qui les soutienne, où elles subsistent et d'où elles résultent, à qui pour cet effet on a donné le nom de substance [2] ».

Le système de Locke contient en germe, comme on le voit, tout l'Empirisme moderne ; il faut donc reconnaître à Locke le mérite d'avoir le premier formulé nettement les principes de la théorie empirique de la connaissance. Stuart Mill, Spencer même, ne changeront rien au fond de sa doctrine, ils s'efforceront seulement de rendre mieux compte du caractère de nécessité des idées et vérités dites innées, caractère dont Locke n'a pas assez compris l'im-

---

1. *Essai de Locke* et *Nouveaux Essais*, liv. II, ch. XXI, § 1.

2. *Essai de Locke* et *Nouveaux Essais*, liv. II, ch. XXIII, § 1.

portance. Il faut avouer, d'un autre côté, que l'argumentation de Locke contre la thèse de l'innéité est faible et superficielle. Ses raisons sont celles d'un homme qui saisit imparfaitement la pensée de ses adversaires et qui même ne comprend pas bien toutes les difficultés du problème qu'il entreprend de résoudre. Il se fait évidemment la partie trop belle. Descartes ne prétendait pas que les idées et vérités claires et distinctes existassent toutes formées dans l'âme à la naissance. Il prétendait seulement que la faculté de concevoir des vérités éternelles dépassait infiniment le pouvoir de sentir, de se souvenir, d'imaginer. Locke déplace la question en croyant qu'il s'agit de jugements ou de notions toutes faites, dont un exemplaire serait déposé pour ainsi dire dans tous les esprits ; et cela parce qu'il ne soupçonne pas la différence qui sépare une simple sensation ou combinaison de sensations d'une vérité nécessaire ou même de la moindre notion ; parce que le problème des rapports de la pensée active avec la sensation passive lui échappe absolument.

Il n'en est pas moins vrai que le livre de Locke contribua à mettre en lumière les points faibles, les lacunes de la théorie de la connaissance des Cartésiens, et qu'en provoquant la composition des *Nouveaux Essais* il fut l'occasion d'un progrès considérable de la philosophie de la Raison.

II

**LA QUESTION DES IDÉES INNÉES CHEZ LEIBNIZ.
IL Y A DES IDÉES ET VÉRITÉS INNÉES.**

On comprend maintenant quelle tâche s'imposait à Leibniz :

1° Prouver contre Locke l'existence d'idées et de vérités innées ;

2° Déterminer exactement le nombre de ces idées et de ces vérités.

1° *Il y a des idées et vérités innées.* Nous savons que dans la pensée de Leibniz, à parler rigoureusement, tout ce que nous connaissons est inné, puisque la Monade ne reçoit rien du dehors, et tire de son propre fonds toutes ses représentations. Mais l'idéalisme de Leibniz ne l'empêche nullement de se poser la même question que Locke et les Cartésiens. En effet les perceptions claires, par lesquelles la Monade se représente le monde des phénomènes, constituent pour Leibniz comme pour tout le monde l'expérience sensible. Leibniz admettait même en un certain sens que ces perceptions vinssent du dehors, parce qu'elles ont leur raison d'être dans les perceptions des autres Monades. Il peut donc se demander s'il y a dans la Monade des idées et des vérités antérieures aux perceptions qui constituent l'expérience de cette Monade. L'idéaliste et le réaliste diffèrent seulement en ce qu'ils considèrent le monde, l'un comme un ensemble de réalités indépendantes de l'esprit, l'autre comme un système de représentations produites par l'activité de l'esprit. Mais, pour l'un comme pour l'autre, il y a un ensemble de perceptions et de souvenirs qui méritent le nom d'expérience, et tous deux peuvent se poser la question de savoir si les idées et vérités générales qui servent de fondement à la connaissance et règlent la conduite précèdent cette expérience ou en résultent.

Le premier livre des *Nouveaux Essais* est consacré à la démonstration de l'existence d'idées et de vérités innées [1].

Locke avait dit : Il n'y a point d'idées ni de vérités innées, car s'il y avait des idées ou des vérités innées, elles devraient être présentes à tous les esprits. Or il n'y a pas une notion, pas une proposition, dont on puisse affirmer qu'elle est actuellement conçue par toutes les intelligences [2].

Leibniz répond qu'il est impossible de soutenir que l'âme pense actuellement à toutes les idées qu'elle contient. Nous avons en nous une foule de souvenirs auxquels nous ne songeons pas. Pourquoi donc les enfants, les sauvages n'auraient-ils pas dans leur âme, à l'état de virtualités, certaines idées et vérités générales qu'ils sont incapables d'exprimer? Il est vrai que les souvenirs auxquels nous ne pensons pas sont d'anciennes représentations qui ont été autrefois actuellement perçues par l'esprit, tandis que le sauvage et surtout l'enfant n'ont jamais eu une connaissance expresse du principe de Contradiction ou du principe de Raison Suffisante. Mais si une connaissance acquise peut rester à l'état latent dans l'âme, rien n'empêche que la nature n'y ait caché quelque connaissance originale [3].

Il peut donc y avoir des idées ou vérités innées que tous les esprits possèdent, bien qu'ils n'en aient pas une

---

[1]. Voyez sur cette question l'Extrait n° 4.
[2]. *Nouv. Essais*, liv. 1, chap. 1, § 4
[3]. *Ibid.*, § 5.

connaissance actuelle. Pour démontrer maintenant que ces idées et vérités existent réellement dans les esprits, même dans ceux des sauvages et des enfants, il suffit de remarquer que tout homme doué de la parole forme des jugements et des raisonnements qui supposent l'existence de ces idées et de ces vérités. Un sauvage sera choqué des contradictions d'un menteur, il juge donc impossible qu'une chose soit et ne soit pas en même temps. Un enfant dira: Ce fruit n'est pas doux, puisqu'il est amer. L'enfant est donc convaincu qu'une chose ne peut pas avoir et ne pas avoir à la fois le même caractère. Le principe de Contradiction, ou plutôt de l'impossibilité de la Contradiction, est donc inné dans l'esprit du sauvage et dans celui de l'enfant.

Mais pourquoi ne pas voir dans le principe de Contradiction un principe abstrait, résultant d'un grand nombre d'expériences? L'expérience ne peut-elle pas apprendre à l'enfant, dès le premier éveil de son intelligence, qu'un fruit n'est jamais à la fois doux et amer, que le vent n'est pas à la fois froid et chaud, qu'il ne fait pas jour quand il fait nuit; et ne peut-il pas ainsi s'accoutumer à penser qu'une chose quelconque ne peut pas à la fois être et n'être pas, avoir et ne pas avoir un même caractère?

Cette explication, suivant Leibniz, est impossible, parce que des principes comme le principe de Contradiction renferment une certitude, une nécessité, dont l'expérience ne saurait rendre compte. Là est la véritable preuve qu'un principe est inné, *a priori*. L'expérience nous apprend ce qui est, et non ce qui est nécessairement, non ce qui ne peut pas ne pas être. Autre chose est percevoir l'amer et le doux, sentir le froid et ensuite le chaud, autre chose est affirmer comme une vérité nécessaire, valable dans tous les temps et dans tous les lieux, que le doux ne peut pas être l'amer, que le chaud ne peut pas être le froid. Ce que la raison ajoute à l'expérience, c'est donc la conception d'une nécessité ou d'une impossibilité de penser, et cette conception, la raison ne peut la puiser qu'en elle-même.

Le consentement universel, c'est-à-dire l'accord de tous les hommes sur certaines vérités, n'est donc pas, comme le croyaient les Cartésiens, la preuve principale de l'innéité de ces vérités. Il faut sans doute que tous les hommes s'accordent sur les principes innés, car, la raison étant une, tout principe rationnel doit être universel; et nous savons que cet accord existe toujours dans l'application d'un principe. Mais le fait qu'une vérité est universellement admise ne saurait prouver que cette vérité n'est pas due à l'expérience: car une expérience universelle peut fort bien engendrer des croyances universelles. Ainsi tous les hommes savent que le soleil est chaud et brillant: personne ne soutient pourtant que cette vérité soit innée. D'un autre côté, comme tout principe nécessaire doit être par cela même universel, le consentement peut être, comme le dit Leibniz, « l'indice d'un principe inné »; autrement dit, quand nous voyons tous les hommes s'accorder sur une vérité, cet accord peut être une raison de croire que cette vérité est innée: « mais la preuve exacte et décisive de ces principes consiste à faire voir que leur certitude ne vient que de ce qui est en nous[1] ».

Le mot Raison a donc pour Leibniz le même sens que pour Descartes. Il désigne un certain pouvoir de former des idées et de concevoir des vérités qui ont leur ori-

---

1. *Nouveaux Essais*, liv. I, ch. 1, § 4.

gine en nous-mêmes, etc. Mais ni Descartes ni Leibniz n'ont cru que ces idées et ces vérités fussent écrites dans l'âme, avant la naissance, comme les édits du préteur sur son *album*. La plupart des esprits n'en ont aucune connaissance expresse. Un enfant, un paysan, devant qui on les exprimerait, pourrait même ne pas les reconnaître ; elles existent pourtant cachées dans les âmes ; elles dirigent même à notre insu tout le travail de notre pensée ; sans elles aucun jugement, aucun raisonnement ne serait possible. C'est à peu près comme nous marchons et courons en contractant des muscles que nous connaissons à peine, au moyen de nerfs que nous ignorons et en vertu de lois mécaniques que nous ne soupçonnons pas et que personne, même aujourd'hui, ne connaît encore bien.

Il n'est pas impossible de voir dans la théorie de la Raison de Leibniz, ainsi comprise, un acheminement vers la doctrine Kantienne des formes et lois *a priori* de la Pensée. Leibniz soutient que ce qui est inné en nous, ce sont, non pas des vérités générales, mais certaines dispositions naturelles en vertu desquelles l'esprit réfléchit sur les données de l'expérience sensible. Il n'y a, semble-t-il, qu'un pas à faire pour transformer ces virtualités, ces dispositions, en lois, en catégories de l'esprit. La doctrine Kantienne permet seule d'échapper complètement aux objections de Locke. Car Locke a raison de dire que l'on ne conçoit guère des idées innées qui sont dans l'esprit sans que l'esprit y ait jamais pensé ; mais on conçoit très bien des lois auxquelles l'esprit obéit sans les connaître. Les vérités ou principes innés dans ce système ne sont que les lois mêmes de la pensée, dont nous nous sommes rendus compte par la réflexion et que nous exprimons dans une formule précise.

Il nous reste maintenant à chercher quels sont les

principes innés qui, suivant Leibniz, servent de fondement à toutes nos connaissances. Leibniz croit qu'une bonne philosophie doit en réduire le nombre autant que possible. Il faut pousser aussi loin que l'on peut la démonstration des vérités que l'on affirme, même de celles qui nous paraissent claires et distinctes, et ne s'arrêter que lorsqu'on a découvert les principes simples et irréductibles qui rendent compte de cette clarté et de cette distinction. C'est ce que Leibniz entreprit de faire; il divisa les vérités innées en deux classes : 1° vérités qui servent de principes à nos raisonnements en général, et 2° vérités qui servent de base à la Métaphysique. Il réduisit à deux les principes de la connaissance et ramena les vérités métaphysiques à ce que l'intuition nous fait connaître immédiatement de la substance active qui est nous-mêmes.

III

LES IDÉES ET LES VÉRITÉS SUIVANT LEIBNIZ. LES PRINCIPES DE LA CONNAISSANCE.

« Il y a deux grands principes de nos raisonnements. L'un est le principe de la contradiction, qui porte que, de deux propositions contradictoires, l'une est vraie, l'autre fausse; l'autre principe est celui de la raison déterminante (ou suffisante) : c'est que jamais rien n'arrive sans qu'il y ait une cause ou du moins une raison déterminante, c'est-à-dire quelque chose qui puisse servir à rendre raison *a priori*, pourquoi cela est existant plutôt que non existant et pourquoi cela est ainsi plutôt que de toute autre façon. » (*Théodicée*, § 44.)

INTRODUCTION.

a. *Le Principe de Contradiction.*

Le Principe de Contradiction peut se formuler ainsi qu'il suit : A n'est pas non-A. La formule : A n'est pas B exprime une vérité moins évidente et déjà dérivée ; la raison qui fait que A n'est pas B, c'est que A n'est pas non-A.

La Pensée s'appuie sur ce principe pour affirmer : 1° qu'un prédicat contenu dans la notion d'un sujet appartient nécessairement à ce sujet ; 2° qu'un prédicat qui est la négation d'un autre prédicat contenu dans la notion d'un sujet n'appartient pas à ce sujet. C'est donc en vertu du principe de Contradiction que notre esprit affirme les propositions identiques et nie les propositions contradictoires. Ainsi un arbre est un arbre, un corps (qui, par définition, est une chose étendue) est étendu ; le doux n'est pas l'amer (qui est le non-doux) ; l'âme (qui, par définition, est inétendue) n'est pas étendue.

b. *Le Principe de Raison Suffisante.*

Le principe de Raison Suffisante est le fondement de toutes les propositions qui ne sont pas identiques. L'esprit s'appuie sur ce principe pour lier le prédicat au sujet dans ces propositions ; pour affirmer les propositions où ce lien peut être découvert, et nier celles où il ne peut pas être établi.

Le principe de Raison Suffisante a un rôle incomparablement plus étendu que le principe de Contradiction : car les propositions qui peuvent être affirmées ou niées immédiatement, en vertu du principe de Contradiction, sont infiniment moins nombreuses que celles dont la vérité ou dont la fausseté doit être établie médiatement, c'est-à-dire démontrée. Il faut en effet, suivant Leibniz, compter parmi ces dernières propositions, non seulement toutes les vérités de fait, mais encore toutes les vérités mathématiques qui ne sont pas évidentes[1]. De plus, comme les vérités qui s'appuient sur le principe de Raison Suffisante sont de nature différente (les unes sont, en effet, des vérités de fait, les autres des vérités nécessaires), il s'ensuit que le principe qui sert de fondement commun à toutes ces vérités devra prendre des formes différentes. Il sera, tantôt principe de démonstration mathématique, et alors il différera peu du principe de contradiction ; tantôt principe d'explication mécanique, et alors il deviendra principe de causalité et même principe de finalité.

Lorsqu'il s'agit de vérités nécessaires, comme les vérités mathématiques, le rapport nécessaire qui unit le sujet au prédicat, s'il n'apparaît pas immédiatement à l'esprit, peut être découvert au moyen d'une analyse qui ramène ces vérités à des vérités identiques. Voici un exemple d'analyse en matière nécessaire donné par Leibniz lui-même. Il s'agit de prouver que tout multiple de 12 est multiple de 6. On raisonne ainsi : tout multiple de 12 est multiple de $2 \times 2 \times 3$ (ce qui est la définition de 12); mais tout multiple $2 \times 2 \times 3$ est multiple de 2×3 (la seconde expression est contenue dans la première), et tout multiple de 2×3 est multiple de 6 (car 2×3 est la définition même de 6) : donc, etc. On voit

---

[1]. Voyez les §§ 33 à 36 de la *Monadologie*. Leibniz y dit que le principe de Raison Suffisante nous sert à rendre compte, d'abord des vérités de raisonnement ou vérités nécessaires (c'est-à-dire des vérités mathématiques), que l'on résout en idées et en vérités plus simples jusqu'à ce qu'on vienne aux primitives, puis ensuite des vérités contingentes ou vérités de fait, dans lesquelles la résolution en raisons particulières pourrait aller à un détail sans bornes.

que l'artifice de cette démonstration consiste à décomposer les idées de 12 et de 6 dans leurs éléments respectifs et à résoudre la proposition donnée dans cette proposition identique et par conséquent nécessaire : tout multiple de $2 \times 2 \times 3$ est multiple de 2×3. Il y a ici, suivant Leibniz, application du principe de la Raison Suffisante. Mais la raison Suffisante de la vérité de cette proposition : tout multiple de 12 est multiple de 6, n'est autre que l'identité des termes donnés, 12 et 6, avec leurs propres éléments, $2 \times 2 \times 3$ et 2×3.

Le principe de Raison Suffisante, dans son application aux vérités de raisonnement, sert donc à faire tomber sous l'application du principe de Contradiction des vérités qui n'y sont pas immédiatement soumises. On ne peut pas dire qu'il se confonde entièrement avec ce principe, mais on peut dire qu'il en est une extension.

Arrivons maintenant aux vérités contingentes ou de fait, comme, par exemple : il pleut aujourd'hui, ou César passe le Rubicon. Qu'est-ce que donner la raison suffisante de pareilles vérités?

C'est d'abord indiquer la cause efficiente du fait dont on veut rendre compte, c'est-à-dire ramener la proposition qui exprime ce fait à une autre proposition qui exprime un fait antécédent. Ainsi : il pleut maintenant, parce qu'un courant d'air froid a condensé la vapeur d'eau contenue dans l'air ; César a passé le Rubicon, parce qu'il a pris la décision de marcher sur Rome. La raison suffisante d'une vérité de fait est donc contenue dans une autre vérité de fait, comme la raison suffisante d'une vérité nécessaire est contenue dans une autre vérité nécessaire. Seulement le lien qui unit entre elles les vérités de fait est tout différent de celui qui unit les vérités nécessaires. On démontre en effet une vérité nécessaire en la ramenant à d'autres vérités, dans lesquelles elle se trouvait implicitement contenue ; tandis qu'une vérité de fait n'est pas contenue dans la vérité de fait qui sert à en rendre raison. Ainsi la proposition : il pleut maintenant, n'est pas contenue logiquement dans la proposition : le vent a condensé la vapeur d'eau. Le principe de Raison Suffisante, dans son application aux vérités de fait, n'est donc plus une extension du principe de Contradiction, c'est un principe tout différent, dont la nécessité est, nous allons le voir, non plus logique, mais morale[1].

Pourquoi le phénomène a succède-t-il toujours et partout au phénomène b? La Science répondait déjà au dix-septième siècle : en vertu des lois mécaniques qui régissent les phénomènes, en vertu de la loi de la conservation de la force. Leibniz est plus convaincu que personne de l'universalité et de la nécessité de cette dernière loi, qu'il a découverte lui-même et soutenue contre les Cartésiens. Mais il ne croit pas qu'elle suffise pour donner la raison suffisante d'un phénomène. D'abord, en effet, l'analyse des causes mécaniques peut remonter à l'infini; on ne peut pas dire qu'on a rendu raison d'un fait quand on a montré qu'il dépendait d'un autre fait qui lui-même reste inexpliqué. Or, si loin que l'on remonte dans le passé, on ne trouvera jamais que des causes secondes, c'est-à-dire des faits dont il faudra encore chercher la raison suffisante. Mais supposons même qu'il soit possible de remonter jusqu'à une première cause, il resterait toujours vrai qu'un autre monde, c'est-à-dire un autre enchaînement de phénomènes, aurait pu être appelé à l'existence, et il faudrait expliquer pourquoi le monde commençant par la première cause a a été créé

---

1. Voyez l'Extrait n° 5 à la fin du volume.

plutôt qu'un autre monde commençant par la première cause a'. Bien plus, Dieu aurait même pu créer un monde où les phénomènes auraient été régis par d'autres lois que les lois mécaniques que nous connaissons, et il faudrait dire pourquoi un monde où règne la loi de la conservation de la force a été réalisé de préférence à un monde régi par d'autres lois [1].

La loi de causalité est donc insuffisante pour rendre raison des vérités de fait; il faut rendre raison de cette loi elle-même, et pour cela il faut recourir à un principe nouveau. Ce principe est celui que Leibniz appelle : Principe du Meilleur ou de Convenance.

Il y a, suivant Leibniz, deux sortes de nécessités, l'une logique, qui s'exprime par le principe de Contradiction, et l'autre toute morale, en vertu de laquelle le bien tend à l'existence et le meilleur se réalise toujours; or c'est précisément cette nécessité morale qui s'exprime par le principe de Raison Suffisante. Ainsi il est logiquement absurde que deux propositions contradictoires soient vraies à la fois, et il est moralement absurde que le meilleur ne soit pas admis à l'existence. Avant la création, une infinité de mondes étaient possibles, mais Dieu ne pouvait pas ne pas créer le meilleur de ces mondes: « *Ut possibilitas est principium essentiæ, ita perfectio seu essentiæ gradus est principium existentiæ* [2] ».

Ce principe étant posé, il devient facile de rendre raison d'un fait donné.

---

[1]. Leibniz dit, dans la *Correspondance avec Arnauld*, que: « comme il y a une infinité d'univers possibles, il y a aussi une infinité de lois, les unes propres à l'un, les autres propres à l'autre ». Leibniz ne considère donc pas le principe de causalité comme nécessaire en lui-même, et en cela il diffère de Kant.

[2]. *De rerum originatione radicali*. Erdm., p. 148, col. 1.

D'abord, si le monde qui contenait le passage du Rubicon et la pluie d'aujourd'hui a été choisi par Dieu et appelé à l'existence, c'est que ce monde était le meilleur des mondes possibles.

Ensuite, si le monde où nous vivons est régi par les lois du mouvement que nous connaissons, c'est-à-dire par la loi de la conservation de la force, ce n'est pas seulement parce que cette loi est le moyen d'obtenir la plus grande somme possible de perfection, mais encore et surtout parce qu'elle est en elle-même belle et digne de la sagesse de Dieu : il y a en effet quelque chose de bon et de beau dans l'équivalence de l'effet plein à la cause pleine. De cette façon la loi de causalité, qui n'est pas nécessaire logiquement, le devient moralement.

Ainsi compris, le principe de Raison Suffisante peut s'appeler principe de Convenance ou du Meilleur, ou encore principe de Finalité. C'est donc le principe de Finalité qui, pour Leibniz, rend compte de la causalité efficiente, et la véritable raison suffisante d'un fait doit être cherchée dans sa fin : « *Causæ efficientes pendent a finalibus* », disait Leibniz dans une lettre écrite vers la fin de sa vie (en 1714), c'est-à-dire : 1° le passage de la cause à l'effet tire sa nécessité du principe de la tendance au meilleur, et 2° le système de causes et d'effets qui constitue le monde actuel a été choisi par Dieu de préférence à tout autre, parce qu'il réalisait la plus grande somme de bien [1].

Il ne nous reste plus, pour donner toute sa précision à l'idée de Raison Suffisante, qu'à expliquer ce que Leibniz entend par le bien, le meilleur, la perfection.

---

1. Cf. *Disc. de Métaph.*, § 10 : « C'est là (dans les causes finales) où il faut chercher le principe de toutes les existences et des lois de la Nature. » Voyez à la fin du volume l'Extrait n° 5.

La perfection n'est autre chose que le plein développement d'une essence, le maximum de réalisation et d'existence, si l'on peut ainsi parler, d'une substance créée. Or une substance, une Monade, se développe, se réalise, existe d'autant plus qu'elle s'élève à un plus haut degré de perception et de connaissance. Ainsi ce qu'il y a de plus imparfait au monde, c'est la « simple Monade », qui ne sort jamais de la nuit des perceptions insensibles. C'est parce que la matière brute se compose uniquement de telles Monades, qu'elle nous paraît vile et grossière. Le degré le plus bas de conscience est un premier progrès vers la perfection. Si le végétal nous paraît plus parfait que le roc brut, c'est que, dans ses efforts pour croître et se développer, il semble manifester un vague sentiment de l'existence, une obscure volonté de vivre. La supériorité de l'animal sur le végétal vient de ce qu'il perçoit clairement le monde. Plus ses perceptions sont distinctes et variées, plus nous lui reconnaissons de valeur, et plus nous le jugeons respectable. Enfin ce qu'il y a de plus parfait dans la création, c'est l'Esprit, qui, non seulement représente le monde, mais encore réfléchit sur l'objet de ses représentations, et même s'élève à la connaissance de l'absolu. En résumé, l'imperfection, pour Leibniz, c'est la perception confuse; la perfection, c'est la connaissance réfléchie, c'est la raison. Il faut donc croire que la fin que Dieu s'est proposée en créant le monde, c'est de développer et de multiplier, pour ainsi dire, la raison. Leibniz est souvent revenu sur cette idée : que ce qu'il y a de « plus élevé et de plus divin dans les ouvrages de Dieu », c'est l'« assemblage des Esprits », c'est-à-dire l'ensemble des Monades qui ne sont pas seulement des miroirs de l'univers, mais encore « des images de la Divinité même ou de l'Auteur même de la nature ». Les Monades qui sont capables de connaître les vérités nécessaires, objet de l'entendement divin, et de vouloir le bien, objet de la volonté divine, forment la cité de Dieu. Or, s'il est vrai que la fin dernière du monde soit de réaliser la perfection, et si la perfection est le développement de la raison, il est permis de croire que la véritable raison suffisante de l'existence de l'univers, c'est la formation de la cité de Dieu[1].

IV

LE FONDEMENT DE LA MORALE

Leibniz, dans la seconde partie du premier livre de ses *Nouveaux Essais*, soutient contre Locke l'existence de principes de pratique innés, principes qui ne sont pas clairement aperçus par toutes les intelligences, mais qui n'en sont pas moins présents dans tous les esprits, et dirigent, même quand ils ne sont pas connus, la conduite des hommes. Ces principes sont donc de même nature que les principes de la connaissance scientifique ; ils ont pourtant ceci de particulier qu'ils manifestent leur présence dans l'esprit par un ensemble d'instincts. « Ces instincts ne sont que la perception confuse d'un principe rationnel inné, car tout sentiment est la perception d'une vérité, et tout sentiment naturel l'est d'une vérité innée. » « Ils nous portent d'abord et sans raison à ce que la raison ordonne » ; mais en même temps ils nous poussent à rechercher le plaisir et à fuir la peine : « la morale a des principes indémontrables, et un des premiers et des plus pratiques est qu'il faut suivre la joie et éviter la tristesse ». Ces principes, qui se manifestent par des instincts, et par

---

1. Cf. *Monadol.*, §§ 83 et suiv. Voy. aussi l'Extrait n° 8 à la fin du volume.

des instincts qui nous portent à suivre la joie et à fuir la peine, Leibniz ne les formule pas nettement dans le premier livre des *Nouveaux Essais;* mais, si l'on rapproche du texte de ce premier livre les autres endroits où il a abordé la question du fondement de la moralité, on arrive à se convaincre que ces principes ne sont autre chose, au fond, que le principe de la Raison Suffisante ou du Meilleur[1].

Dans le second livre des *Nouveaux Essais*[2], Leibniz nous donne comme mesure du bien moral et de la vertu « la règle invariable de la raison que Dieu s'est chargé de maintenir ». Or cette règle invariable à laquelle Dieu obéit dans tous ses actes, nous le savons, c'est la règle du meilleur[3] : « *Determinatus ille est ad optimum efficiendum* ». Le bien est, en effet, pour Leibniz comme pour Platon, l'objet éternel de la pensée et de la volonté de Dieu. Dieu connaît par sa sagesse, choisit par sa bonté, et produit par sa puissance, le meilleur. Il a créé le monde « pour communiquer sa bonté ».

On voit que le principe de Raison Suffisante contient en lui-même le principe suprême de notre conduite. En concevant le bien ou la perfection qui est l'objet éternel de la volonté de Dieu, je conçois la fin dernière de la création et la raison d'être de tous les phénomènes physiques, et je conçois en même temps la règle suprême à laquelle je dois obéir. Je comprends que tous mes efforts doivent tendre à connaître et à vouloir la perfection, afin de me rendre autant que possible semblable à Dieu.

Or, comme l'univers entier tend, par un instinct spon-

---

1. Voyez l'Extrait n° 7 à la fin du volume.
2. *Nouveaux Essais*, livre II, ch. XXVIII, § 7. Extrait n° 7.
3. Cf. *Causa Dei*, § 30 : « Deus itaque inter objecta voluntatis habet optimum ut finem ultimum », et *Monadologie*, §§ 53 et suiv.

tané, à la perfection, il s'ensuit qu'une tendance naturelle me porte à désirer la perfection, car je fais partie de l'univers. J'ai une inclination qui me porte à me conserver et à me développer; j'en ai une autre qui m'invite à aider à la conservation et au développement des autres. Je veux être moi-même autant que possible, et développer l'être autour de moi : je veux donc la perfection, puisque la perfection est, comme nous l'avons déjà dit, le plus haut degré d'être. Mais, cette perfection, je la veux d'abord sans la connaître, poussé par un instinct aveugle; et, tant que j'obéis à cet instinct, sans réflexion, ma conduite n'a pas encore de valeur morale, parce que, comme Kant le dira plus tard, j'agis conformément au devoir, mais non par l'idée du devoir. Je deviens un être moral le jour où par la raison j'arrive à me rendre compte de la fin vers laquelle me portait la nature, et lorsque je veux, par réflexion et librement, la perfection que d'abord je poursuivais en aveugle. Rien n'est changé par là dans la direction générale de ma conduite, car je n'échappe pas à l'empire des instincts, mais je connais l'objet de ces instincts. La vertu est donc, pour Leibniz comme pour Socrate, une science, et ainsi se trouve expliqué ce passage des *Nouveaux Essais :* « Les instincts sont des perceptions confuses de principes rationnels ».

Mais, d'un autre côté, nous savons que ces mêmes instincts nous portent à rechercher le plaisir et à fuir la peine. C'est que, pour Leibniz comme pour Aristote, le plaisir est le couronnement de tout acte qui nous élève en perfection, tandis que la peine résulte de tout abaissement de notre être, de toute imperfection. Toutes nos inclinations naturelles nous portent à conserver et à développer notre être; on peut donc dire que toutes nos inclinations nous portent vers le bien, puisque le bien consiste à être autant que possible : aussi toute inclination satisfaite devient-elle une source de plaisir. Mais le plaisir le plus pur est celui qui résulte de l'exercice de la plus noble de nos facultés, de celle qui fait de nous des êtres par excellence, c'est-à-dire de la Raison. Aussi la plus grande joie de l'être raisonnable est-elle la connaissance des vérités dont Dieu est le fondement, surtout la connaissance de cette perfection que conçoit l'entendement divin et la volonté réfléchie d'agir en vue de cette perfection. L'être qui connaît le plus clairement ce que Dieu connaît, qui veut le plus fortement ce que Dieu veut, l'être qui s'approche le plus de l'idéal divin est à la fois le meilleur moralement et le plus heureux.

Ce système de morale, que Leibniz, à vrai dire, n'a fait qu'ébaucher et dont le premier livre des *Nouveaux Essais* nous présente encore l'esquisse la plus complète, ne saurait passer pour un système original. Leibniz, à l'exemple de Descartes, paraît s'inspirer des moralistes anciens, surtout d'Aristote et des Stoïciens. Aristote avait dit que la vertu consistait dans une certaine habitude d'agir suivant la raison, et il avait ajouté que le bonheur était la conséquence et la récompense nécessaire de l'exercice de la plus noble de nos facultés. Mais ce furent peut-être les Stoïciens qui s'approchèrent le plus de la pensée de Leibniz: les Stoïciens enseignèrent en effet que le plus haut degré de la sagesse et du bonheur est de concevoir par la raison l'ordre du monde que nul mortel ne peut changer, de comprendre la beauté et la perfection de cet ordre divin et d'y conformer absolument notre volonté. Quand Leibniz déclare que la vertu consiste à connaître et à vouloir la perfection, qui est la raison suffisante du monde, il est donc stoïcien plus encore que péripatéticien. En résumé, la morale de Leibniz est une morale antique, et ses défauts sont les mêmes que ceux des doctrines de l'antiquité : l'idée d'obligation, dont Kant le premier a bien compris l'importance fondamentale, en est à peu près absente. La vertu est, pour Leibniz, une connaissance, elle consiste avant tout à réfléchir, à contempler. La volonté, qui d'abord obéit aveuglément à des instincts, prend une valeur morale quand elle est éclairée par la raison qui s'est rendu compte des fins de notre nature en même temps que de l'ordre du monde ; mais il semble que jamais cette volonté n'ait à lutter, que jamais il ne lui arrive d'entendre l'impératif catégorique de la Raison s'élever contre ses instincts et ses désirs.

V

LES PRINCIPES DE LA MÉTAPHYSIQUE

La Raison, suivant Leibniz, n'est pas seulement la faculté qui réfléchit sur les données de l'expérience sensible et les ramène à des propositions universelles et nécessaires ; ce n'est pas seulement la faculté qui combine des moyens pour atteindre des fins et propose comme fin dernière à notre activité le meilleur : c'est encore la faculté qui s'élève à la conception de la réalité absolue. Les idées directrices de la connaissance et de la conduite ne sont donc pas les seules notions innées et *a priori* que nous possédions : il faut y ajouter certaines notions suprasensibles, pour ainsi dire, par lesquelles nous pénétrons dans le monde des choses en soi. Nous savons déjà comment la Monade forme ces notions. En réfléchissant sur le monde, en donnant une direction à sa conduite, la Monade s'est constituée comme Esprit. L'Esprit réfléchit ensuite sur lui-même et prend conscience de son essence et de ses opérations: c'est ainsi qu'il trouve en lui les notions fondamentales de la Métaphysique. Leibniz a plusieurs fois énuméré ces notions: « La notion que j'ai de moi et de mes pensées, dit-il dans le *Discours de Métaphysique*, et par conséquent de l'Être, de la Substance, de l'Action, de l'Identité et de bien d'autres, vient d'une expérience interne[1] ». Et, *Monadologie*, § 30: « Et c'est ainsi qu'en pensant à nous, nous pensons à l'Être, à la Substance, au simple et au composé, à l'immatériel et à Dieu même, en concevant que ce qui est borné en nous est en lui sans bornes ». C'est en ce sens qu'il faut interpréter le célèbre « *nisi intellectus ipse* » que Leibniz proposait d'ajouter au « *Nihil est in intellectu quod non prius fuerit in sensu* » de Locke. Les mots *intellectus ipse* ne signifient pas tant les principes directeurs de la connaissance, que l'essence, la nature même de la Monade, dont l'Esprit prend conscience. « On m'opposera cet axiome reçu parmi les philosophes: Que rien n'est dans l'âme qui ne vienne des sens. Mais il faut excepter l'Âme même et ses affections. Or l'Âme renferme l'Être, la substance, l'un, le même, la cause, la perception, le raisonnement et quantité d'autres notions que les sens ne sauraient donner. » (*Nouveaux Essais*, liv. II, ch. I, § 2; Erdmann, p. 223.)

Or Leibniz ne considère pas cette connaissance que la Monade raisonnable a de sa nature et de ses opérations, comme une connaissance empirique, analogue à la connaissance que nous avons du monde extérieur. En pensant à nous, dit-il, nous pensons à l'Être, « l'Âme renferme l'Être ». « Nous trouvons l'idée de *la* Substance en nous-mêmes, parce que nous sommes des substan-

---

1. *Discours de Métaphysique*, § 27.

ces. » La pensée de Leibniz était donc certainement que la Monade, dans l'intuition qu'elle a d'elle-même, découvre non pas un être particulier, périssable et contingent, mais l'être absolu, qui seulement lui apparaît sous certaines restrictions et limitations.

Ainsi la réflexion que je fais sur moi-même me permet d'affirmer que la réalité, ce que Kant appellera plus tard la chose en soi, se réduit partout à des substances simples et actives, qui manifestent leur activité par la perception et l'appétition. Toutes les Monades créées sont de pareilles substances, Dieu même n'est pas d'une essence différente, et c'est pourquoi, « en pensant à nous, nous pensons à Dieu même ».

La Métaphysique ou science de l'absolu est donc possible. Elle s'appuie, comme la science du monde physique, sur des idées et vérités *a priori*, innées, avec cette différence, que les idées et vérités *a priori* qui servent de fondement à la science de la nature sont des principes directeurs qui servent de base au raisonnement, tandis que les idées et vérités qui servent de point de départ à la Métaphysique sont, non plus la forme, mais l'objet même de nos raisonnements.

VI

L'IDÉE DE DIEU

Leibniz dit dans le premier livre des *Nouveaux Essais*, et répète dans le quatrième, qu'il compte parmi les idées innées l'idée de Dieu[1] ; mais il ne faut pas conclure de

---

1. *Nouveaux Essais*, liv. I, ch. I, § 1 (voyez ci-dessous, p. 150) et liv. IV, ch. X, § 1 (Erdm., p. 373).

ces passages qu'une nouvelle idée doive être ajoutée à la liste des idées et vérités innées, après les principes de Contradiction et de Raison Suffisante et après les notions métaphysiques d'Être et de Substance active. Il suffit, en effet, d'analyser, avec Leibniz, l'idée de la Divinité, pour voir qu'elle ne contient aucun élément qui ne se trouve déjà dans les idées et vérités que nous avons examinées. Dieu n'est, en effet, pour Leibniz, que l'Être conçu dans toute sa plénitude. La notion d'Être unie à celle de Perfection suffit donc à nous donner l'idée de Dieu.

Or la notion d'Être ou de Substance nous est fournie par la réflexion que nous faisons sur notre propre essence. Nous savons, en effet, que cette réflexion sur nous-mêmes nous fait apercevoir, dans l'être particulier et contingent qui est notre Monade, l'Être en général, tel qu'il existe nécessairement. Dieu ne diffère donc pas de nous quant à l'essence, ni même quant aux facultés, car l'activité de la Substance est toujours et partout la même. Nous sommes des substances simples, Dieu est une substance simple. Notre activité se manifeste par la perception et l'appétition ou tendance. L'activité de la Monade suprême, qui est Dieu, se manifeste par la connaissance, qui correspond à la perception, et par la volonté, qui correspond à l'appétition : « Il y a en Dieu la puissance, qui est la source de tout, puis la connaissance, qui contient le détail des idées, et enfin la volonté, qui fait les changements ou productions, selon le principe du Meilleur. Et c'est ce qui répond à ce qui, dans les Monades créées, fait le sujet ou la base, la faculté perceptive et la faculté appétitive[1]. »

Mais, pour nous élever de la connaissance de nous-

---

[1]. *Monad.*, § 48. Voyez aussi le *Disc. de Métaph.*, p. 35 et 36 (Extr. n° 8).

mêmes à celle de Dieu, il faut « concevoir que ce qui est borné en nous est en lui sans bornes », il faut élever à la perfection les facultés de la Monade humaine. Il faut donc, pour concevoir Dieu, ajouter l'idée du Parfait à l'idée de l'Être. Or cette idée du Parfait n'est pas une idée nouvelle. Elle ne diffère pas de l'idée qui sert de fondement à la plupart de nos raisonnements et de règle à notre conduite; car c'est en concevant la perfection que nous concevons à la fois la raison d'être de la création et l'idéal suprême vers lequel doit tendre notre activité. Cette même idée de la perfection va nous servir maintenant à former la notion de Dieu, parce qu'elle est elle-même d'origine divine. « Les idées distinctes sont une représentation de Dieu. »

La perfection consiste, nous le savons, dans une sorte de libération de la substance active, qui s'affranchit de la matière, ou, plus exactement, de ce qui exprime, dans la Monade, la matière et ses changements, c'est-à-dire des perceptions confuses. Mais les substances créées n'atteignent jamais qu'une perfection relative, car elles restent toujours attachées à un corps, qui oppose un obstacle insurmontable au développement complet des facultés supérieures de la Monade. C'est au corps, en effet, qu'il faut attribuer ces perceptions des sens, toujours plus ou moins confuses, qui rendent si difficile la connaissance des vérités éternelles et nécessaires. C'est du corps que viennent ces passions qui empêchent notre volonté de suivre toujours le principe du Meilleur. Il faut donc, si nous voulons concevoir l'être parfait, nous figurer une Monade semblable à la nôtre, quant à l'essence et quant aux facultés, mais absolument délivrée de tout attachement à la matière et par conséquent de toute limitation.

Cette Monade suprême aura deux facultés, correspondant à ce qui, chez nous, s'appelle perception et tendance. La première de ces facultés sera l'Intelligence, qui contemplera avec une parfaite clarté les vérités éternelles, et connaîtra l'univers entier en tant qu'il est l'expression de ces vérités. La seconde sera la Volonté, qui choisira et réalisera toujours le Meilleur, sans être jamais sollicitée par aucune passion. Le Dieu de Leibniz est donc un pur Entendement et une pure Volonté ; c'est la Raison même, absolument dégagée de tout élément sensible, et les Monades humaines ou Esprits, qui composent la Cité de Dieu, qui conçoivent les vérités éternelles et veulent le bien, sont des images de cette Raison suprême.

Mais il ne suffit pas d'avoir une méthode pour former la notion de l'Être Parfait, il faut encore prouver que cette notion exprime un être réel. Leibniz est aussi convaincu que Descartes de la nécessité de démontrer l'existence de Dieu. Il croit cette démonstration possible et la réduit aux trois arguments suivants :

1° Le premier est tiré de la considération du monde et se divise en deux parties : d'abord le monde est contingent, et toute existence contingente suppose une existence nécessaire : « Il y a, dit Leibniz dans la *Monadologie*, des êtres contingents, lesquels ne sauraient avoir leur raison dernière et suffisante que dans l'Être nécessaire, qui a la raison de son existence en lui-même »; en second lieu, l'harmonie, c'est-à-dire l'accord entre les substances infiniment nombreuses qui, toutes, perçoivent le même univers à des points de vue différents, n'a pu être établie que par un être d'une puissance et d'une intelligence infinies, ajoutons d'une bonté infinie, car cette harmonie réalise la plus grande somme possible de perfection. Or la puissance, l'intelligence, la bonté infinies, sont, par définition, les attributs de Dieu.

2° Les vérités éternelles que conçoivent nos esprits bornés fournissent une seconde preuve de l'existence de Dieu. Ces vérités, en effet, sont antérieures à l'existence actuelle des créatures ; car, avant la création du monde réel, il y avait déjà des mondes possibles, et parmi ces mondes possibles il y en avait un meilleur que les autres. Le principe de Contradiction ou principe du possible, et le principe de Raison Suffisante ou principe du meilleur, s'appliquaient donc déjà, sinon à des existences, au moins, comme dit Leibniz, à des essences. Mais il fallait bien que ces vérités idéales eussent leur fondement dans quelque chose de réel et d'actuel. Ce quelque chose ne pouvait être que l'entendement divin.

3° Enfin, Leibniz admet, comme Descartes et saint Anselme, que l'existence de l'Être Parfait peut être déduite de sa notion même, à la condition toutefois que cette notion soit possible, c'est-à-dire n'enferme aucune contradiction. Mais « rien ne peut empêcher la possibilité de ce qui n'enferme aucune borne, aucune négation, et par conséquent aucune contradiction ». Donc l'Être Parfait existe nécessairement.

CONCLUSIONS

Résumons dans un petit nombre de courtes propositions les idées principales de la Métaphysique et de la Théorie de la Connaissance de Leibniz.

I. — MÉTAPHYSIQUE

1° Il n'y a pas deux substances, comme l'avait cru Descartes, mais une seule ; cette substance est immatérielle, active par essence, et elle manifeste son activité par l'effort et la perception ; elle est divisée en un nombre infini d'êtres, qui sont les Monades.

2° Les Monades, par leurs efforts ou leurs perceptions, expriment l'univers tout entier. Le monde sensible n'a aucune réalité en dehors des perceptions des Monades, mais il est reproduit autant de fois qu'il existe de Monades.

3° Chaque Monade n'exprime distinctement qu'une partie du monde, celle qui est en rapport avec le corps qui lui est attribué. Le corps détermine le point de vue de la Monade. Toutes les Monades perçoivent le même univers, chacune à un point de vue différent, et c'est l'accord entre les perceptions et les points de vue des Monades, incapables d'agir les unes sur les autres, que Leibniz appelait l'Harmonie préétablie.

4° La succession des perceptions de chaque Monade est réglée depuis l'origine du monde. Toutes nos actions sont donc déterminées. Mais ce déterminisme est conciliable avec le sentiment de la liberté, parce que nous avons conscience que le contraire du parti que nous avons pris était, sinon réellement, au moins logiquement possible.

5° Les Monades sont immortelles. Dieu les a créées en même temps que l'univers, et elles dureront aussi longtemps que l'univers. Par une grâce spéciale, les Monades humaines ou Esprits, qui se sont élevées au degré de la Raison et de la Moralité, conserveront toujours la conscience d'elles-mêmes et la personnalité qu'elles ont acquise en cette vie.

II. — THÉORIE DE LA CONNAISSANCE

1° La Monade humaine ou Esprit est capable de connaissance réfléchie. Elle connaît d'abord le monde sensible, c'est-à-dire qu'elle ramène, en vertu de principes nécessaires, les phénomènes particuliers à des lois générales ; ensuite elle dépasse l'univers sensible, s'élève à la connaissance de l'absolu et fonde la Métaphysique.

2° La réflexion s'ajoute à la représentation claire et distincte des choses sensibles. La représentation claire procède elle-même des perceptions insensibles que la conscience n'aperçoit pas.

3° La connaissance réfléchie s'appuie sur un certain nombre d'idées et de vérités innées. Leibniz prouve d'abord, contre Locke, qu'il y a de telles idées et de telles vérités. Son argument capital est tiré du caractère de certitude et de nécessité de ces idées et vérités, certitude et nécessité dont l'expérience ne peut rendre compte.

4° Les idées et vérités que l'Esprit découvre en lui sont d'abord les principes fondamentaux de la connaissance, c'est-à-dire le principe de Contradiction, qui sert de fondement aux vérités identiques, et le principe de Raison Suffisante, qui est le fondement, à la fois des vérités de raison qui ne sont pas identiques, et des vérités de fait. Dans son application aux vérités de fait, le principe de Raison Suffisante devient le principe de convenance ou du Meilleur. Le principe de la Morale ne diffère pas, au fond, de ce principe. Nous devons connaître le bien, qui est la raison d'être du monde, et vouloir ce bien, comme Dieu le veut.

5° L'Esprit, en réfléchissant sur sa propre nature, trouve encore en lui les notions fondamentales de la Métaphysique, c'est-à-dire les notions d'Être, de Substance, de Force, etc.

6° Enfin, en combinant la notion de l'Être avec celle du Meilleur ou de la Perfection, l'Esprit forme le concept de Dieu.

NOUVEAUX ESSAIS

SUR

L'ENTENDEMENT HUMAIN

AVANT-PROPOS

L'*Essai sur l'Entendement*, donné par un illustre Anglais, étant un des plus beaux et des plus estimés ouvrages de ce temps, j'ai pris la résolution d'y faire des remarques, parce qu'ayant assez médité depuis longtemps sur le même sujet et sur la plupart des matières qui y sont touchées, j'ai cru que ce serait une bonne occasion d'en faire paraître quelque chose sous le titre de *Nouveaux Essais sur l'Entendement*, et de procurer une entrée favorable à mes pensées en les mettant en si bonne compagnie. J'ai cru encore pouvoir profiter du travail d'autrui, non seulement pour diminuer le mien (puisque, en effet, il y a moins de peine à suivre le fil d'un bon auteur qu'à travailler à nouveaux frais en tout), mais encore pour ajouter quelque chose à ce qu'il nous a donné, ce qui est toujours plus facile que de commencer; car je crois avoir levé quelques difficultés qu'il avait laissées en leur entier. Ainsi sa réputation m'est avantageuse; étant d'ailleurs d'humeur à rendre justice et bien loin de vouloir diminuer l'estime qu'on a pour cet ouvrage, je l'accroîtrais, si mon approbation était de quelque poids. Il est vrai que je suis souvent d'un autre avis, mais, bien loin de disconvenir du mérite des Écrivains célèbres, on leur rend témoignage en faisant connaître en quoi et pourquoi on s'éloigne de leur sentiment, quand on juge nécessaire d'empêcher que leur autorité ne prévaille à la raison en quelques points de conséquence, outre qu'en satisfaisant à de si excellents hommes, on rend la vérité plus recevable, et il faut supposer que c'est principalement pour elle qu'ils travaillent. En effet, quoique l'Auteur de l'*Essai* dise mille belles choses, où j'applaudis, nos systèmes diffèrent beaucoup. Le sien a plus de rapport à Aristote[1], et le mien à Platon[2], quoique nous nous éloignions en bien des choses l'un et l'autre de la doctrine de ces deux anciens. Il est plus populaire, et moi je suis forcé quelquefois d'être un peu plus *acroamatique*[3] et plus abstrait, ce qui n'est pas un

---

1. Leibniz semble considérer ici la philosophie d'Aristote comme une philosophie purement expérimentale. Aristote, il est vrai, ne croyait pas, comme Platon semble l'avoir admis, que l'âme, avant la naissance, eût déjà contemplé avec pleine conscience les idées de toutes choses; il admettait même que l'expérience est indispensable pour arriver à une connaissance actuelle des idées; mais il était convaincu, tout comme Platon, que les idées existent dans l'esprit à l'état de virtualités, avant toute expérience. La théorie de la connaissance d'Aristote est donc toute rationaliste et se rapproche même beaucoup de celle de Leibniz.

2. Platon croyait, en effet, à l'innéité de toutes les idées. Il admettait même, s'il faut prendre à la lettre le texte de certains dialogues, que l'âme, sollicitée par la perception sensible, ne fait que retrouver dans son fonds des idées auxquelles elle a pensé dans une existence antérieure. Voy. le *Mythe du Phèdre*.

3. On appelait *acroamatiques*, dans l'antiquité, les écrits qui n'étaient que la rédaction d'un enseignement oral, par opposition aux écrits populaires. Ainsi la physique d'Aristote est intitulée Φυσικὴ ἀκρόασις.

avantage à moi, surtout quand on écrit dans une langue vivante. Je crois cependant qu'en faisant parler deux personnes, dont l'une expose les sentiments tirés de l'*Essai* de cet Auteur, et l'autre y joint mes observations, le parallèle sera plus au gré du lecteur que des remarques toutes sèches dont la lecture aurait été interrompue à tout moment par la nécessité de recourir à son livre pour entendre le mien. Il sera pourtant bon de conférer encore quelquefois nos écrits et de ne juger de ses sentiments que par son propre ouvrage, quoique j'en aie gardé ordinairement les expressions. Il est vrai que la sujétion que donne le discours d'autrui, dont on doit suivre le fil en faisant des remarques, a fait que je n'ai pu songer à attraper les agréments dont le dialogue est susceptible : mais j'espère que la matière réparera le défaut de la façon.

Nos différends sont sur des sujets de quelque importance. Il s'agit de savoir si l'âme en elle-même est vide entièrement comme des Tablettes où l'on n'a encore rien écrit (*Tabula rasa*)[1], suivant Aristote et

---

1. L'expression de *table rase* se trouve en effet chez Aristote, *De Anima*, liv. III, ch. IV, § 11 : Δεῖ δ' οὕτως ὥσπερ ἐν γραμματείῳ ᾧ μηθὲν ὑπάρχει ἐντελεχείᾳ γεγραμμένον. Mais le sens du passage n'est pas que l'âme est entièrement vide avant l'expérience sensible, comme le croyait Locke. Aristote veut seulement dire que les idées, εἴδη νοητά, sont en puissance dans l'âme et y restent cachées tant que l'esprit n'y a pas actuellement pensé. Cette comparaison célèbre de la table rase a été reprise par les Stoïciens, dont la théorie de la connaissance était purement empirique et se rapprochait beaucoup de celle de Locke. On la trouve citée par Plutarque, *De Placitis philosophorum*, IV, 11 : Ὅταν γεννηθῇ ὁ ἄνθρωπος ἔχει τὸ ἡγεμονικὸν μέρος τῆς ψυχῆς, ὥσπερ χαρτίον εὐεργὸν εἰς ἀπογραφήν.

l'Auteur de l'*Essai*, et si tout ce qui y est tracé vient uniquement des sens et de l'expérience, ou si l'âme contient originairement les principes de plusieurs notions et doctrines que les objets externes réveillent seulement dans les occasions, comme je le crois avec Platon et même avec l'École, et avec tous ceux qui prennent dans cette signification le passage de saint Paul (*Rom.*, II, 15)[1], où il marque que la Loi de Dieu est écrite dans les cœurs. Les Stoïciens appelaient ces Principes *Prolepses*[2], c'est-à-dire des assomptions fondamentales, ou ce qu'on prend pour accordé par avance. Les mathématiciens les appellent *Notions communes* (κοινὰς ἐννοίας)[3]. Les philosophes modernes leur donnent d'autres beaux noms, et Jules Scaliger[4] particulièrement les nommait *Semina æternitatis;* item *Zopyra*[5], comme voulant dire des feux vivants,

---

1. Saint Paul, Ad Romanos, II, 15 : οἵτινες ἐνδείκνυνται τὸ ἔργον τοῦ νόμου γραπτὸν ἐν ταῖς καρδίαις αὐτῶν.

2. La Πρόληψις joue un rôle important dans la théorie stoïcienne de la connaissance. Suivant les Stoïciens, la perception est la source unique de nos connaissances ; toutes nos idées générales, tous les concepts qui nous élèvent au-dessus de ce qui est immédiatement perçu par les sens, dérivent de l'expérience sensible ; mais les concepts se divisent en deux classes. La formation des concepts est, en effet, tantôt artificielle, tantôt naturelle et spontanée. A cette dernière catégorie appartient la Πρόληψις (en latin *præsumptio*) : ἔστι δ' ἡ πρόληψις ἔννοια φυσικὴ τῶν καθόλου. Il est donc impossible de voir dans les *prolepses* des idées innées.

3. Euclide appelle ses axiomes κοινὰς ἐννοίας, par ex. : τὰ τῷ αὐτῷ ἴσα, καὶ ἀλλήλοις ἐστὶν ἴσα.

4. Jules Scaliger, célèbre médecin et littérateur italien, né à Padoue en 1484, mort à Agen en 1558. Ses deux principaux ouvrages, écrits tous les deux à Agen, sont une Poétique et une longue réfutation du *De sublilitate* de Cardan. Ce dernier ouvrage contient la plupart des idées philosophiques de J. Scaliger. Voy. particulièrement l'*Exercitatio* 307, qui traite de l'âme et de ses facultés.

5. Les expressions Ζώπυρα (*scintillulæ*) et *Semina* sont stoïciennes.

des traits lumineux, cachés au dedans de nous, mais que la rencontre des sens et des objets externes fait paraître comme des étincelles que le choc fait sortir du fusil. Et ce n'est pas sans raison qu'on croit que ces éclats marquent quelque chose de divin et d'éternel qui paraît surtout dans les vérités nécessaires. D'où il naît une autre question, si toutes les vérités dépendent de l'expérience, c'est-à-dire de l'induction et des exemples, ou s'il y en a qui ont encore un autre fondement. Car si quelques événements se peuvent prévoir avant toute épreuve qu'on en ait faite, il est manifeste que nous y contribuons quelque chose du nôtre[1]. Les sens, quoique nécessaires pour toutes nos connaissances[2] actuelles, ne sont point suffisants pour nous les donner toutes, puisque les sens ne donnent jamais que des exemples, c'est-à-dire des vérités particulières ou individuelles. Or tous les exemples qui confirment une vérité générale, de quelque nombre qu'ils soient, ne suffisent pas pour établir la nécessité universelle de cette même vérité,

---

Elles désignent, non pas des idées innées, mais une disposition naturelle à la vertu. Cic., *De Finib.*, V, xv, 43 : *in pueris virtutum quasi scintillulas videmus.* Id., ibid, vii, 18 : *virtutum igniculi et semina.* Id., *Tusc.*, III, 1, 2 (*Natura*) *parvulos nobis dedit igniculos; sunt enim ingeniis nostris semina innata virtutum.* Cf. Juste-Lipse, *Manuductio ad philos. Stoic.*, liv. II, dis. 11 : *Istæ flammulæ, sive igniculos mavis dicere* (*Græci σπιν-θῆρας, ζώπυρα, ἐναύσματα appellant*).

1. Lorsque nous affirmons avant toute observation qu'un événement se produira nécessairement d'une certaine façon, cette affirmation ne peut être fondée que sur quelque principe que notre pensée découvre en elle-même, et qui est à la fois, comme Kant le dira plus tard, loi de notre esprit et loi des choses.

2. En effet, nous ne pouvons pas concevoir actuellement une idée quelconque sans le secours des sens.

car il ne suit point que ce qui est arrivé arrivera de même. Par exemple, les Grecs et les Romains et tous les autres peuples de la terre connue aux anciens ont toujours remarqué qu'avant le décours de 24 heures le jour se change en nuit, et la nuit en jour. Mais on se serait trompé si l'on avait cru que la même règle s'observe partout ailleurs, puisque depuis on a expérimenté le contraire dans le séjour de Nova-Zembla. Et celui-là se tromperait encore qui croirait que, au moins dans nos climats, c'est une vérité nécessaire et éternelle qui durera toujours, puisqu'on doit juger que la terre et le soleil même n'existent pas nécessairement, et qu'il y aura peut-être un temps où ce bel astre ne sera plus, au moins dans la présente forme, ni tout son système[1]. D'où il paraît que les vérités nécessaires telles qu'on trouve dans les Mathématiques pures, et particulièrement dans l'Arithmétique et dans la Géométrie, doivent avoir des principes dont la preuve ne dépende point des exemples, ni par conséquent du témoignage des sens, quoique sans les sens on ne se serait jamais avisé d'y penser. C'est ce qu'il faut bien distinguer, et c'est ce qu'Euclide a si bien compris qu'il démontre souvent par la raison ce qui se voit

---

1. Leibniz veut démontrer l'incertitude des lois qui semblent le mieux établies, lorsqu'elles ne s'appuient que sur l'expérience et lorsque la raison n'en a pas découvert *a priori* la nécessité. En procédant *a priori* et en ne s'appuyant que sur la Raison, c'est-à-dire sur le principe de Contradiction et surtout sur le principe de Raison Suffisante, une intelligence assez puissante aurait pu trouver le soleil, son système planétaire, le mouvement de la terre et le jour de vingt-quatre heures de la Nouvelle-Zemble.

assez par l'expérience et par les images sensibles[1]. La Logique encore, avec la Métaphysique et la Morale, dont l'une forme la Théologie et l'autre la Jurisprudence, naturelles toutes deux, sont pleines de telles vérités, et par conséquent leur preuve ne peut venir que des principes internes qu'on appelle innés. Il est vrai qu'il ne faut point s'imaginer qu'on peut lire dans l'âme ces éternelles lois de la raison à livre ouvert, comme l'édit du préteur se lit sur son *album*, sans peine et sans recherche[2]; mais c'est assez qu'on les peut découvrir en nous à force d'attention, à quoi les occasions sont fournies par les sens, et le succès des expériences sert encore de confirmation à la raison, à peu près comme les épreuves servent dans l'arithmétique pour mieux éviter l'erreur du calcul quand le raisonnement est long. C'est aussi en quoi les connaissances des hommes et celles des bêtes sont différentes : les bêtes sont purement empiriques et ne font que se régler sur les exemples ; car elles n'arrivent jamais à former des propositions nécessaires autant qu'on en peut juger ; au lieu que les hommes

---

[1]. Dans le « Premier échantillon sur l'*Essai de l'Entendement humain* de M. Locke », Leibniz déclare qu'il estime extrêmement la méthode d'Euclide, qui a démontré que, dans un triangle, un côté est toujours moindre que les deux autres pris ensemble, ce qui pourrait sembler suffisamment démontré par la simple inspection de la figure. Voyez à la fin du volume l'Extrait n° 1, intitulé: Sur l'Essai de l'Entendement humain de M. Locke.

[2]. Ceci est dirigé contre certains Cartésiens qui semblaient admettre que les idées innées existaient toutes formulées dans l'âme et qu'il suffisait d'un peu d'attention pour les y trouver et les lire comme à livre ouvert. Leibniz croit que les notions premières sont seulement en puissance dans l'esprit, ce qui explique que si peu de personnes arrivent à les concevoir nettement.

sont capables des sciences démonstratives. C'est encore pour cela que la faculté que les bêtes ont de faire des *consécutions* est quelque chose d'inférieur à la raison qui est dans les hommes[1]. Les consécutions des bêtes sont purement comme celles des simples empiriques, qui prétendent que ce qui est arrivé quelquefois arrivera encore dans un cas où ce qui les frappe est pareil, sans être capables de juger si les mêmes raisons subsistent. C'est par là qu'il est si aisé aux hommes d'attraper les bêtes[2], et qu'il est si facile aux simples empiriques de faire des fautes. C'est de quoi les personnes devenues habiles par l'âge et par l'expérience ne sont pas exemptes lorsqu'elles se fient trop à leur expérience passée, comme cela est arrivé à plusieurs dans les affaires civiles et militaires, parce qu'on ne considère point assez que le monde change et que les hommes deviennent plus habiles en trouvant mille adresses nouvelles, au lieu que les cerfs ou les lièvres de ce temps ne deviennent point plus rusés que ceux du temps passé. Les consécutions des bêtes ne sont qu'une ombre de raisonnement, c'est-à-dire ce ne sont que connexions d'imagination et que passages d'une image à une autre, parce que, dans une rencontre nouvelle qui paraît

---

1. Leibniz parle, dans la *Monadologie* (§ 26), de consécutions, de perceptions que la mémoire fournit aux bêtes et qui imitent la raison.

2. Il est facile d'attraper les bêtes parce que l'association des sensations dans leur esprit correspond seulement à l'ordre habituel des phénomènes. Il suffit donc de modifier cet ordre pour détruire la correspondance établie par l'habitude entre la nature et la conscience de l'animal.

semblable à la précédente, on s'attend de nouveau à ce qu'on y trouvait joint autrefois, comme si les choses étaient liées en effet, parce que leurs images le sont dans la mémoire [1]. Il est vrai qu'encore la raison conseille qu'on s'attende pour l'ordinaire de voir arriver à l'avenir ce qui est conforme à une longue expérience du passé, mais ce n'est pas pour cela une vérité nécessaire et infaillible, et le succès peut cesser quand on s'y attend le moins, lorsque les raisons changent qui l'ont maintenu. C'est pourquoi les plus sages ne s'y fient pas tant, qu'ils ne tâchent de pénétrer quelque chose de la raison (s'il est possible) de ce fait pour juger quand il faudra des exceptions. Car la raison est seule capable d'établir des règles sûres [2] et de suppléer ce qui manque à celles qui ne l'étaient point, en y insérant leurs exceptions ; et de trouver enfin des liaisons certaines dans la force des conséquences nécessaires, ce qui donne souvent le moyen de prévoir l'événement sans avoir besoin d'expérimenter les liaisons sensibles des images, où les bêtes sont réduites, de sorte que ce qui justifie les principes internes des vérités nécessaires distingue l'homme de la bête.

---

1. C'est encore aujourd'hui le plus solide des arguments que l'on oppose à l'associationisme. Du fait cérébral et tout subjectif de la liaison des images, et de notre tendance à passer d'une image à une autre, il est impossible de conclure à l'existence d'une liaison objective et nécessaire de phénomènes.

2. En un mot, pour que la loi physique nous paraisse certaine et nécessaire, il faut que la raison nous apprenne que la succession constante de phénomènes exprimés par cette loi ne peut être conçue d'une manière différente de celle que nous constatons. Voyez, dans la 3ᵉ partie des *Principes* de Descartes, la déduction *a priori* des lois du mouvement.

Peut-être que notre habile [1] Auteur ne s'éloignera pas entièrement de mon sentiment. Car, après avoir employé tout son premier livre à rejeter les lumières innées, prises dans un certain sens, il avoue pourtant, au commencement du second et dans la suite, que les idées qui n'ont point leur origine de la sensation, viennent de la réflexion [2]. Or la réflexion n'est autre chose qu'une attention à ce qui est en nous, et les sens ne nous donnent point ce que nous portons déjà avec nous. Cela étant, peut-on nier qu'il y a beaucoup d'inné en notre esprit, puisque nous sommes innés pour ainsi dire à nous-mêmes, et qu'il y a en nous-mêmes *Être, Unité, Substance, Durée, Changement, Action, Perception, Plaisir*, et mille autres objets de nos idées intellectuelles? Et ces objets étant immédiats à notre entendement et toujours présents (quoiqu'ils ne sauraient être toujours aperçus, à cause de nos distractions et besoins), pourquoi s'étonner que nous disons que ces idées nous sont innées, avec tout ce qui en dépend? Je me suis servi aussi de la com-

---

1. *Habile*, au XVIIe siècle, signifie simplement : érudit, savant.

2. Cf. Introduct., 2e partie, II, 1° La question des idées innées avant Leibniz. La réflexion, pour Locke, n'est que l'observation intérieure, et cette observation ne découvre que des faits particuliers et contingents. La connaissance des vérités éternelles et nécessaires par la raison ne peut guère être assimilée à l'expérience du sens intime. Néanmoins Leibniz a raison de faire remarquer que la philosophie de l'expérience elle-même attribue un rôle important, dans la formation de nos idées, à la réflexion sur ce qui est en nous. Car cette réflexion ou attention, bien dirigée, pourra nous faire découvrir, dans notre propre fonds, des idées qui sont évidemment plus que de simples constatations de faits subjectifs et contingents, par exemple celles de l'Être, de la Substance, de l'Activité, etc. Par sa théorie de la réflexion, Locke fait donc un pas vers le rationalisme.

paraison d'une pierre de marbre[1] qui a des veines, plutôt que d'une pierre de marbre tout unie ou des Tablettes vides, c'est-à-dire de ce qui s'appelle *Tabula rasa* chez les Philosophes. Car, si l'âme ressemblait à ces Tablettes vides, les vérités seraient en nous comme la figure d'Hercule est dans un marbre, quand ce marbre est tout à fait indifférent à recevoir ou cette figure ou quelque autre. Mais s'il y avait des veines dans la pierre qui marquassent la figure d'Hercule préférablement à d'autres figures, cette pierre y serait plus déterminée, et Hercule y serait comme inné en quelque façon, quoiqu'il faudrait du travail pour découvrir ces veines et pour les nettoyer par la politure, en retranchant ce qui les empêche de paraître. Et c'est ainsi que les idées et les vérités nous sont innées, comme des inclinations, des dispositions, des habitudes ou des virtualités naturelles, et non pas comme des actions, quoique ces virtualités soient toujours accompagnées de quelques actions souvent insensibles qui y répondent.

Il semble que notre habile Auteur prétend qu'il n'y a rien de *virtuel* en nous, et même rien dont nous ne nous apercevions toujours actuellement; mais il ne peut pas le prendre à la rigueur[2], autrement son sen-

---

[1]. Rapprochez de cette comparaison celle de l'âme avec un cabinet percé de fenêtres (*Nouveaux Essais*, liv. II, ch. XII). Le sens de la comparaison est que l'âme est prédisposée à un certain mode de connaissance. Voyez à la fin du volume l'Extrait n° 4.

[2]. Locke ne peut pas nier qu'il y ait dans notre esprit quelque chose de virtuel, car nos souvenirs, lorsque nous n'y pensons pas, sont en nous à l'état de puissance; mais il refuse d'admettre qu'il y ait en nous aucune connaissance virtuelle qui n'ait été actuelle autrefois.

timent serait trop paradoxe, puisque encore les habitudes acquises et les provisions de notre mémoire ne sont pas toujours aperçues et même ne viennent pas toujours à notre secours au besoin, quoique souvent nous nous les remettions aisément dans l'esprit sur quelque occasion légère qui nous en fait souvenir, comme il ne nous faut que le commencement pour nous faire souvenir d'une chanson. Il limite aussi sa thèse en d'autres endroits, en disant qu'il n'y a rien en nous dont nous ne nous soyons au moins aperçus autrefois. Mais outre que personne ne peut assurer par la seule raison jusqu'où peuvent être allées nos *aperceptions* passées, que nous pouvons avoir oubliées, surtout suivant la réminiscence des Platoniciens, qui, toute fabuleuse qu'elle est, n'a rien d'incompatible, au moins en partie, avec la raison toute nue : outre cela, dis-je, pourquoi faut-il que tout nous soit acquis par les aperceptions des choses externes, et que rien ne puisse être déterré en nous-mêmes ? Notre âme est-elle donc seule si vide, qu'outre les images empruntées du dehors, elle n'est rien ? Ce n'est pas là un sentiment, je m'assure, que notre judicieux Auteur puisse approuver. Et où trouvera-t-on des tablettes qui ne soient quelque chose de varié par elles-mêmes ? Car jamais on ne verra un plan parfaitement uni et

---

Mais, répond Leibniz, comment refuser d'admettre qu'avant toute expérience l'esprit ait déjà une certaine nature, certaines dispositions et facultés qui lui sont propres? Cette nature, ces facultés ne se manifesteront, il est vrai, qu'au contact de l'expérience sensible, mais, avant toute expérience, elles existaient déjà à l'état virtuel; et l'on peut dire que les notions que nous formons de cette nature et de ces facultés sont des idées innées.

AVANT-PROPOS.

uniforme. Donc, pourquoi ne pourrions-nous pas fournir aussi quelque chose de pensée de notre propre fonds à nous-mêmes, lorsque nous y voudrons creuser? Ainsi je suis porté à croire que, dans le fond, son sentiment sur ce point n'est pas différent du mien ou plutôt du sentiment commun, d'autant qu'il reconnaît deux sources de nos connaissances, les Sens et la Réflexion.

Je ne sais s'il sera si aisé de l'accorder avec nous et avec les Cartésiens, lorsqu'il soutient que l'esprit ne pense pas toujours [1], et particulièrement qu'il est sans perception quand on dort sans avoir des songes, et il objecte que, puisque les corps peuvent être sans mouvement, les âmes pourront bien être aussi sans pensée. Mais ici je réponds un peu autrement qu'on n'a coutume de le faire, car je soutiens que naturellement une substance ne saurait être sans action, et qu'il n'y a même jamais de corps sans mouvement [2]. L'expérience me favorise déjà, et on n'a qu'à consulter le livre de l'illustre M. Boyle [3] contre le repos absolu, pour en être persuadé, mais je crois que la raison y

---

1. Leibniz, après avoir démontré qu'il y a dans notre esprit quelque chose de virtuel et d'inné, aborde une autre question, celle de savoir si l'âme pense toujours et s'il y a des perceptions insensibles. Car le mot *penser* signifie ici percevoir, ne fût-ce que confusément et sans conscience distincte. Voyez, à la fin du volume, l'Extrait n° 3.

2. L'action, c'est-à-dire la perception, appartient par essence à la substance immatérielle ou Monade, comme le mouvement appartient par essence à ce qui est matériel.

3. Boyle, illustre physicien et chimiste anglais, né en Irlande en 1626, mort à Londres en 1691, peut être considéré comme le fondateur de la chimie moderne. Il est le premier qui ait donné au mot *élément* son sens moderne, et qui ait nettement distingué les combinaisons chimiques des simples mélanges. L'*Essai sur le Repos absolu* dont parle Leibniz parut en 160

est encore, et c'est une des preuves que j'ai pour détruire les atomes [1].

D'ailleurs il y a mille marques qui font juger qu'il y a à tout moment une infinité de *perceptions* en nous, mais sans aperception et sans réflexion, c'est-à-dire des changements dans l'âme même dont nous ne nous apercevons pas, parce que les impressions sont ou trop petites et en trop grand nombre, ou trop unies, en sorte qu'elles n'ont rien d'assez distinguant à part, mais, jointes à d'autres, elles ne laissent pas de faire leur effet et de se faire sentir, au moins confusément, dans l'assemblage [2]. C'est ainsi que l'accoutumance fait que nous ne prenons pas garde au mouvement d'un moulin ou à une chute d'eau, quand nous avons habité tout auprès depuis quelque temps. Ce n'est pas que ce mouvement ne frappe toujours nos organes, et

1. *La raison y est encore.* Ce n'est pas seulement l'expérience, mais encore la raison qui proteste contre le repos absolu. Leibniz nie, au nom de la raison, c'est-à-dire *a priori*, qu'il existe en réalité aucun élément matériel indivisible. Un atome matériel en effet serait quelque chose d'inerte, dans quoi rien ne remuerait, rien ne vivrait. Or Leibniz croit qu'en vertu du principe de la Raison Suffisante ou du Meilleur, le monde matériel doit être organisé et vivant jusqu'à l'infini. Voyez *Monad*, § 65: « Chaque partie de la matière n'est pas seulement divisible à l'infini, comme les anciens l'ont reconnu, mais encore sous-divisée actuellement sans fin, chaque partie en parties *dont chacune a quelque mouvement propre* ». Voyez aussi les § 67 et 69 « Ainsi il n'y a rien d'inculte, de stérile, de mort dans l'univers ». Dans l'apostille de sa 4º lettre à Clarke, Leibniz formule plus nettement encore son argument *a priori* contre les atomes. S'il y avait véritablement des atomes, c'est-à-dire « des corps tout d'une pièce et sans subdivision », la nature serait finie, comme notre esprit. C'est même pour cette raison que notre esprit fini adopte si aisément l'hypothèse des atomes. Mais en réalité la nature est infinie, en tous sens, et le moindre corpuscule contient encore tout un monde de créatures.

2. Toute perception claire résulte d'une accumulation ou assemblage de petites perceptions.

qu'il ne se passe encore quelque chose dans l'âme qui y réponde, à cause de l'harmonie de l'âme et du corps ; mais ces impressions qui sont dans l'âme et dans le corps, destituées des attraits de la nouveauté, ne sont pas assez fortes pour s'attirer notre attention et notre mémoire, attachées à des objets plus occupants. Car toute attention demande de la mémoire [1], et souvent quand nous ne sommes point admonestés pour ainsi dire et avertis de prendre garde à quelques-unes de nos popres perceptions présentes, nous les laissons passer sans réflexion et même sans être remarquées ; mais si quelqu'un nous en avertit incontinent et nous fait remarquer, par exemple, quelque bruit qu'on vient d'entendre, nous nous en souvenons et nous nous apercevons d'en avoir eu tantôt quelque sentiment. Ainsi c'étaient des perceptions dont nous ne nous étions pas aperçus incontinent, l'aperception ne venant, dans ce cas, que de l'avertissement après quelque intervalle, tout petit qu'il soit. Et pour juger encore mieux des petites perceptions que nous ne saurions distinguer dans la foule, j'ai coutume de me servir de l'exemple du mugissement ou du bruit de la mer dont on est frappé quand on est au rivage. Pour entendre ce bruit comme l'on fait, il faut bien qu'on entende les parties qui composent ce tout, c'est-à-dire les bruits de chaque vague, quoique chacun de ces petits bruits ne se fasse connaître que dans l'assemblage

---

[1]. Nous ne pouvons, en effet, porter notre attention que sur une perception déjà donnée et, par conséquent, déjà passée.

confus de tous les autres ensemble, c'est-à-dire dans ce mugissement même, et ne se remarquerait pas si cette vague qui le fait était seule. Car il faut qu'on en soit affecté un peu par le mouvement de cette vague et qu'on ait quelque perception de chacun de ces bruits, quelque petits soient; autrement on n'aurait pas celle de cent mille vagues, puisque cent mille riens ne sauraient faire quelque chose. On ne dort jamais si profondément qu'on n'ait quelque sentiment faible et confus, et on ne serait jamais éveillé par le plus grand bruit du monde, si on n'avait quelque perception de son commencement, qui est petit, comme on ne romprait jamais une corde par le plus grand effort du monde, si elle n'était tendue et allongée un peu par des moindres efforts, quoique cette petite extension qu'ils font ne paraisse pas.

Ces petites perceptions sont donc de plus grande efficace par leurs suites qu'on ne pense. Ce sont elles qui forment ce je ne sais quoi, ces goûts, ces images des qualités des sens, claires dans l'assemblage, mais confuses dans les parties [1], ces impressions que des corps environnants font sur nous, qui enveloppent l'infini, cette liaison que chaque être a avec tout le reste de l'univers. On peut même dire qu'en conséquence de ces petites perceptions le présent est gros de l'avenir et chargé du passé, que tout est conspirant (σύμπνοια πάντα [1], comme disait Hippocrate), et que dans la moin-

---

1. Une réunion de perceptions, dont chacune prise à part restera insensible, forme une perception claire.

2. σύμπνοια πάντα. Cf. *Monadologie*, § 61. Mais la citation n'est pas exacte: on lit en effet dans

dre des substances, des yeux aussi perçants que ceux de Dieu pourraient lire toute la suite des choses de l'univers [1] :

Quæ sint, quæ fuerint, quæ mox futura trahantur [2],

Ces perceptions insensibles marquent encore et constituent le même individu [3] qui est caractérisé par les traces ou expressions qu'elles conservent des états précédents de cet individu, en faisant la connexion avec son état présent, qui se peuvent connaître par un esprit supérieur quand cet individu même ne les sentirait pas, c'est-à-dire lorsque le souvenir exprès n'y serait plus. Mais elles, ces perceptions, dis-je, donnent même le moyen de retrouver ce souvenir au besoin

Hippocrate, *De Aliment.* : ξύρροια μία, ξύμπνοια μία, ξυμπαθέα πάντα. (*Med. Græc.* éd Kühn, t. XXII, p. 20.)

1. Parce que le passé retentit pour ainsi dire dans l'état présent de la Monade et que l'avenir y est implicitement contenu. Il s'ensuit que toute Monade perçoit, confusément il est vrai, le passé et l'avenir. Cf. *Monadol.*, § 22, et *Disc. de Métaphysique*, § 8 : « Dieu voyant la notion individuelle d'Alexandre (c'est-à-dire pénétrant les replis de la Monade d'Alexandre) y voit en même temps le fondement et la raison de tous les prédicats qui se peuvent dire de lui véritablement, comme par exemple qu'il vaincrait Darius et Porus; jusqu'à y connaître *a priori* (et non par expérience) s'il est mort d'une mort naturelle ou par poison, ce que nous ne pouvons savoir par l'histoire. Aussi, quand on considère bien la connexion des choses on peut dire qu'il y a de tout temps dans l'âme d'Alexandre des restes de tout ce qui lui est arrivé, et les marques de tout ce qui lui arrivera et même des traces de tout ce qui se passe dans l'univers, quoiqu'il n'appartienne qu'à Dieu de les reconnaître toutes. »

2. Virg., *Georg.*, IV, 357. Leibniz, ici encore, cite inexactement. Virgile a écrit : *Quæ sint, quæ fuerint, quæ mox ventura trahantur.*

3. Leibniz explique ainsi par les petites perceptions ce qu'on appelle aujourd'hui l'identité personnelle. Nous sommes toujours même personne, parce que notre état présent conserve la trace de tout notre passé et contient en germe, à l'état virtuel, tout notre avenir.

par des développements périodiques qui peuvent arriver un jour. C'est pour cela qu'elles font aussi que la mort ne saurait être qu'un sommeil, et même ne saurait en demeurer un, les perceptions cessant seulement à être assez distinguées et se réduisant à un état de confusion, dans les animaux, qui suspend l'aperception, mais qui ne saurait durer toujours, pour ne parler ici de l'homme, qui doit avoir en cela de grands privilèges pour conserver sa personnalité [1].

C'est aussi par les perceptions insensibles que s'explique cette admirable harmonie préétablie [2] de l'âme et du corps, et même de toutes les Monades ou substances simples, qui supplée à l'influence insoutenable des unes sur les autres, et qui, au jugement de l'auteur du plus beau des Dictionnaires, exalte la grandeur des perfections divines au delà de ce qu'on en a jamais conçu. Après cela, j'ajouterais peu de chose si je disais que ce sont ces petites perceptions qui nous déterminent en bien des rencontres sans qu'on y pense, et qui trompent le vulgaire par l'apparence d'une *indifférence d'équilibre*, comme si nous étions indifférents entièrement de tourner (par exemple) à droite ou à gauche [3]. Il n'est point nécessaire aussi que je fasse remarquer ici, comme j'ai fait dans le livre même,

---

1. La Monade Raisonnable ou Esprit a une destinée plus élevée que toutes les autres Monades: elle conserve la conscience, le sentiment de sa personnalité et la connaissance des vérités universelles. (Voyez Introduction, partie I, VI, et aussi l'Extrait n° 8.

2. Second usage de la théorie des petites perceptions; explication de l'harmonie préétablie. (Voyez Introduction, partie II, I.)

3. Les perceptions insensibles expliquent, au moins en partie, nos volitions (Voyez Introduction, partie II, I.)

qu'elles causent cette inquiétude, que je montre consister en quelque chose qui ne diffère de la douleur que comme le petit du grand, et qui fait pourtant souvent notre désir et même notre plaisir, en lui donnant comme un sel qui pique. Ce sont aussi les parties insensibles de nos perceptions sensibles qui font qu'il y a un rapport entre ces perceptions des couleurs, des chaleurs, et autres qualités sensibles, et entre les mouvements dans les corps qui y répondent, au lieu que les Cartésiens, avec notre Auteur, tout pénétrant qu'il est, conçoivent les perceptions que nous avons de ces qualités comme arbitraires [1], c'est-à-dire comme si Dieu les avait données à l'âme suivant son bon plaisir, sans avoir égard à aucun rapport essentiel entre les perceptions et leurs objets : sentiment qui me surprend et qui me paraît peu digne de la sagesse de l'Auteur des choses, qui ne fait rien sans harmonie et sans raison.

En un mot, les *perceptions insensibles* sont d'un aussi grand usage dans la Pneumatique [2] que les corpuscules insensibles le sont dans la Physique [3], et il

---

1. Dieu, suivant Locke et les Cartésiens, aurait décidé, par un décret tout arbitraire, que tel mouvement de la matière se traduirait dans notre conscience par une sensation lumineuse, tel autre par une sensation auditive, etc. Leibniz croit qu'il y a un rapport naturel entre nos perceptions et les mouvements de la matière qui en sont l'occasion. Percevoir de la lumière, c'est percevoir confusément certaines ondulations de l'éther. Voyez *Théodicée*, partie II, §§ 340 et 356 : « La représentation a un rapport naturel à ce qui doit être représenté ».

2. *Pneumatique :* science de l'esprit. Grec, πνεῦμα.

3. La combinaison des perceptions insensibles explique les perceptions claires, comme la combinaison des corpuscules matériels explique la formation des corps.

est également déraisonnable de rejeter les uns et les autres sous prétexte qu'ils sont hors de la portée de nos sens. Rien ne se fait tout d'un coup, et c'est une de mes grandes maximes et des plus vérifiées, que *la nature ne fait jamais de sauts* : ce que j'appelais *la Loi de la Continuité* [1], lorsque j'en parlais dans les premières Nouvelles de la République des lettres, et l'usage de cette loi est très considérable dans la Physique : elle porte qu'on passe toujours du petit au grand, et à rebours, par le médiocre, dans les degrés comme dans les parties, et que jamais un mouvement ne naît immédiatement du repos, ni s'y réduit que par un mouvement plus petit, comme on n'achève jamais de parcourir aucune ligne ou longueur avant que d'avoir achevé une ligne plus petite, quoique jus-

---

1. Sur la loi de continuité, voyez Erdmann, n° XXIV, Extrait d'une lettre à M. Bayle, publiée à Amsterdam en 1687 dans les *Nouvelles de la République des lettres*.

En vertu de la loi de continuité, le déplacement apparent d'un corps qui reçoit un choc n'est que la continuation d'un mouvement insensible de ce corps. Si un corps, après avoir rencontré un autre corps, vient à rebondir, c'est par des transitions insensibles qu'il passe de la première direction à la direction contraire. Le premier mouvement diminue progressivement, puis insensiblement se transforme en un second mouvement, de direction contraire, qui d'abord est infiniment lent, puis, peu à peu, devient sensible. Comme les perceptions de la Monade ne font qu'exprimer des mouvements, le passage d'une perception à une autre perception doit se faire comme le passage d'un mouvement à un autre mouvement, par des transitions insensibles. Ainsi, si un chien reçoit un coup de bâton pendant qu'il mange un bon morceau, il ne passe pas brusquement du plaisir à la souffrance : son plaisir devient plus faible, puis nul, puis insensiblement se change en un sentiment de peine. Seulement le chien n'a aucune conscience nette de ces transitions. Ainsi la loi de continuité suppose les perceptions insensibles, parce que la Monade ne peut exprimer que par de telles perceptions les mouvements des plus petites particules de matière, qui établissent la continuité des phénomènes.

qu'ici ceux qui ont donné les lois du mouvement n'aient point observé cette loi, croyant qu'un corps peut recevoir en un moment un mouvement contraire au précédent. Et tout cela fait bien juger que les *perceptions remarquables* viennent par degrés de celles qui sont trop petites pour être remarquées. En juger autrement, c'est peu connaître l'immense subtilité des choses, qui enveloppe un infini actuel toujours et partout.

J'ai aussi remarqué qu'en vertu des variations insensibles, deux choses individuelles ne sauraient être parfaitement semblables, et qu'elles doivent toujours différer plus que *numero* [1], ce qui détruit les Tablettes vides de l'âme, une âme sans pensée, une substance sans action, le vide de l'espace, les atomes et même les parcelles non actuellement divisées dans la matière, le repos pur, l'uniformité entière dans une partie du temps, du lieu ou de la matière [2], les

---

1. Expression d'Aristote. Deux individus de même espèce, selon Aristote, diffèrent ἀριθμῷ (en ce sens que le premier n'est pas le second), mais non εἴδει (c'est-à-dire par leur forme ou l'ensemble de leurs attributs). Selon Leibniz, au contraire, il n'y a pas de différence *numérique* qui ne soit en même temps, à quelque degré, *spécifique*. Deux Monades vides de toute perception seraient identiques et ne différeraient que *numero*. Voy. *Monadol*, § 8 : « Les Monades, étant sans qualités, seraient indistinguables l'une de l'autre, puisqu'aussi bien elles ne diffèrent point en quantité. » Elles ne peuvent différer en quantité, parce qu'elles n'ont ni étendue ni figure, il faut donc qu'elles diffèrent en qualité, c'est-à-dire par la manière dont elles représentent l'univers.

2. Leibniz combat toujours le système suivant lequel il pourrait y avoir des parties de temps, d'espace ou de matière, qui ne renfermeraient aucune variété, et qui, par conséquent, seraient « indistinguables ». Ainsi deux atomes de même grandeur et de même figure seraient indiscernables. Mais, suivant Leibniz, il n'y a pas d'atomes de matière. Une particule matérielle, si petite qu'on la suppose, renferme tout un monde de parties plus pe-

globes parfaits du second élément, nés des cubes parfaits originaires [1], et mille autres fictions des philosophes, qui viennent de leurs notions incomplètes, et que la nature des choses ne souffre point, et que notre ignorance et le peu d'attention que nous avons à l'insensible fait passer, mais qu'on ne saurait rendre tolérables, à moins qu'on ne les borne à des abstractions de l'esprit [2], qui proteste de ne point nier ce qu'il met à quartier et qu'il juge ne devoir point entrer dans quelque considération présente. Autrement, si on l'entendait tout de bon, savoir, que les choses dont on ne s'aperçoit pas ne sont point dans l'âme ou dans le corps, on manquerait, en Philosophie comme en Politique, en négligeant τὸ μικρὸν, les progrès insensibles, au lieu qu'une abstraction n'est pas une erreur, pourvu qu'on sache que ce qu'on dissimule y est. C'est comme les mathématiciens en usent quand ils parlent des lignes parfaites qu'ils

---

tites, et l'arrangement de ces parties, qui vont à l'infini, n'est jamais le même dans deux corpuscules différents. Mais, pour comprendre cette subdivision de la matière à l'infini, il faut admettre un infini actuel de perceptions exprimant les moindres particules de matière, car nous savons que, pour Leibniz, la matière n'est rien en dehors des perceptions des Monades.

1. Cf. Descartes, *Princ.*, III, XLVIII. La matière qui, suivant Descartes, remplit absolument l'espace, est divisée par Dieu en particules. Ces particules primitives ne sont pas rondes, « parce que plusieurs boules jointes ensembles ne composent pas un corps entièrement solide et continu ». Mais elles deviennent rondes par suite du frottement, comme les galets d'une plage. Ces particules arrondies sont *les globes du second élément, nés des cubes parfaits originaires*.

2. On *fait abstraction* d'une chose lorsqu'on n'en tient pas compte ou qu'on la laisse de côté, sans nier pour cela qu'elle existe. On ne se trompe pas en ne tenant pas compte des changements insensibles de la matière, pourvu que l'on se souvienne que ces changements ont lieu réellement.

nous proposent, des mouvements uniformes et d'autres effets réglés, quoique la *matière* (c'est-à-dire le mélange des effets de l'infini environnant [1]) fasse toujours quelque exception. C'est pour distinguer les considérations et pour réduire les effets aux raisons [2], autant qu'il nous est possible, et en prévoir quelques suites, qu'on procède ainsi : car plus on est attentif à ne rien négliger des considérations que nous pouvons régler, plus la pratique répond à la théorie [3]. Mais il n'appartient qu'à la suprême Raison, à qui rien n'échappe, de comprendre distinctement tout l'infini, et de voir toutes les raisons et toutes les suites. Tout ce que nous pouvons sur les infinités, c'est de les connaître confusément, et de savoir au moins distinctement qu'elles y sont; autrement nous jugeons fort mal de la beauté et de la grandeur de l'univers, comme aussi nous ne saurions avoir une bonne Physique qui explique la nature des corps en général, et encore moins une bonne Pneumatique qui comprend la connaissance de Dieu, des âmes et des substances simples en général.

1. Une perception d'un objet matériel n'est qu'une combinaison d'un nombre infini de petites perceptions. Et chacune de ces petites perceptions correspond, en vertu de l'harmonie préalable, à des perceptions obscures d'autres Monades « environnantes ».

2. *Les effets aux raisons*, c'est-à-dire les faits particuliers aux lois nécessaires que la raison découvre.

3. Les lois de la physique ne s'appliquent jamais aux phénomènes d'une manière absolument exacte. Ainsi un corps ne tombe jamais exactement en ligne droite, à cause de la résistance de l'air, de l'action du vent, etc. Ce n'est pas que les phénomènes échappent jamais au déterminisme universel, mais une foule de lois concourent à la production d'un phénomène si simple qu'il soit. Pratiquement on ne tient pas compte de toutes ces lois, mais seulement des plus importantes.

Cette connaissance des perceptions insensibles sert aussi à expliquer pourquoi et comment deux âmes humaines ou autrement d'une même espèce ne sortent jamais parfaitement semblables des mains du Créateur et ont toujours chacune son rapport originaire aux points de vue qu'elles auront dans l'univers [1]. Mais c'est ce qui suit déjà de ce que j'avais remarqué de deux individus, savoir que leur *différence est toujours plus que numérique*. Il y a encore un autre point de conséquence, où je suis obligé de m'éloigner non seulement des sentiments de notre Auteur, mais aussi de ceux de la plupart des modernes, c'est que je crois, avec la plupart des anciens, que tous les génies, toutes les âmes, toutes les substances simples créées, sont toujours joints à un corps, et qu'il n'y a jamais des âmes entièrement séparées [2]. J'en ai des raisons *a priori*, mais on trouvera encore qu'il y a cela d'avantageux dans ce dogme, qu'il résout toutes les difficultés philosophiques sur l'état des âmes, sur leur conservation perpétuelle, sur leur immortalité et sur leur opération. La

---

1. Chaque Monade exprime l'univers entier, mais elle ne représente clairement qu'une partie de cet univers, et n'a que des perceptions insensibles de l'immense majorité des phénomènes. Comme chaque Monade perçoit le monde à un point de vue différent, il s'ensuit que les Monades diffèrent les unes des autres par le rapport de leurs perceptions claires à leurs perceptions obscures.

2. Dieu seul est détaché de toute matière, mais il faut que toutes les autres Monades expriment l'univers chacune à un point de vue différent : or le point de vue de la Monade est déterminé par le corps qu'elle exprime immédiatement : toute Monade est donc unie à un corps. Cf. *Considérations sur le principe de vie*; Erdm., LX, p. 432 : « Des créatures franches ou affranchies de la matière seraient détachées en même temps de la liaison universelle et comme les déserteurs de l'ordre général ».

AVANT-PROPOS.

différence d'un de leurs états à l'autre n'étant jamais ou n'ayant jamais été que du plus au moins sensible, du plus parfait au moins parfait, ou à rebours, ce qui rend leur état passé ou à venir aussi explicable que celui d'à présent. On sent assez, en faisant tant soit peu de réflexion, que cela est raisonnable, et qu'un saut d'un état à un autre infiniment différent ne saurait être naturel. Je m'étonne qu'en quittant le naturel sans sujet, les écoles ont voulu s'enfoncer exprès dans des difficultés [1] très grandes, et fournir matière aux triomphes apparents des esprits forts, dont toutes les raisons tombent tout d'un coup par cette explication des choses, où il n'y a pas plus de difficulté à concevoir la conservation des âmes (ou plutôt, selon moi, de l'animal [2]) que celle qu'il y a dans le changement de la chenille en papillon, et dans la conservation de la pensée dans le sommeil, auquel Jésus-Christ a divinement bien comparé la mort [3]. Aussi ai-je déjà dit qu'aucun sommeil ne saurait durer toujours, et il durera moins ou presque point du tout aux âmes raisonnables, qui sont toujours destinées à conserver le personnage [4] qui leur a été donné dans la Cité de Dieu [5] et par conséquent la souvenance, et

---

1. La question était de savoir à quel moment l'âme entrait dans le corps.
2. Leibniz appelle *animal* le composé d'âme et de corps (*Monad.*, § 63).
3. Voy. Jean, XI, 11 à 14 :
Λάζαρος ὁ φίλος ἡμῶν κεκοίμηται· ἀλλὰ πορεύομαι ἵνα ἐξυπνίσω αὐτόν.
4. Voy. *Monadol.*, §§ 71 sqq. et *Disc. de Métaph.*, §§ 11 et 34.

L'immortalité de la Monade ne fait pas de doute pour Leibniz. Ce qui pourrait être douteux, c'est la conservation de la conscience claire et de la personnalité. Leibniz démontre cette conservation de notre « personnage » en s'appuyant sur des raisons morales. Voyez l'Extrait n° 8.
5. Leibniz appelle *Cité de Dieu* l'ensemble des Esprits capables de

cela, pour être mieux susceptibles des châtiments et des récompenses. Et j'ajoute encore qu'en général aucun dérangement des organes visibles n'est capable de porter les choses à une entière confusion dans l'animal ou de détruire tous les organes et priver l'âme de tout son corps organique et des restes ineffaçables de toutes les traces précédentes. Mais la facilité qu'on a eue de quitter l'ancienne doctrine des corps subtils joints aux anges (qu'on confondait avec la corporalité des anges mêmes), et l'introduction des prétendues intelligences séparées dans les créatures (à quoi celles qui font rouler les cieux d'Aristote [1] ont contribué beaucoup) et enfin l'opinion mal entendue, où l'on a été, qu'on ne pouvait conserver les âmes des bêtes sans tomber dans la métempsycose et sans les promener de corps en corps, et l'embarras où l'on a été ne sachant ce qu'on en devait faire, ont fait, à mon avis, qu'on a négligé la manière naturelle d'expliquer la conservation de l'âme : ce qui a fait bien du tort à la religion naturelle, et a fait croire à plusieurs que notre immortalité n'était qu'une grâce miraculeuse de Dieu dont encore notre célèbre Auteur parle avec quelque doute, comme je dirai tantôt. Mais il serait à souhaiter que tous ceux qui sont de ce sentiment, en eussent parlé aussi sagement et d'aussi bonne foi que lui, car il est à craindre que plusieurs,

---

connaître les vérités éternelles que Dieu connaît et de vouloir le bien que Dieu veut. Cf. *Monadologie*, § 85-86.

1. Voyez Aristote, *Métaphysique*, liv. XI (XII), ch. VIII. Il s'agit des sphères auxquelles, suivant Aristote, sont attachées les planètes. Chaque sphère est pénétrée d'une âme qui en explique les mouvements.

AVANT-PROPOS.

qui parlent de l'immortalité par grâce, ne le font que pour sauver les apparences, et approchent dans le fond de ces Averroïstes[1] et de quelques mauvais Quiétistes[2], qui s'imaginent une absorption et la réunion de l'âme à l'océan de la Divinité, notion dont peut-être mon système seul fait bien voir l'impossibilité.

Il semble aussi que nous différons encore par rapport à la Matière[3], en ce que l'Auteur juge que le vide y est nécessaire pour le mouvement, parce qu'il croit que les petites parties de la matière sont raides. Et j'avoue que, si la matière était composée de telles parties, le mouvement dans le plein serait impossible, comme si une chambre était pleine de quantité de petits cailloux, sans qu'il y eût la moindre

---

1. Averroès, philosophe arabe et commentateur d'Aristote, vécut à Séville et à Cordoue, au douzième siècle. Il croyait que l'*intellect actif* qui, dans la doctrine d'Aristote, répond à peu près à ce que nous appelons aujourd'hui la raison, était un et identique dans toutes les âmes humaines et en formait en quelque sorte la substance commune.

2. Le quiétisme est une doctrine mystique qui se répandit à la fin du dix-septième siècle et dont les principaux représentants furent l'Espagnol Molinos (1627-1695) et, en France, Mme Guyon (1648-1717). Selon cette doctrine, l'âme, unie à Dieu par un acte de pur amour, devenait indifférente à tout, même à son propre salut : elle était aussi dispensée, dans cet état, des pratiques ordinaires de la piété chrétienne. Leibniz, dans ce passage, semble admettre qu'il y a un bon quiétisme opposé au mauvais. Le bon quiétisme consisterait sans doute à ne pas aller jusqu'à nous rendre indifférents à notre propre bonheur, mais à chercher notre félicité dans le bonheur et dans la perfection de Dieu. Voy. *Monadol.*, § 90, où Leibniz parle de ceux qui « aiment et imitent, comme il faut, l'Auteur de tout bien, se plaisant dans la considération de ses perfections, suivant la nature du pur amour véritable ».

3. Leibniz aborde ici une nouvelle question, celle de l'essence de la matière, et cette question le conduit à une autre, celle de savoir si la matière peut penser.

place vide[1]. Mais on n'accorde point cette supposition, dont il ne paraît pas aussi qu'il y ait aucune raison, quoique cet habile Auteur aille jusqu'à croire que la raideur ou la cohésion des petites parties fait l'essence du corps. Il faut concevoir plutôt l'espace comme plein d'une matière originairement fluide, susceptible de toutes les divisions, et assujettie même actuellement[2] à des divisions et subdivisions à l'infini, mais avec cette différence, pourtant, qu'elle est divisible et divisée inégalement en différents endroits à cause des mouvements qui y sont déjà plus ou moins conspirants : ce qui fait qu'elle a partout un degré de raideur aussi bien que de fluidité, et qu'il n'y a aucun corps qui soit dur ou fluide au suprême degré, c'est-à-dire qu'on n'y trouve aucun atome d'une dureté insurmontable, ni aucune masse entièrement indifférente à la division[3]. Aussi l'ordre de la nature et particulièrement la Loi de la Continuité détruisent également l'un et l'autre.

J'ai fait voir aussi que la *Cohésion* qui ne serait pas elle-même l'effet de l'impulsion ou du mouve-

---

1. Locke aurait raison si la matière se composait réellement de petites particules solides, indivisibles ; mais il n'existe pas de semblables particules ; la matière est actuellement divisée à l'infini, par conséquent essentiellement fluide, et dès lors la difficulté du mouvement dans le plein disparaît.

2. *Actuellement.* Cf. lettre à M. Foucher (Erdm., p. 118) : « Je crois qu'il n'y a aucune partie de la matière qui ne soit, je ne dis pas divisible, mais actuellement divisée ; et par conséquent la moindre particelle doit être considérée comme un monde plein d'une infinité de créatures différentes ». Cf. *Monadol.*, § 65.

3. *Aucun atome* dont les parties soient tellement adhérentes les unes aux autres qu'elles ne puissent être séparées ; *aucune masse fluide* dont les parties n'aient cependant quelque degré de cohésion entre elles.

ment causerait une *Traction*, prise à la rigueur [1]. Car, s'il y avait un corps originairement raide, par exemple un Atome d'Épicure, qui aurait une partie avancée en forme de crochet (puisqu'on peut se figurer des atomes de toute sorte de figures), ce crochet poussé tirerait avec lui le reste de cet Atome, c'est-à-dire la partie qu'on ne pousse point, et qui ne tombe point dans la ligne de l'impulsion. Cependant notre habile Auteur est lui-même contre ces Tractions philosophiques, telles qu'on attribuait autrefois à la crainte du vide, et il les réduit aux *impulsions*, soutenant avec les modernes qu'une partie de la matière n'opère immédiatement sur l'autre qu'en la poussant de près, en quoi je crois qu'ils ont raison, parce qu'autrement il n'y a rien d'intelligible dans l'opération.

Il faut pourtant que je ne dissimule point d'avoir remarqué une manière de Rétractation de notre excellent Auteur sur ce sujet, dont je ne saurais m'empêcher de louer en cela la modeste sincérité, autant que j'ai admiré son génie pénétrant en d'autres occasions. C'est dans la réponse à la seconde lettre de feu Mgr l'Évêque de Worcester [2], imprimée en 1699,

---

1. Le seul mode d'action d'une partie de matière sur une autre, c'est l'impulsion. Il n'y a pas de corps originairement raide, parce que la matière, actuellement divisée à l'infini, est toujours fluide, et c'est pourquoi la *traction* d'une partie matérielle par une autre est inconcevable. Un corps solide, comme une barre de fer, doit sa raideur au mouvement des parties les unes vers les autres.

2. Edward Stillingfleet, doyen de Saint-Paul, puis évêque de Worcester, avait attaqué l'*Essai de Locke* dans une *Défense du dogme de la Trinité contre les Unitaires*. Il visait particulièrement un passage de l'*Essai* où Locke avançait qu'il pourrait y avoir des êtres matériels

p. 408, où, pour justifier le sentiment qu'il avait soutenu contre ce savant prélat, savoir, que la matière pourrait penser, il dit entre autres choses : « J'avoue
» que j'ai dit (livre 2 de l'*Essai* concernant l'enten-
» dement, chap. 8, § 11) que le corps opère par
» impulsion et non autrement. Aussi était-ce mon sen-
» timent quand je l'écrivais, et encore présentement
» je ne saurais y concevoir une autre manière d'agir.
» Mais depuis j'ai été convaincu par le livre incompa-
» rable du judicieux M. *Newton*[1], qu'il y a trop de
» présomption à vouloir limiter la puissance de Dieu
» par nos conceptions bornées[2]. La gravitation de la
» matière vers la matière par des voies qui me sont
» inconcevables, est non seulement une démonstra-
» tion que Dieu peut, quand bon lui semble, mettre
» dans les corps des puissances et manières d'agir qui
» sont au-dessus de ce qui peut être dérivé de notre
» idée du corps, ou expliqué par ce que nous connais-
» sons de la matière; mais c'est encore une instance

---

doués de pensée (liv. IV, ch. III). L'édition complète des œuvres de Locke, en 9 volumes, contient deux longues lettres de l'évêque de Worcester à Locke et deux réponses de Locke.

1. Newton (1642-1727) avait découvert le fait de l'attraction, c'est-à-dire le mouvement de deux corps distants l'un vers l'autre. Mais il ne faudrait pas croire qu'il eût proposé de ranger l'attraction ou pesanteur parmi les qualités premières des corps. Il se demande même dans son *Optique* (liv. III, quæstio 21) si la pesanteur ne pourrait pas être expliquée par l'élasticité de l'éther, élasticité qui irait en croissant à mesure que l'on s'éloignerait d'un corps solide. De cette façon les corps ne seraient pas attirés, mais poussés l'un vers l'autre.

2. C'est un des principes de toute philosophie rationaliste, et notamment de la philosophie cartésienne, que ce que nous ne pouvons pas concevoir avec clarté et distinction n'existe pas. Nous ne pouvons pas concevoir l'attraction à distance: donc l'attraction n'existe pas.

AVANT-PROPOS.

» incontestable qu'il l'a fait effectivement. C'est pour-
» quoi j'aurai soin que dans la prochaine édition de
» mon livre ce passage soit redressé [1]. » Je trouve
que, dans la Version Française de ce Livre, faite
sans doute sur les dernières éditions, on l'a mis ainsi
dans ce § 11 : « Il est visible, au moins autant que
» nous pouvons le concevoir, que c'est par impulsion,
» et non autrement, que les corps agissent les uns
» sur les autres ; car il nous est impossible de com-
» prendre que le corps puisse agir sur ce qu'il ne
» touche point, ce qui est autant que d'imaginer qu'il
» puisse agir où il n'est pas. »

Je ne puis que louer cette piété modeste de notre
célèbre Auteur, qui reconnaît que Dieu peut faire au
delà de ce que nous pouvons entendre, et qu'ainsi il
peut y avoir des mystères inconcevables dans les articles de la foi ; mais je ne voudrais pas qu'on fût obligé
de recourir au miracle dans le cours ordinaire de
la nature, et d'admettre des puissances et opérations
absolument inexplicables. Autrement, on donnera

---

[1]. Il faut se rappeler, pour comprendre la pensée de Locke, que,
suivant les principes de l'empirisme, il est impossible de rien affirmer *a priori* sur le monde physique. Rien ne prouve donc que la
matière n'ait pas, outre les propriétés que nous lui connaissons,
d'autres propriétés que nous ne lui
connaissons pas et qui nous paraissent même lui être étrangères,
comme celle de penser. Voyez l'*Essai*, liv. IV, chap. III, § 0 : « Peut-
être ne serons-nous jamais capables
de connaître si un être purement
matériel pense ou non, par la raison qu'il nous est impossible de
découvrir par la contemplation de
nos propres idées, sans révélation,
si Dieu n'a pas donné à quelques
amas de matière, disposés comme
il le trouve à propos, la puissance
d'apercevoir et de penser, ou s'il a
joint à la matière ainsi disposée
une substance immatérielle qui
pense. » Voyez aussi la discussion
citée en note dans la traduction
de Coste.

trop de licence aux mauvais philosophes, à la faveur de ce que Dieu peut faire, et, en admettant ces *vertus centripètes* ou ces *attractions immédiates* de loin, sans qu'il soit possible de les rendre intelligibles, je ne vois pas ce qui empêcherait nos Scolastiques de dire que tout se fait simplement par les facultés, et de soutenir leurs espèces intentionnelles, qui vont des objets jusqu'à nous, et trouvent moyen d'entrer jusque dans nos âmes [1]. Si cela va bien,

Omnia jam fient, fieri quæ posse negabam [2].

De sorte qu'il me semble que notre Auteur, tout judicieux qu'il est, va ici un peu trop d'une extrémité à l'autre. Il fait le difficile sur les opérations des *âmes*, quand il s'agit seulement d'admettre ce qui n'est point *sensible*, et le voilà qui donne aux *corps* ce qui n'est pas même *intelligible*, leur accordant des puissances et des actions qui passent tout ce qu'à mon avis un esprit créé saurait faire et entendre, puisqu'il

---

1. Voy. *Nouveaux Essais*, liv. IV, chap. III :

« Si Dieu donnait aux choses des puissances accidentelles, détachées de leurs natures, et par conséquent éloignées de la raison en général, ce serait une porte de derrière pour rappeler des qualités occultes, qu'aucun esprit ne peut entendre et ces petits lutins de facultés incapables de raisons,

et quidquid schola finxit otiosa,

lutins secourables, qui viennent paraître comme les dieux de théâtre, ou comme les fées de l'Amadis, et qui feront au besoin tout ce que voudra un philosophe, sans façon, et sans outils. »

Voy. aussi *Théodicée*, § 310 : « Rien ne marque mieux l'imperfection d'une philosophie que la nécessité où le philosophe se trouve d'avouer qu'il se passe suivant son système quelque chose dont il n'y a aucune raison ; et cela vaut bien la déclinaison des atomes d'Épicure. »

2. Vers d'Ovide, *Élég.* VIII, v. 7.

AVANT-PROPOS.

leur accorde l'attraction, et même à de grandes distances, sans se borner à aucune sphère d'activité, et cela pour soutenir un sentiment qui ne paraît pas moins inexplicable, savoir, la possibilité de la pensée de la matière dans l'ordre naturel.

La question qu'il agite avec le célèbre prélat qui l'avait attaqué est : *si la Matière peut penser*, et, comme c'est un point important, même pour le présent ouvrage, je ne puis me dispenser d'y entrer un peu et de prendre connaissance de leur contestation. J'en représenterai la substance sur ce sujet et prendrai la liberté de dire ce que j'en pense. Feu Mgr l'Évêque de Worcester, appréhendant (mais sans en avoir grand sujet, à mon avis) que la doctrine des idées de notre Auteur ne fût sujette à quelques abus préjudiciables à la foi chrétienne, entreprit d'en examiner quelques endroits dans sa *Vindication de la doctrine de la Trinité*, et, ayant rendu justice à cet excellent écrivain, en reconnaissant qu'il juge l'existence de l'Esprit aussi certaine que celle du corps, quoique l'une de ces substances soit aussi peu connue que l'autre, il demande (p. 241 et sqq.) comment la réflexion nous peut assurer de l'existence de l'Esprit, si Dieu peut donner à la matière la faculté de penser suivant le sentiment de notre Auteur, liv. 4, chap. 3, puisqu'ainsi la voie des idées, qui doit servir à discerner ce qui peut convenir à l'âme ou au corps, deviendrait inutile, au lieu qu'il était dit dans le livre 2 de l'*Essai* sur l'entendement, chap. 23, § 15, 27 et 28, que les opérations

de l'âme nous fournissent l'idée de l'esprit, et que l'entendement avec la volonté nous rend cette idée aussi intelligible que la nature du corps nous est rendue intelligible par la solidité et par l'impulsion. Voici comment notre Auteur y répond dans la première lettre : « Je crois avoir prouvé qu'il y a une
» substance spirituelle en nous, car nous expérimen-
» tons en nous la pensée ; or cette action ou ce mode
» ne saurait être l'objet de l'idée d'une chose subsis-
» tante de soi, et par conséquent ce mode a besoin
» d'un support ou sujet d'inhésion, et l'idée de ce
» support fait ce que nous appelons substance..... car,
» (puisque l'idée générale de la substance est partout
» la même) il s'ensuit que, la modification qui s'ap-
» pelle pensée ou pouvoir de penser y étant jointe,
» cela fait un Esprit, sans qu'on ait besoin de considé-
» rer quelle autre Modification il a encore, c'est-à-dire
» s'il a la solidité ou non. Et, de l'autre côté, la sub-
» stance qui a la modification qu'on appelle solidité
» sera matière, soit que la pensée y soit jointe ou non.
» Mais, si par une substance spirituelle vous enten-
» dez une substance immatérielle, j'avoue n'avoir
» point prouvé qu'il y en a en nous et qu'on ne peut
» point le prouver démonstrativement sur mes prin-
» cipes. Quoique ce que j'ai dit sur les systèmes de
» matière (liv. 4, chap. 10, § 16), en démontrant que
» Dieu est immatériel, rende probable au suprême
» degré que la substance qui pense en nous est imma-
» térielle..... Cependant j'ai montré (ajoute l'Auteur,
» p. 68) que les grands buts de la religion et de la

» morale sont assurés par l'immortalité de l'âme, sans
» qu'il soit besoin de supposer son immatérialité [1]. »

Le savant Évêque, dans sa Réponse à cette Lettre, pour faire voir que notre Auteur a été d'un autre sentiment lorsqu'il écrivait son second livre de l'*Essai*, on allègue, page 51, ce passage (pris du même livre, chap. 23, §. 15) où il est dit que, « par les idées
» simples que nous avons déduites des opérations de
» notre Esprit, nous pouvons former l'idée complexe
» d'un Esprit; et que, mettant ensemble les idées de
» pensée, de perception, de liberté et de puissance
» de mouvoir notre corps, nous avons une notion
» aussi claire des substances immatérielles que des
» matérielles ». Il allègue d'autres passages encore pour faire voir que l'Auteur opposait l'esprit au corps, et dit (p. 54) que le but de la religion et de la morale est mieux assuré en prouvant que l'âme est immortelle par sa nature, c'est-à-dire immatérielle. Il allègue encore (p. 70) ce passage : « Que toutes les idées
» que nous avons des espèces particulières et dis-
» tinctes des substances ne sont autre chose que diffé-
» rentes combinaisons d'idées simples. » Et qu'ainsi l'Auteur a cru que l'idée de penser et de vouloir donnait une autre substance, différente de celle que

---

1. Locke, dans ce passage, entend par substance une réalité inconnue et inconnaissable en elle-même, qui peut être le substrat commun de la pensée et de l'étendue. Dans le second livre de son *Essai* il avait appliqué le même mot de *substance* à des sommes d'idées ou de caractères. Ainsi il avait appelé Esprit l'ensemble de nos facultés et de nos opérations intellectuelles; corps l'ensemble des caractères qui constituent pour nous les choses sensibles : il avait ainsi nettement opposé comme deux substances différentes l'esprit et le corps.

donne l'idée de la solidité et de l'impulsion, et que (§ 17) il marque que ces idées constituent le corps, opposé à l'esprit.

M. de Worcester pouvait ajouter que, de ce que l'*idée générale* de substance est dans le corps et dans l'esprit, il ne s'ensuit pas que leurs différences sont des *modifications* d'une même chose, comme notre auteur vient de le dire dans l'endroit que j'ai rapporté de sa première lettre. Il faut bien distinguer entre modifications et attributs. Les facultés d'avoir de la perception et d'agir, l'étendue, la solidité, sont des attributs ou des prédicats perpétuels et principaux, mais la pensée, l'impétuosité, les figures, les mouvements sont des modifications de ces attributs [1]. De plus, on doit distinguer entre genre physique (ou plutôt Réel) et genre logique ou idéal [2]. Les choses qui sont d'un même genre physique, ou qui sont

---

1. *Attributs perpétuels et principaux :* attributs qui appartiennent toujours et nécessairement à une substance, et qui la constituent. Ainsi la perception appartient toujours à la substance spirituelle. Les attributs qui sont des modifications des attributs principaux, comme une certaine manière de percevoir, sont au contraire contingents et variables.

2. Voici quelle est, en résumé, la réponse de Leibniz à Locke : Logiquement l'idée et le mot de substance peuvent également convenir à ce qui pense et à ce qui est étendu ; mais physiquement, réellement, il est impossible qu'une même substance ait pour attributs à la fois la pensée et l'étendue. Pour comprendre l'argument de Leibniz, il ne faut pas oublier que, suivant les Cartésiens, les substances ne sont rien en dehors de ce qui peut être conçu clairement et distinctement en elles, c'est-à-dire en dehors de leur attribut essentiel. Ainsi l'âme n'est rien en dehors de la pensée, la matière n'est rien en dehors de l'étendue. Il est donc impossible d'admettre l'existence réelle d'une substance qui ne serait ni pensée ni étendue et qui se manifesterait par la pensée et par l'étendue. Cette substance serait un je ne sais quoi que l'esprit ne peut concevoir, et par conséquent elle n'existe pas.

AVANT-PROPOS. 127

homogènes, sont d'une même *matière* pour ainsi dire, et peuvent souvent être changées l'une dans l'autre par le changement de la modification, comme les cercles et les carrés. Mais deux choses *hétérogènes* peuvent avoir un genre logique commun, et alors leurs *différences* ne sont pas de simples modifications accidentelles d'un même sujet ou d'une même matière métaphysique ou physique. Ainsi le temps et l'espace sont des choses fort hétérogènes, et on aurait tort de s'imaginer je ne sais quel sujet réel commun qui n'eût que la quantité continue en général [1], et dont les modifications fissent provenir le temps ou l'espace. Cependant leur genre logique commun est la quantité continue. Quelqu'un se moquera peut-être de ces distinctions des Philosophes, de deux genres, l'un logique seulement, l'autre réel, et de deux matières, l'une physique, qui est celle des corps, l'autre métaphysique seulement ou générale, comme si quelqu'un disait que deux parties de l'espace sont d'une même matière ou que deux heures sont aussi entre elles d'une même matière. Cependant ces distinctions ne sont pas seulement des Termes, mais des choses mêmes, et semblent venir bien à propos ici, où leur confusion a fait naître une fausse conséquence. Ces deux genres ont une notion commune, et celle du genre réel est commune aux deux matières, de sorte que leur généalogie sera telle :

---

1. De ce que l'idée de continu convient également au temps et à l'espace, on ne saurait conclure que le continu est une réalité qui sert de substrat à la fois au temps et à l'espace.

Genre
- Logique seulement, varié par des *différences simples.*
- Réel, dont les *différences* sont des modifications, c'est-à-dire Matière..........
  - Métaphysique seulement, où il y a homogénéité.
  - Physique, où il y a une masse homogène solide [1].

Je n'ai point vu la seconde lettre de l'Auteur à l'Évêque, et la réponse que ce Prélat y fait ne touche guère au point qui regarde la pensée de la matière. Mais la réplique de notre auteur à cette seconde réponse y retourne : « Dieu (dit-il à peu près dans ces » termes, p. 397) ajoute à l'essence de la matière les » qualités et perfections qui lui plaisent : le mouve- » ment simple dans quelques parties, mais dans les » plantes la végétation, et dans les animaux le senti- » ment. Ceux qui en demeurent d'accord jusqu'ici se » récrient aussitôt qu'on fait encore un pas, pour dire » que Dieu peut donner à la matière pensée, raison, » volonté, comme si cela détruisait l'essence de la » matière. Mais, pour le prouver, ils allèguent que la » pensée ou raison n'est pas renfermée dans l'essence » de la matière, ce qui ne fait rien, puisque le mou- » vement et la vie n'y sont pas renfermés non plus.

1. *Genre logique.* — Ainsi la substance en général est *genre logique* par rapport à la pensée et à l'étendue. Les *différences* sont ici la pensée et l'étendue elles-mêmes, et Leibniz appelle ces différences *simples*, par opposition à celles qui sont les modifications d'une matière commune.

Genre réel. — On pourrait dire, par exemple, que le marbre est *genre réel* par rapport à toutes les figures de marbre. Les *différences* ici sont les différentes configurations ou modifications du marbre lui-même.

Matière métaphysique. — Par exemple, le temps par rapport aux années et aux jours, l'espace par rapport à ses différentes parties.

Matière physique.— Par exemple, le marbre, par rapport aux statues,

» Ils allèguent aussi qu'on ne saurait concevoir que
» la matière pense : mais notre conception n'est pas
» la mesure du pouvoir de Dieu. » Après cela, il cite
l'exemple de l'attraction de la matière, p. 99, mais
surtout p. 408, où il parle de la gravitation de la
matière vers la matière, attribuée à M. Newton (dans
les termes que j'ai cités ci-dessus), avouant qu'on
n'en saurait jamais concevoir le comment. Ce qui est,
en effet, retourner aux qualités occultes ou, qui plus
est, inexplicables. Il ajoute (p. 401) que rien n'est
plus propre à favoriser les sceptiques que de nier ce
qu'on n'entend point, et (p. 402) qu'on ne conçoit pas
même comment l'âme pense. Il veut (p. 403) que, les
deux substances, matérielle et immatérielle, pouvant être conçues dans leur essence nue sans aucune
activité, il dépend de Dieu de donner à l'une et à
l'autre la puissance de penser. Et on veut se prévaloir de l'aveu de l'adversaire, qui avait accordé le
sentiment aux bêtes, mais qui ne leur accorderait pas
quelque substance immatérielle. On prétend que la
liberté, la consciosité (p. 408) et la puissance de faire
des abstractions (p. 409) peuvent être données à la
matière, non pas comme matière, mais comme enrichie par une puissance divine. Enfin on rapporte
(p. 434) la remarque d'un voyageur aussi considérable et judicieux que M. de La Loubère [1], que les

---

1. Simon de La Loubère, littérateur et voyageur français (1642-1720), fut envoyé à Siam par Louis XIV, pour nouer des relations commerciales avec ce pays et y faire pénétrer le christianisme. Il publia une relation de son voyage sous ce titre : *Du royaume de Siam*.

païens de l'Orient connaissent l'immortalité de l'âme sans en pouvoir comprendre l'immatérialité.

Sur tout cela je remarquerai, avant que de venir à l'explication de mon opinion, qu'il est sûr que la matière est aussi peu capable de produire machinalement [1] du sentiment que de produire de la raison, comme notre Auteur en demeure d'accord; qu'à la vérité je reconnais qu'il n'est pas permis de nier ce qu'on n'entend pas; mais j'ajoute qu'on a droit de nier (au moins dans l'ordre naturel) ce qui absolument n'est point intelligible ni explicable. Je soutiens aussi que les substances (matérielles ou immatérielles) ne sauraient être conçues dans leur essence nue sans activité, que l'activité est de l'essence de la substance en général [2]; qu'enfin la conception des créatures n'est pas la mesure du pouvoir de Dieu, mais que leur conceptivité, ou force de concevoir, est la mesure du pouvoir de la nature; tout ce qui est conforme à l'ordre naturel pouvant être conçu ou entendu par quelque créature [3].

---

1. *Machinalement*, c'est-à-dire mécaniquement, par la force et le mouvement.

2. Les substances n'étant rien en dehors de leur activité, la question revient à savoir si l'activité de la pensée peut être réduite à l'activité mécanique, et Locke a avoué que le sentiment est inexplicable par des raisons mécaniques.

3. C'est toujours l'idée cartésienne, que dans l'ordre naturel il n'existe, il n'arrive rien qui ne puisse être conçu par la raison. Or Locke a avoué, comme nous venons de le voir, que la pensée ne peut se ramener à aucune modification assignable de la matière. C'est donc, ajoutera Leibniz, par un véritable miracle que l'on prétend attribuer à la matière, c'est-à-dire à l'étendue, des qualités qui ne sont pas des modifications de l'étendue. Or est-il admissible que l'on recoure dans une théorie scientifique ou même philosophique à un miracle perpétuel? Voyez *Nouveaux Essais*, liv. IV, Erdm., p. 347 : « Vouloir que

Ceux qui concevront mon système jugeront que je ne saurais me conformer en tout avec l'un ou l'autre de ces deux excellents Auteurs, dont la contestation cependant est fort instructive. Mais pour m'expliquer distinctement, il faut considérer, avant toutes choses, que les modifications qui peuvent convenir naturellement ou sans miracle à un sujet y doivent venir des limitations ou variations d'un genre réel ou d'une nature ordinaire constante et absolue [1]. Car c'est ainsi qu'on distingue chez les Philosophes les modes d'un être absolu de cet être même, comme l'on sait que la grandeur, la figure et le mouvement sont manifestement des limitations et des variations de la nature corporelle. Car il est clair comment une étendue bornée donne des figures, et que le changement qui s'y fait n'est autre chose que le mouvement. Et toutes les fois qu'on trouve quelque qualité dans un sujet, on doit croire que si on entendait la nature de ce sujet et de cette qualité, on concevrait comment cette qualité en peut résulter. Ainsi, dans l'ordre de la nature (les miracles mis à part), il n'est pas arbitraire à Dieu de donner indifféremment aux substances telles ou telles qualités [2], et il ne leur en donnera jamais que celles qui leur seront naturelles, c'est-à-dire qui pourront être dérivées de leur nature comme

---

Dieu donne aux choses des accidents qui ne sont pas des façons d'être ou des modifications dérivées de ces substances, c'est recourir au miracle. »

1. Voyez plus haut la note 1 de la page 128 et la note 3 de la page 130.

2. Il n'y a rien d'arbitraire dans la nature : tout ce que Dieu crée, il le crée en vertu des principes rationnels qui constituent son essence même.

des modifications explicables. Ainsi on peut juger que la matière n'aura pas naturellement l'attraction mentionnée ci-dessus, et n'ira pas d'elle-même en ligne courbe, parce qu'il n'est pas possible de concevoir comment cela s'y fait, c'est-à-dire de l'expliquer mécaniquement; au lieu que ce qui est naturel doit pouvoir devenir concevable distinctement, si l'on était admis dans les secrets des choses. Cette distinction entre ce qui est naturel et explicable et ce qui est inexplicable et miraculeux lève toutes les difficultés : et, en la rejetant, on soutiendrait quelque chose de pis que les qualités occultes, et on renoncerait en cela à la Philosophie et à la Raison, en ouvrant des asiles de l'ignorance et de la paresse par un système sourd, qui admet non seulement qu'il y a des qualités que nous n'entendons pas, dont il n'y en a que trop, mais aussi qu'il y en a que le plus grand esprit, si Dieu lui donnait toute l'ouverture possible, ne pourrait point comprendre, c'est-à-dire qui seraient ou miraculeuses ou sans rime et sans raison; et cela même serait sans rime et sans raison, que Dieu fît des miracles ordinairement [1]; de sorte que cette Hypothèse fainéante détruirait également notre Philosophie, qui cherche les raisons, et la divine sagesse, qui les fournit.

Pour ce qui est maintenant de la Pensée, il est sûr, et l'Auteur le reconnaît plus d'une fois, qu'elle ne

---

1. Il serait absurde que Dieu, qui est la raison suprême, agît par des miracles continuels, c.-à-d. d'une manière contraire à toute raison.

AVANT-PROPOS.   133

saurait être une modification intelligible de la matière, ou qui y puisse être comprise et expliquée, c'est-à-dire que l'être sentant ou pensant n'est pas une chose machinale, comme une montre ou comme un moulin, en sorte qu'on pourrait concevoir des grandeurs, des figures et mouvements dont la conjonction machinale pût produire quelque chose de pensant et même de sentant dans une masse où il n'y avait rien de tel, qui cesserait aussi de même par le dérèglement de cette machine. Ce n'est donc pas une chose naturelle à la matière de sentir et de penser, et cela ne peut arriver chez elle que de deux façons, dont l'une sera que Dieu y joigne une substance à qui il soit naturel de penser, et l'autre que Dieu y mette la pensée par miracle [1]. En cela donc, je suis entièrement du sentiment des Cartésiens, excepté que je l'étends jusqu'aux bêtes, et que je crois qu'elles ont du sentiment et des âmes immatérielles [2] (à proprement parler) et aussi peu périssables que les Atomes le sont chez Démocrite ou Gassendi [3], au lieu que les

---

1. Cf. *Monadol.*, § 17.
2. Suivant les Cartésiens, la pensée ne se trouve unie à l'étendue, c'est-à-dire au corps, que chez l'homme seul. L'animal appartient donc tout entier au monde de l'étendue, il n'est que pure matière. Voy. Descartes, *Disc. de la Méth.*, 5⁰ partie. Leibniz attribue aux animaux des Monades capables, sinon de réflexion, au moins d'appétition et de perception.
3. Démocrite est le fondateur de l'atomisme qui depuis s'est appelé atomisme épicurien.
Gassendi, physicien et philosophe français, né à Digne en 1592, mort en 1655, renouvela le système de Démocrite et d'Épicure, en essayant de le concilier avec les dogmes de la théologie chrétienne. Dieu, première cause, a créé un nombre infini d'atomes qui sont les éléments dont se composent les choses,

Cartésiens, embarrassés sans sujet des âmes des bêtes [1] et ne sachant ce qu'ils en doivent faire si elles se conservent (faute de s'aviser de la conservation de l'animal même réduit en petit), ont été forcés de refuser même le sentiment aux bêtes, contre toutes les apparences et contre le jugement du genre humain. Mais si quelqu'un disait que Dieu au moins peut ajouter la faculté de penser à la machine préparée, je répondrais que si cela se faisait, et si Dieu ajoutait cette faculté à la matière, sans y verser en même temps une substance qui fût le sujet d'inhésion de cette même faculté (comme je le conçois), c'est-à-dire sans y ajouter une âme immatérielle, il faudrait que la matière eût été exaltée miraculeusement pour recevoir une puissance dont elle n'est pas capable naturellement : comme quelques Scolastiques prétendent que Dieu exalte le feu jusqu'à lui donner la force de brûler immédiatement des esprits séparés de la matière, ce qui serait un miracle tout pur. Et c'est assez qu'on ne peut soutenir que la matière pense, sans y mettre une âme impérissable ou bien un miracle [2], et qu'ainsi l'immortalité de nos

---

1. Les Cartésiens disaient que la doctrine qui attribue des âmes aux animaux compromet la croyance à l'immortalité de l'âme humaine. Si l'on accorde une âme à l'animal, il est bien difficile d'admettre que cette âme soit immortelle, car l'immortalité n'a aucune raison d'être pour des créatures étrangères à toute notion morale ; et si l'on admet que cette âme sera anéantie, comment empêcher les esprits faibles de croire que nos âmes auront le même sort ? Suivant Leibniz, toutes les âmes sont également immatérielles et impérissables : mais il n'y a que les âmes humaines qui conservent leur identité morale et personnelle.

2. Leibniz ne niait pas le miracle. Il croyait que Dieu, pour des raisons supérieures, a pu décider, en créant le monde, qu'il se produirait quel-

âmes suit de ce qui est naturel [1] : puisqu'on ne saurait soutenir leur extinction que par un miracle, soit en exaltant la matière, soit en anéantissant l'âme. Car nous savons bien que la puissance de Dieu pourrait rendre nos âmes mortelles, tout immatérielles (ou immortelles par la nature seule) qu'elles peuvent être, puisqu'il les peut anéantir.

Or cette vérité de l'immatérialité de l'Ame est sans doute de conséquence. Car il est infiniment plus avantageux à la religion et à la morale, surtout dans le temps où nous sommes, de montrer que les âmes sont immortelles naturellement, et que ce serait un miracle si elles ne le fussent pas, que de soutenir que nos âmes doivent mourir naturellement; mais que c'est en vertu d'une grâce miraculeuse, fondée dans la seule promesse de Dieu, qu'elles ne meurent point. Aussi sait-on depuis longtemps que ceux qui ont voulu détruire la religion naturelle, et réduire le tout à la révélée, comme si la raison ne nous enseignait rien là-dessus, ont passé pour suspects, et ce n'est pas toujours sans raison. Mais notre Auteur n'est pas de ce nombre : il soutient la démonstration

quefois certaines dérogations aux lois naturelles. Mais ce qu'il ne veut pas admettre, c'est que l'on recoure, pour expliquer le monde, à un miracle perpétuel. Ainsi il repousse l'attraction à distance, parce que ce serait un miracle perpétuel: « Si Dieu faisait une loi générale qui portât que les corps s'attirassent les uns les autres, il n'en saurait obtenir l'exécution que par des miracles perpétuels » (*Théodicée*, § 207).

[1]. Il est naturel, c'est-à-dire conforme à la raison, que l'âme soit conservée après la mort du corps, et continue à exprimer l'univers. Ce qui serait un miracle, ce serait l'anéantissement par Dieu d'une Monade, qui, naturellement, ne peut périr. Voyez *Monadol.*, §§ 4, 5 et 6.

de l'existence de Dieu, et il attribue à l'immatérialité de l'âme une *probabilité dans le suprême degré*, qui pourra passer par conséquent pour une *certitude morale*, de sorte que je m'imagine qu'ayant autant de sincérité que de pénétration, il pourrait bien s'accommoder de la doctrine que je viens d'exposer, et qui est fondamentale en toute philosophie raisonnable, ou autrement je ne vois pas comment on se puisse empêcher de retomber dans la *philosophie fanatique*, telle que la Philosophie Mosaïque de Fludd [1], qui sauve tous les phénomènes en les attribuant à Dieu immédiatement et par miracle, ou *barbare* [2], comme celle de certains philosophes et médecins du temps passé, qui se ressentait encore de la barbarie de leur siècle, et qu'aujourd'hui on méprise avec raison, qui sauvaient les apparences en forgeant tout exprès des qualités occultes ou facultés qu'on s'imaginait semblables à des petits démons ou lutins, capables de faire sans façon ce qu'on demande, comme si les montres de poche marquaient les heures par une certaine faculté horodéictique, sans avoir besoin de roues, ou comme si les moulins brisaient les grains par une faculté fractive, sans avoir

---

1. Robert Fludd, médecin et philosophe anglais, né en 1574 à Milgate, comté de Kent, mort à Londres en 1637. Il avait intitulé lui-même *Philosophie Mosaïque* un ouvrage qui parut à Gouda, en Hollande, un an après sa mort. Cette philosophie était un mélange confus d'idées empruntées au néoplatonisme, à la Cabale et aux sciences occultes.

2. Par philosophie *barbare*, Leibniz entend le péripatétisme dégénéré du moyen âge, qui se servait d'idées métaphysiques, comme celles de *forme* et de *faculté*, pour expliquer le détail des phénomènes physiques.

besoin de rien qui ressemblât aux meules[1]. Pour ce qui est de la difficulté que plusieurs peuples ont eue de concevoir une substance immatérielle, elle cessera aisément (au moins en bonne partie) quand on ne demandera pas des substances séparées de la matière, comme en effet je ne crois pas qu'il y en ait jamais naturellement parmi les créatures.

1. Voyez la note 1 de la page 122.

LIVRE PREMIER

DES NOTIONS INNÉES

CHAPITRE PREMIER

S'il y a des Principes innés dans l'esprit de l'homme.

PHILALÈTHE. Ayant repassé la mer après avoir achevé les affaires que j'avais en Angleterre, j'ai pensé d'abord à vous rendre visite, Monsieur, pour cultiver notre ancienne amitié, et pour vous entretenir des matières qui nous tiennent fort à cœur à vous et à moi, et où je crois avoir acquis de nouvelles lumières pendant mon long séjour à Londres. Lorsque nous demeurions autrefois tout proche l'un de l'autre à Amsterdam, nous prenions beaucoup de plaisir tous deux à faire des recherches sur les principes et sur les moyens de pénétrer dans l'intérieur des choses. Quoique nos sentiments fussent souvent différents, cette diversité augmentait notre satisfaction lorsque nous en conférions ensemble, sans que la contrariété qu'il y avait quelquefois y mêlât rien de désagréable. Vous étiez pour Descartes et pour les opinions du célèbre Auteur de la *Recherche de la*

Vérité[1], et moi je trouvais les sentiments de Gassendi, éclaircis par M. Bernier[2], plus faciles et plus naturels. Maintenant je me sens extrêmement fortifié par l'excellent ouvrage qu'un illustre Anglais, que j'ai l'honneur de connaître particulièrement, a publié depuis, et qu'on a réimprimé plusieurs fois en Angleterre sous le titre modeste d'*Essai concernant l'Entendement Humain*. Et je suis ravi qu'il paraît depuis peu en latin et en français[3], afin qu'il puisse être d'une utilité plus générale. J'ai fort profité de la lecture de cet ouvrage, et même de la conversation de l'Auteur, que j'ai entretenu souvent à Londres, et quelquefois à Oates[4], chez Milady Masham[5], digne fille du célèbre M. Cudworth[6], grand Philosophe et

---

1. Malebranche, dont le principal ouvrage est la *Recherche de la Vérité*.
2. Bernier, voyageur, médecin et philosophe français (1620-88); il fut élève de Gassendi, et résuma la doctrine de son maître dans un ouvrage intitulé : *Abrégé de la philosophie de Gassendi* (Lyon, 1078 à 1684).
3. L'*Essai* de Locke fut traduit en latin par Richard Burridge, ecclésiastique irlandais. Cette traduction parut à Londres en 1701, sous ce titre : *De intellectu humano*. Le traducteur français de l'*Essai* est Pierre Coste, qui avait connu Locke en Hollande et traduit ses *Pensées sur l'éducation* et sa *Reasonableness of Christianity*. Il entreprit en 1697 la traduction de l'*Essai*, et devint bientôt après précepteur de Franck Masham, fils de Francis Masham, membre du parlement, chez qui Locke habitait depuis 1691, de sorte qu'il travailla sous les yeux de Locke.
4. Oates était un vieux manoir, aujourd'hui détruit, dans le comté d'Essex, à vingt milles N.-E. de Londres.
5. Damaris Cudworth avait épousé en 1685 le propriétaire de Oates, sir Francis Masham, baronnet. Elle avait connu Locke chez son père, de 1681 à 1683, et correspondu avec lui pendant son séjour en Hollande (1683-89). Après son retour de Hollande, Locke fit de fréquentes visites aux Masham, en 1689, 1690 et 1691; et, à partir de 1691, devint leur hôte habituel ou plutôt leur pensionnaire.
6. Cudworth (1617-1688), célèbre philosophe anglais, combattit énergiquement le matérialisme qui était

Théologien anglais, Auteur du système intellectuel, dont elle a hérité l'esprit de méditation et l'amour des belles connaissances, qui paraît particulièrement par l'amitié qu'elle entretient avec l'Auteur de l'*Essai*. Et, comme il a été attaqué par quelques Docteurs de mérite[1], j'ai pris plaisir à lire aussi l'apologie qu'une demoiselle fort sage et fort spirituelle a faite pour lui[2], outre celles qu'il a faites lui-même.

Cet Auteur est assez dans le système de M. Gassendi, qui est, dans le fond, celui de Démocrite; il est pour le vide et pour les atomes; il croit que la matière pourrait penser; qu'il n'y a point d'idées innées; que notre esprit est *tabula rasa*, et que nous ne pensons pas toujours; et il paraît d'humeur à approuver la plus grande partie des objections que M. Gassendi a faites à M. Descartes[3]. Il a enrichi et renforcé ce Système par mille belles réflexions; et je ne doute point que maintenant notre parti ne triomphe

---

la conséquence des principes de Hobbes. Il entreprit de rétablir les causes finales en physique, et, pour expliquer les phénomènes de la vie, admit l'existence d'une force organisatrice ou *nature plastique* analogue à la Ψυχή θρεπτική d'Aristote, et aux Λόγοι σπερματικοί des Stoïciens. Son principal ouvrage est intitulé: *The true intellectual system of the Universe, wherein all the reasons and the philosophy of Atheism are confuted.*

1. Ces docteurs sont, outre Stillingfleet: un certain John Edwards, dont les attaques, dirigées surtout contre la *Reasonableness of Christianity*, datent de 1695; John Norris, disciple de Malebranche, Thomas Burnet, auteur d'une nouvelle théorie de la terre, et John Serjant, prêtre catholique.

2. Cette demoiselle est peut-être Esther Masham, issue d'un premier mariage de sir Francis Masham, et aussi attachée à Locke que sa belle-mère, lady Masham.

3. Les objections de Gassendi sont les cinquièmes que l'on trouve à la suite des *Méditations* de Descartes. Gassendi y soutient à la fois l'atomisme et l'empirisme.

hautement de ses adversaires, les Péripatéticiens et les Cartésiens[1]. C'est pourquoi, si vous n'avez pas encore lu ce livre, je vous y invite, et, si vous l'avez lu, je vous supplie de m'en dire votre sentiment.

Théophile. Je me réjouis de vous voir de retour après une longue absence, heureux de la conclusion de votre importante affaire, plein de santé, ferme dans l'amitié pour moi, et toujours porté avec une ardeur égale à la recherche des plus importantes vérités. Je n'ai pas moins continué mes méditations dans le même esprit, et je crois avoir profité aussi autant, et peut-être plus que vous, si je ne me flatte pas. Aussi en avais-je plus besoin que vous, car vous étiez plus avancé que moi. Vous aviez plus de commerce avec les Philosophes spéculatifs, et j'avais plus de penchant vers la morale. Mais j'ai appris de plus en plus combien la morale reçoit d'affermissement des principes solides de la véritable philosophie, c'est pourquoi je les ai étudiés depuis avec plus d'application, et je suis entré dans des méditations assez nouvelles[2]. De sorte que nous aurons de quoi nous donner un plaisir réciproque de longue durée, en communiquant l'un à l'autre nos éclaircissements. Mais il faut que je vous dise pour nouvelle que je ne

---

1. Le matérialisme et l'empirisme ont pour adversaires à la fois les Péripatéticiens ou Scolastiques et les Cartésiens. Les premiers expliquent tous les phénomènes par l'action de forces spirituelles et animent ainsi toute la nature. Les seconds opposent la Pensée à l'Étendue, l'Ame au Corps, et soutiennent l'existence d'Idées innées.

2. Leibniz, avant d'aborder la question qui doit faire l'objet de ce premier livre, donne un aperçu de ses principales découvertes métaphysiques.

suis plus Cartésien [1], et que cependant je suis éloigné plus que jamais de votre Gassendi [2] dont je reconnais d'ailleurs le savoir et le mérite. J'ai été frappé d'un nouveau Système [3] dont j'ai lu quelque chose dans les Journaux des Savants de Paris, de Leipzig et de Hollande, et dans le merveilleux Dictionnaire de M. Bayle [4], article de *Rorarius* [5]; et depuis, je crois voir une nouvelle face de l'intérieur des choses. Ce système paraît allier Platon avec Démocrite, Aristote avec Descartes, les Scolastiques avec les Modernes, la Théologie et la Morale avec la Raison [6]. Il semble

1. Dans le *Système nouveau de la Nature*, publié en 1695, Leibniz dit que les Cartésiens le firent renoncer de bonne heure à la philosophie scolastique. Mais il ne tarda pas à s'écarter du cartésianisme. Peu après, on le voit se prononcer contre les principes de la physique cartésienne (voy. *Lettre à Philippi*, éd. Gerhardt, t. IV, p. 281). Le système des Monades, qui supprime l'opposition entre la substance pensante et la substance étendue, et qui absorbe pour ainsi dire le matériel dans le pensant, est en complet désaccord avec la métaphysique de Descartes.

2. Le système suivant lequel il n'existe que des Monades, principes immatériels de force et de perception, est encore plus éloigné de l'atomisme de Gassendi que du dualisme cartésien.

3. Le *Système nouveau de la Nature*. Voy. Erdmann, n° XXXVI.

4. Bayle, professeur de philosophie à Sedan, puis à Rotterdam, auteur d'un célèbre dictionnaire historique, né au Carlat, dans le comté de Foix, en 1647, mort à Rotterdam en 1706.

5. Rorarius (Girolamo Rorario) fut nonce du pape Clément VII à la cour de Hongrie et composa vers 1547 un *Traité*, dans lequel il essaya de démontrer « *quod animalia bruta ratione utantur melius homine* ». Bayle consacra à Rorarius un article de son dictionnaire, et prit occasion de ce *Traité* pour discuter, dans deux longues notes, le système de Leibniz.

6. Dans ce passage, Démocrite, Descartes, les Modernes, d'un côté, représentent l'explication mécanique du monde, fondée sur la Raison; Platon, Aristote, les Scolastiques, les théologiens, d'autre part, représentent la philosophie qui explique le matériel par l'immatériel, et rend possible la Morale. Or Leibniz croit avec les premiers que tout, dans le monde, s'explique mécaniquement, et avec les seconds, qu'il n'y a de réel que l'âme, l'immatériel.

qu'il prend le meilleur de tous côtés, et que puis après il va plus loin qu'on n'est allé encore. J'y trouve une explication intelligible de l'union de l'âme et du corps[1], chose dont j'avais désespéré auparavant. Je trouve les vrais principes des choses dans les Unités de Substance que ce Système introduit et dans leur harmonie préétablie par la Substance primitive. J'y trouve une simplicité et une uniformité surprenante[2], en sorte qu'on peut dire que c'est partout et toujours la même chose, aux degrés de perfection près. Je vois maintenant ce que Platon entendait quand il prenait la matière pour un être imparfait et transitoire[3] ; ce qu'Aristote voulait dire par son Entéléchie[4] ; ce que c'est que la promesse que Démocrite même faisait d'une autre vie chez Pline[5] ; jusqu'où les Sceptiques avaient raison en déclamant contre les sens[6] ; comment les animaux sont des au-

---

1. Par l'Harmonie préétablie. Cf. Introduction, Ire partie, IV.

2. Parce qu'il n'existe que des Monades, semblables les unes aux autres quant à l'essence, qui perçoivent toutes le même univers, et ne diffèrent que par leur point de vue et par la clarté plus ou moins grande de leurs perceptions.

3. La matière, pour Platon, n'est pas même un être. Il n'y a de réel, pour Platon, que les idées. La matière est une apparence résultant de la combinaison des idées. Cette apparence est soumise à de continuels changements.

4. Le mot ἐντελέχεια, chez Aristote, est à peu près synonyme de ἐνέργεια, et désigne non pas un être, mais ce que les scolastiques ont appelé l'acte, par opposition à la puissance : δυνάμει πῶς ἐστι τὰ νοητὰ ὁ νοῦς, ἀλλ' ἐντελεχείᾳ οὐδὲν πρὶν ἂν νοῇ (De anima, l. III, c. IV). L'esprit est en puissance (contient en puissance) les idées, mais n'est rien en acte avant d'avoir pensé.

5. Pline (Hist. Nat., liv. VII, ch. 56), combat la croyance à l'immortalité de l'âme séparée, et ajoute : Similis et de adservandis corporibus hominum ac reviviscendi promissa a Democrito vanitas, qui non revixit ipse.

6. Les principaux arguments des sceptiques de l'antiquité étaient en

tomates suivant Descartes, et comment ils ont pourtant des âmes et du sentiment, selon l'opinion du genre humain [1]; comment faut-il expliquer raisonnablement ceux qui ont logé vie et perception en toutes choses, comme Cardan [2], Campanella [3], et mieux qu'eux feu Madame la Comtesse de Connaway [4], Platonicienne, et notre ami feu M. François-Mercure Van Helmont [5] (quoique d'ailleurs hérissé de paradoxes inintelligibles) avec son ami feu M. Henri Morus [6]. Comment les lois de la nature (dont une bonne

effet tirés de l'incertitude du témoignage des sens. Pour Leibniz, comme pour Descartes, toute connaissance sensible est confuse; la raison seule peut dégager de la perception sensible l'universel et le nécessaire, qui est l'objet de la science.

1. Tout, dans le corps de l'animal, se passe suivant la doctrine de Descartes, tout s'y réduit à des mouvements; mais ces mouvements sont représentés dans une Monade sous forme d'appétitions et de perceptions. Et c'est cette Monade qui constitue l'âme de l'animal.

2. Cardan (Hieronymus Cardanus, 1501-1576), mathématicien, médecin et philosophe italien, admettait l'explication mécanique de tous les phénomènes, mais croyait en même temps à l'existence d'une âme du monde pénétrant toutes les parties de l'univers. Il écrivit un grand ouvrage intitulé : *De Subtilitate*, qui fut réfuté par Jules Scaliger.

3. Campanella, né à Stilo en Calabre, en 1568, mort à Paris en 1639, dominicain philosophe, admettait, comme Cardan, que le monde tout entier était pénétré et animé par un principe spirituel. Il attribuait une âme à l'univers considéré dans son ensemble, et des âmes particulières, qu'il appelait Monades, à tous les êtres de la création.

4. Ce nom ne se trouve pas dans le *Peerage and Baronetage* de Burke (20e édit., 1858), qui donne la généalogie de toutes les familles nobles d'Angleterre. Mais il y a eu, au dix-huitième siècle, en Angleterre, un comte de Conway qui, n'ayant pas d'héritier direct, a testé en 1683 en faveur de son cousin Popham Seymour, de sorte qu'au dix-huitième siècle les noms de Seymour et de Conway ont été réunis sur la même tête. On peut admettre que la comtesse dont parle Leibniz était la femme de ce comte de Conway.

5. François-Mercure Van Helmont, fils de J.-B. Van Helmont, né en 1618, mort en 1699, avait adopté le système des âmes vitales ou *Archées* du médecin Paracelse.

6. Morus (Henry More), né à Grantham, dans le Lincolnshire,

partie était ignorée avant ce Système) ont leur origine des principes supérieurs à la matière[1], et que pourtant tout se fait mécaniquement dans la matière, en quoi les auteurs spiritualisants que je viens de nommer avaient manqué avec leurs Archées et même les Cartésiens, en croyant que les substances immatérielles changeaient sinon la force, au moins la direction ou détermination des mouvements des corps[2], au lieu que l'âme et le corps gardent parfaitement leurs lois, chacun les siennes, selon le nouveau système, et que néanmoins l'un obéit à l'autre autant qu'il le faut. Enfin c'est depuis que j'ai médité ce système que j'ai trouvé comment les âmes des bêtes et leurs sensations ne nuisent point à l'immortalité des âmes humaines, ou plutôt comment rien n'est plus propre à établir notre immortalité naturelle que de conce-

en 1614, mort en 1687, appartient à l'école platonicienne d'Angleterre, dont Cudworth est le principal représentant. Il admettait des *principes hylarchiques* analogues aux Archées de Paracelse. — Il fut un des correspondants de Descartes.

1. Les lois de la nature sont fondées, suivant Leibniz, sur le principe de la conservation de la force : et ce principe lui-même n'est nécessaire, selon lui, que d'une nécessité métaphysique, ou, comme il dit, morale. Voyez l'Introduction, IIe partie, II, 3, *b*.

2. Descartes croyait que Dieu, « qui agit d'une façon qu'il ne change jamais », devait conserver toujours la même quantité de mouvement dans l'univers. (La quantité de mouvement est la vitesse multipliée par la grandeur du mobile.) Cette loi devait s'appliquer au corps humain comme à tous les corps; mais Descartes admettait que l'âme peut, sinon créer du mouvement, au moins diriger le mouvement des esprits animaux, comme un cavalier dirige les mouvements de son cheval, quoiqu'il ne les produise pas. Voyez *Passions de l'Âme*, part. I, art. 41, et le fragment intitulé *l'Homme*, dans l'édition Cousin, t. IV, p. 347 sqq., où l'âme est comparée à un fontainier qui, sans augmenter la quantité de l'eau dont il dispose, peut la diriger à son gré dans différents tuyaux.

voir que toutes les âmes sont impérissables (*morte carent animæ*[1]), sans qu'il y ait pourtant des métempsycoses à craindre[2], puisque non seulement les âmes, mais encore les animaux, demeurent et demeureront vivants, sentants, agissants: c'est partout comme ici, et toujours et partout comme chez nous, suivant ce que je vous ai déjà dit. Si ce n'est que les états des animaux sont plus ou moins parfaits et développés, sans qu'on ait jamais besoin d'âmes tout à fait séparées pendant que néanmoins nous avons toujours des esprits aussi purs qu'il se peut[3], nonobstant nos organes qui ne sauraient troubler par aucune influence les lois de notre spontanéité. Je trouve le vide et les atomes exclus bien autrement que par le sophisme des Cartésiens, fondé dans la prétendue coïncidence de l'idée du corps et de l'étendue[4]. Je vois toutes choses réglées et ornées au delà de tout ce qu'on a conçu jusqu'ici, la matière organique partout, rien de vide, stérile, négligé,

---

1. Ovide, *Mét.*, XV, 158.
2. La Monade ne peut jamais être séparée de son corps pour être unie à un autre, mais le corps attribué à une Monade peut se transformer progressivement. Cf. *Monadol.*, § 72: « ... il y a souvent métamorphose dans les animaux, mais jamais métempsycose, ni transmigration des âmes ».
3. Nos esprits sont *aussi purs qu'il se peut*, en ce sens que l'action d'une Monade est toujours spontanée, et physiquement indépendante de celle des autres.
4. Voyez Descartes, *Principes*, IIe partie, §§ 8 et suiv. D'après Descartes, il n'y a pas plus d'étendue sans corps que de corps sans étendue, parce que les notions de corps et d'étendue sont identiques. On sait que Descartes et les Cartésiens admettent qu'on peut conclure de la notion à l'être. Leibniz croit, comme Descartes, qu'il n'y a pas de vide; mais la principale raison qu'il en donne est qu'en vertu du principe du Meilleur il faut qu'il y ait partout de la vie et de l'organisation. Dieu n'a pu laisser dans l'univers aucune partie morte, stérile, comme le serait un espace

rien de trop uniforme, tout varié, mais avec ordre[1] ; et, ce qui passe l'imagination, tout l'univers en raccourci, mais d'une vue différente dans chacune de ses parties, et même dans chacune de ses unités de substance. Outre cette nouvelle Analyse des choses, j'ai mieux compris celle des notions ou idées et des vérités. J'entends ce que c'est qu'idée vraie, claire, distincte, adéquate, si j'ose adopter ce mot[2]. J'entends quelles sont les vérités primitives et les vrais Axiomes[3], la distinction des vérités nécessaires et de celles de fait[4], du raisonnement des hommes et des *conséculions* des bêtes[5], qui en sont une ombre. Enfin vous serez surpris, Monsieur, d'entendre tout ce que j'ai à vous dire, et surtout de comprendre combien la connaissance des grandeurs et des perfections de Dieu en est relevée[6]. Car je ne saurais dissimuler à

vide. Voy. *Monadol.*, §§ 60 et suivants, et l'*Apostille à la quatrième lettre de Leibniz à Clarke*, Erdm., p. 758.

1. *Tout varié,* parce que toutes les Monades expriment l'univers à des points de vue différents ; *mais avec ordre,* parce qu'il y a accord parfait entre ces points de vue.

2. Voy. *Meditationes de cognitione, veritate et ideis* et *Disc. de Métaph.*, § 24. — Une idée claire est celle qui nous suffit pour « reconnaître une chose parmi les autres ». « Mais lorsque je puis expliquer les marques que j'ai, la connaissance s'appelle distincte. Et telle est la connaissance d'un essayeur, qui distingue le vrai or du faux par le moyen de certaines épreuves ou marques qui font la définition de l'or. » Enfin une idée est adéquate « lorsque tout ce qui entre dans une définition ou connaissance distincte est connu distinctement », par une sorte d'analyse des notions qui va « jusqu'aux notions primitives ». Telle est la connaissance que nous avons des nombres.

3. Les vrais axiomes sont les vérités irréductibles, comme le principe de Contradiction : A n'est pas non-A.

4. Voy. Introduction, II° partie II, Connaissance réfléchie, 3 *b*.

5. Cf. *Monadol.*, § 26.

6. Ce qui relève l'idée que nous nous faisons de Dieu, c'est avant tout la variété, la richesse infinie de l'univers. « L'univers est en quelque façon multiplié autant

vous, pour qui je n'ai eu rien de caché, combien je suis pénétré maintenant d'admiration et (si nous pouvons oser de nous servir de ce terme) d'amour pour cette souveraine source de choses et de beautés, ayant trouvé que celles que ce système découvre passent tout ce qu'on en a conçu jusqu'ici. Vous savez que j'étais allé un peu trop loin ailleurs, et que je commençais à pencher du côté des Spinosistes[1], qui ne laissent qu'une puissance infinie à Dieu, sans reconnaître ni perfection, ni sagesse à son égard, et, méprisant la recherche des causes finales, dérivent tout d'une nécessité brute. Mais ces nouvelles lumières m'en ont guéri ; et, depuis ce temps-là, je prends quelquefois le nom de *Théophile*. J'ai lu le livre de ce célèbre Anglais dont vous venez de parler. Je l'estime beaucoup, et j'y ai trouvé de belles choses. Mais il me semble qu'il faut aller plus avant, et qu'il faut même s'écarter de ses sentiments, lorsqu'il en a pris qui nous bornent plus qu'il ne faut, et ravalent un peu non seulement la condition de l'homme, mais encore celle de l'univers.

PHILALÈTE. Vous m'étonnez en effet avec toutes les merveilles dont vous me faites un récit un peu trop avantageux pour que je les puisse croire faci-

---

de fois qu'il y a de substances, et la gloire de Dieu est redoublée de même par autant de représentations toutes différentes de son ouvrage. » *Disc. de Métaph.*, § 9.

1. Leibniz reprochait aux Cartégiens et à Spinoza de négliger la recherche des causes finales et de ne voir dans le monde qu'un mécanisme aveugle. Dans le système de Leibniz, au contraire, les idées d'organisation, de tendance au meilleur et de perfection jouent un rôle considérable.

lement. Cependant je veux espérer qu'il y aura quelque chose de solide parmi tant de nouveautés dont vous me voulez régaler. En ce cas vous me trouverez fort docile. Vous savez que c'était toujours mon humeur de me rendre à la raison, et que je prenais quelquefois le nom de *Philalèthe*. C'est pourquoi nous nous servirons maintenant, s'il vous plaît, de ces deux noms, qui ont tant de rapport. Il y a moyen de venir à l'épreuve, car, puisque vous avez lu le livre du célèbre Anglais qui me donne tant de satisfaction, et qu'il traite une bonne partie des matières dont vous venez de parler, et surtout l'Analyse de nos idées et connaissances, ce sera le plus court d'en suivre le fil, et de voir ce que vous aurez à remarquer.

Théophile. J'approuve votre proposition. Voici le livre.

§ 1. Philalèthe. Je l'ai si bien lu, que j'en ai retenu jusqu'aux expressions, que j'aurai soin de suivre. Ainsi je n'aurai point besoin de recourir au livre qu'en quelques rencontres, où nous le jugerons nécessaire. Nous parlerons premièrement de l'origine des idées ou Notions (*livre* 1), puis des différentes sortes d'idées (*livre* 2), et des mots qui servent à les exprimer (*livre* 3), enfin des connaissances et vérités qui en résultent (*livre* 4), et c'est cette dernière partie qui nous occupera le plus. Quant à l'origine des idées, je crois, avec cet Auteur et quantité d'habiles gens, qu'il n'y en a point d'innées, non plus que de principes innés. Et pour réfuter l'erreur de ceux qui en admettent, il suffirait de montrer, comme il paraîtra dans la suite, qu'on n'en a point besoin, et que les hommes peuvent acquérir toutes leurs connaissances sans le secours d'aucune impression innée.

THÉOPHILE. Vous savez, *Philalèthe*, que je suis d'un autre sentiment depuis longtemps, que j'ai toujours été comme je le suis encore pour l'idée innée de Dieu, que M. Descartes a soutenue[1], et par conséquent pour d'autres idées innées et qui ne nous sauraient venir des sens. Maintenant je vais encore plus loin, en conformité du nouveau Système, et je crois même que toutes les pensées et actions de notre âme viennent de son propre fonds, sans pouvoir lui être données par les sens, comme vous allez voir dans la suite[2]. Mais à présent je mettrai cette recherche à part, et, m'accommodant aux expressions reçues, puisqu'en effet elles sont bonnes et soutenables et qu'on peut dire, dans un certain sens, que les sens externes sont cause en partie de nos pensées, j'exami-

---

1. Voyez *Disc. de la Méthode*, partie IV ; *Méditation* II⁰ et *Principes*, part. I, §§ XIV et suivants.
2. On sait que, suivant Leibniz, la Monade, qui n'a pas de fenêtres, tire toutes ses perceptions et toutes ses idées de son propre fonds. Mais cette conception tout idéaliste de l'univers n'empêche pas Leibniz de parler comme tout le monde et de se poser la même question que Locke, car, parmi les perceptions ou idées que la Monade tire de son fonds, il y en a qui lui apparaissent comme venant du dehors : ce sont les perceptions ou idées sensibles qui ont leur raison d'être dans les perceptions des Monades subordonnées à notre Monade dominante. « J'ai remarqué déjà de quelle façon on peut dire véritablement que les substances particulières agissent l'une sur l'autre, et dans ce même sens on peut dire aussi que nous recevons de dehors des connaissances par le ministère des sens, parce que quelques choses extérieures contiennent ou expriment plus particulièrement les raisons qui déterminent notre âme à certaines pensées. » *Disc. de Métaph.*, § 27.

nerai comment on doit dire à mon avis, encore dans le système commun (parlant de l'action des corps sur l'âme comme les Coperniciens parlent avec les autres hommes du mouvement du Soleil, et avec fondement), qu'il y a des idées et des principes qui ne nous viennent point des sens, et que nous trouvons en nous sans les former, quoique les sens nous donnent occasion de nous en apercevoir. Je m'imagine que votre habile auteur a remarqué que, sous le nom de principes innés, on soutient souvent ses préjugés et qu'on veut s'exempter de la peine des discussions et que cet abus aura animé son zèle contre cette supposition. Il aura voulu combattre la paresse et la manière superficielle de penser de ceux qui, sous le prétexte spécieux d'idées innées et de vérités gravées naturellement dans l'esprit, où nous donnons facilement notre consentement, ne se soucient point de rechercher et d'examiner les sources, les liaisons et la certitude de ces connaissances. En cela je suis entièrement de son avis, et je vais même plus avant. Je voudrais qu'on ne bornât point notre Analyse, qu'on donnât les définitions de tous les Termes qui en sont capables, et qu'on démontrât ou donnât le moyen de démontrer tous les Axiomes qui ne sont point primitifs[1], sans distinguer l'opinion que les hommes en ont, et sans se soucier s'ils y donnent leur consentement ou non. Il y aurait en cela plus d'utilité qu'on ne pense. Mais il semble que l'auteur a été porté trop

1. Il faut réduire autant que possible le nombre des idées innées. Cf. Introduction, IIe partie, II 2.

loin d'un autre côté par son zèle fort louable d'ailleurs. Il n'a pas assez distingué, à mon avis, l'origine des vérités nécessaires dont la source est dans l'entendement d'avec celle des vérités de fait qu'on tire des expériences des sens, et même des perceptions confuses qui sont en nous. Vous voyez donc, Monsieur, que je n'accorde pas ce que vous mettez en fait, que nous pouvons acquérir toutes nos connaissances sans avoir besoin d'impressions innées. Et la suite fera voir qui de nous a raison.

§ 2. PHILALÈTHE. Nous l'allons voir en effet. Je vous avoue, mon cher *Théophile*, qu'il n'y a point d'opinion plus communément reçue que celle qui établit qu'il y a certains principes de la vérité desquels les hommes conviennent généralement; c'est pourquoi ils sont appelés *Notions communes*, κοιναὶ ἔννοιαι; d'où l'on infère qu'il faut que ces principes-là soient autant d'impressions que nos esprits reçoivent avec l'existence. — § 3. Mais quand le fait serait certain, qu'il y aurait des principes dont tout le genre humain demeure d'accord, ce consentement universel ne prouverait point qu'ils sont innés, si l'on peut montrer, comme je le crois, une autre voie par laquelle les hommes ont pu arriver à cette uniformité de sentiment. — § 4. Mais, ce qui est bien pis, ce consentement universel ne se trouve guère, non pas même par rapport à ces deux célèbres *principes spéculatifs* (car nous parlerons par après de ceux de pratique), que *Tout ce qui est, Est*, et qu'*il est impossible qu'une chose soit et ne soit pas en même temps.* Car il y a une grande partie du genre humain à qui ces deux propositions, qui passeront sans doute pour *vérités nécessaires* et pour des Axiomes chez vous, ne sont pas même connues [1].

—Théophile. Je ne fonde pas la certitude des principes innés sur le consentement universel, car je vous ai déjà dit, *Philalèthe*, que mon avis est qu'on doit travailler à pouvoir démontrer tous les axiomes qui ne sont point primitifs. Je vous accorde aussi qu'un consentement fort général, mais qui ne soit pas universel, peut venir d'une tradition répandue par tout le genre humain, comme l'usage de la fumée du Tabac a été reçu presque par tous les peuples en moins d'un siècle, quoiqu'on ait trouvé quelques insulaires qui, ne connaissant pas même le feu, n'avaient garde de fumer. C'est ainsi que quelques habiles gens, même parmi les théologiens, mais du parti d'Arminius [2], ont cru que la connaissance de la Divinité venait d'une tradition très ancienne et fort générale ; et je veux croire en effet que l'enseignement a confirmé et rectifié cette connaissance. Il paraît pourtant que la nature a contribué à y mener sans la Doctrine ; les merveilles de l'univers ont fait penser à un Pouvoir supérieur. On a vu un enfant

---

1. Philalèthe résume ici les deux principaux arguments de Locke : 1° le consentement universel sur certaines idées et vérités, s'il existait réellement, ne prouverait pas l'innéité de ces idées ; 2° ce consentement universel n'existe pas.
Leibniz répond que la vraie preuve de l'innéité n'est pas le consentement universel, mais la certitude, la nécessité interne des vérités innées.

2. Arminius (Jacques-Herman), professeur de théologie protestante à l'université de Leyde, né en 1560 mort en 1609.

né sourd et muet marquer de la vénération pour la pleine lune, et l'on a trouvé des nations qu'on ne voyait pas avoir appris autre chose d'autres peuples, craindre des puissances invisibles. Je vous avoue, mon cher Philalèthe, que ce n'est pas encore l'idée de Dieu telle que nous avons et que nous demandons ; mais cette idée même ne laisse pas d'être dans le fond de nos âmes, sans y être mise, comme nous verrons, et les lois éternelles de Dieu y sont en partie gravées d'une manière encore plus lisible, et par une espèce d'instinct. Mais ce sont des principes de pratique dont nous aurons aussi occasion de parler. Il faut avouer cependant que le penchant que nous avons à reconnaître l'idée de Dieu est dans la nature humaine. Et, quand on en attribuerait le premier enseignement à la révélation, toujours la facilité que les hommes ont témoignée à recevoir cette doctrine vient du naturel de leurs âmes. Mais nous jugerons, dans la suite, que la doctrine externe[1] ne fait qu'exciter ici ce qui est en nous. Je conclus qu'un consentement assez général parmi les hommes est un indice et non pas une démonstration d'un principe inné ; mais que la preuve exacte et décisive de ces principes consiste à faire voir que leur certitude ne vient que de ce qui est en nous. Pour répondre encore à ce que vous dites contre l'approbation générale qu'on donne aux deux grands principes spéculatifs, qui sont pourtant des mieux établis, je

---

1. Doctrine externe, c'est-à-dire enseignement extérieur.

puis vous dire que, quand même ils ne seraient pas connus, ils ne laisseraient pas d'être innés, parce qu'on les reconnaît dès qu'on les a entendus : mais j'ajouterai encore que, dans le fond, tout le monde les connaît, et qu'on se sert à tout moment du principe de contradiction, par exemple, sans le regarder distinctement, et il n'y a point de barbare qui, dans une affaire qu'il trouve sérieuse, ne soit choqué de la conduite d'un menteur qui se contredit. Ainsi on emploie ces maximes sans les envisager expressément. Et c'est à peu près comme on a virtuellement dans l'esprit les propositions supprimées dans les Enthymènes, qu'on laisse à l'écart non seulement au dehors, mais encore dans notre pensée.

§ 5. PHILALÈTHE. Ce que vous dites de ces connaissances virtuelles et de ces suppressions intérieures me surprend ; car de dire qu'il y a des vérités imprimées dans l'âme qu'elle n'aperçoit point, c'est, ce me semble, une véritable contradiction.

THÉOPHILE. Si vous êtes dans ce préjugé, je ne m'étonne pas que vous rejetez les connaissances innées. Mais je suis étonné comment il ne vous est pas venu dans la pensée que nous avons une infinité de connaissances dont nous ne nous apercevons pas toujours, pas même lorsque nous en avons besoin. C'est à la mémoire de les garder, et à la réminiscence de nous les représenter, comme elle fait souvent au besoin, mais non pas toujours. Cela s'appelle fort bien *souvenir (subvenire)*, car la réminiscence demande quelque aide. Et il faut bien que dans cette multitude de nos connaissances nous soyons déterminés par quelque chose à renouveler l'une plutôt que l'autre, puisqu'il est impossible de penser distinctement tout à la fois à tout ce que nous savons.

PHILALÈTHE. En cela je crois que vous avez raison; et cette affirmation trop générale, que *nous nous apercevons toujours de toutes les vérités qui sont dans notre âme*, m'est échappée sans que j'y aie donné assez d'attention. Mais vous aurez un peu plus de peine à répondre à ce que je m'en vais vous représenter. C'est que, si on peut dire de quelque proposition en particulier qu'elle est innée, on pourra soutenir par la même raison que toutes les propositions qui sont raisonnables, et que l'esprit pourra jamais regarder comme telles, sont déjà imprimées dans l'âme.

THÉOPHILE. Je vous l'accorde à l'égard des idées pures, que j'oppose aux fantômes des sens, et à l'égard des vérités nécessaires ou de raison, que j'oppose aux vérités de fait. Dans ce sens on doit dire que toute l'Arithmétique et toute la Géométrie sont innées et sont en nous d'une manière virtuelle, en sorte qu'on les y peut trouver en considérant attentivement et rangeant ce qu'on a déjà dans l'esprit, sans se servir d'aucune vérité apprise par l'expérience ou par la tradition d'autrui, comme Platon l'a montré dans un Dialogue où il introduit Socrate menant un enfant à des vérités abstruses par les seules interrogations, sans lui rien apprendre [1]. On peut donc se former ces

---

1. Dans le *Ménon* (ch. XVI sqq, p. 82 sqq), où Socrate fait résoudre

sciences dans son cabinet et même à yeux clos, sans apprendre par la vue ni même par l'attouchement les vérités dont on a besoin, quoiqu'il soit vrai qu'on n'envisagerait pas les idées dont il s'agit, si l'on n'avait jamais rien vu ni touché. Car c'est par une admirable Économie de la nature[1] que nous ne saurions avoir des pensées abstraites qui n'aient point besoin de quelque chose de sensible, quand ce ne serait que des caractères tels que sont les figures des lettres et les sons, quoiqu'il n'y ait aucune connexion nécessaire entre tels caractères arbitraires et telles pensées. Et si les traces sensibles n'étaient point requises, l'harmonie préétablie entre l'âme et le corps, dont j'aurai occasion de vous entretenir plus amplement, n'aurait point lieu. Mais cela n'empêche point que l'esprit ne prenne les vérités nécessaires de chez soi. On voit aussi quelquefois combien il peut aller loin sans aucune aide, par une Logique et Arithmétique purement naturelles[2], comme ce garçon suédois qui, cultivant la sienne, va jusqu'à faire de grands calculs sur-le-champ dans sa tête, sans avoir appris la manière vulgaire de compter ni même à lire et à écrire, si je

par un esclave, sans rien lui apprendre, en le dirigeant seulement par ses questions, le problème de la construction d'un carré double d'un carré donné. Ce passage est souvent cité par Leibniz, qui y voyait un exemple frappant à l'appui de sa doctrine.

1. Cette admirable économie est l'harmonie en vertu de laquelle il n'y a pas d'âme séparée de tout corps, et par conséquent aucune notion dans l'esprit qui soit purement intellectuelle, et ne contienne aucun mélange d'éléments sensibles. Chez Dieu seul l'intelligence et la volonté sont absolument pures, c'est-à-dire indépendantes de la sensibilité.

2. *Naturelles*, que l'esprit découvre en lui-même, sans aucun enseignement.

me souviens bien de ce qu'on m'a raconté. Il est vrai qu'il ne peut pas venir à bout des problèmes à rebours, tels que ceux qui demandent les extractions des racines. Mais cela n'empêche point qu'il n'aurait pu encore les tirer de son fonds par quelque nouveau tour d'esprit. Ainsi cela prouve seulement qu'il y a des degrés dans la difficulté qu'on a de s'apercevoir de ce qui est en nous. Il y a des principes innés qui sont communs et fort aisés à tous, il y a des théorèmes qu'on découvre aussi d'abord, et qui composent des sciences naturelles[1] qui sont plus étendues dans l'un que dans l'autre. Enfin, dans un sens plus ample, qu'il est bon d'employer pour avoir des notions plus compréhensives et plus déterminées, toutes les vérités qu'on peut tirer des connaissances innées primitives se peuvent encore appeler innées, parce que l'esprit les peut tirer de son propre fonds, quoique souvent ce ne soit pas une chose aisée. Mais, si quelqu'un donne un autre sens aux paroles, je ne veux point disputer des mots.

PHILALÈTHE. Je vous ai accordé qu'on peut avoir dans l'âme ce qu'on n'y aperçoit pas, car on ne se souvient pas toujours à point nommé de tout ce que l'on sait, mais il faut toujours qu'on l'ait appris, et qu'on l'ait connu autrefois expressément[2]. Ainsi, si on peut dire qu'une chose est dans l'âme, quoique

---

1. *Sciences naturelles*, dans le sens où Leibniz a parlé tout à l'heure d'une logique et d'une arithmétique *naturelles*.

2. Philalèthe a reconnu que l'âme pouvait contenir en elle-même des notions, des idées, sans les apercevoir actuellement, mais à condition d'en avoir eu autrefois une connaissance expresse.

l'âme ne l'ait pas encore connue, ce ne peut être qu'à cause qu'elle a la capacité ou faculté de la connaître.

THÉOPHILE. Pourquoi cela ne pourrait-il avoir encore une autre cause, telle que serait, que l'âme peut avoir cette chose en elle sans qu'on s'en soit aperçu ? car, puisqu'une connaissance acquise y peut être cachée par la mémoire, comme vous en convenez, pourquoi la nature ne pourrait-elle pas y avoir aussi caché quelque connaissance originale ? Faut-il que tout ce qui est naturel à une substance qui se connaît, s'y connaisse d'abord actuellement ? Cette substance (telle que notre âme) ne peut et ne doit-elle pas avoir plusieurs propriétés et affections qu'il est impossible d'envisager toutes d'abord et tout à la fois ? C'était l'opinion des Platoniciens, que toutes nos connaissances étaient des réminiscences, et qu'ainsi les vérités que l'âme a apportées avec la naissance de l'homme, et qu'on appelle innées, doivent être des restes d'une connaissance expresse antérieure[1]. Mais

---

[1]. Voyez le mythe du *Phèdre* (ch. XXVI et suiv., p. 247-48) où Platon décrit le voyage des âmes dans la région des idées, qui est placée en dehors de la voûte du ciel. Leibniz croit que l'esprit ne peut jamais être purement réceptif, et qu'ainsi il lui serait impossible de recevoir du dehors des idées telles que celle du Bien, de l'Être, s'il n'y était prédisposé en quelque façon. Leibniz dira plus loin que nous ne pourrions acquérir l'idée de l'Être si nous n'étions nous-mêmes des êtres. On peut rapprocher de cette pensée l'argument que l'on oppose ordinairement à la théorie de M. de Bonald, suivant laquelle Dieu aurait révélé le langage au premier homme. Cet homme, dit-on, n'aurait pu, ni comprendre cette révélation, ni en profiter, s'il n'avait déjà possédé certaines facultés qui lui auraient permis de trouver lui-même le langage. L'hypothèse d'une connaissance expresse des idées dans une existence antérieure à la vie terrestre est donc inutile, comme l'hypothèse de la révélation du langage.

cette opinion n'a nul fondement. Et il est aisé de juger que l'âme devait déjà avoir des connaissances innées dans l'état précédent (si la préexistence avait lieu), quelque reculé qu'il pût être, tout comme ici : elles devraient donc aussi venir d'un autre état précédent, où elles seraient enfin innées ou au moins concréées, ou bien il faudrait aller à l'infini et faire les âmes éternelles, auquel cas ces connaissances seraient innées en effet, parce qu'elles n'auraient jamais de commencement dans l'âme ; et si quelqu'un prétendait que chaque état antérieur a eu quelque chose d'un autre plus antérieur, qu'il n'a point laissé aux suivants, on lui répondra qu'il est manifeste que certaines vérités évidentes devraient avoir été de tous ces états. Et de quelque manière qu'on le prenne, il est toujours clair dans tous les états de l'âme, que les vérités nécessaires sont innées et se prouvent par ce qui est interne, ne pouvant point être établies par les expériences, comme on établit par là les vérités de fait. Pourquoi faudrait-il aussi qu'on ne pût rien posséder dans l'âme dont on ne se fût jamais servi ? Et avoir une chose sans s'en servir, est-ce la même chose que d'avoir seulement la faculté de l'acquérir ? Si cela était, nous ne posséderions jamais que des choses dont nous jouissons : au lieu qu'on sait qu'outre la faculté et l'objet il faut souvent quelque disposition dans la faculté ou dans l'objet, ou dans tous les deux, pour que la faculté s'exerce sur l'objet[1].

1. La faculté de recevoir du dehors certaines idées ou vérités ne

PHILALÈTHE. A le prendre de cette manière-là, on pourrait dire qu'il y a des vérités gravées dans l'âme que l'âme n'a pourtant jamais connues, et que même elle ne connaîtra jamais. Ce qui me paraît étrange.

THÉOPHILE. Je n'y vois aucune absurdité, quoique aussi on ne puisse point assurer qu'il y ait de telles vérités. Car des choses plus relevées que celles que nous pouvons connaître dans ce présent train de vie se peuvent développer un jour dans nos âmes, quand elles seront dans un autre état[1].

PHILALÈTHE. Mais, supposé qu'il y ait des vérités qui puissent être imprimées dans l'entendement sans qu'il les aperçoive, je ne vois pas comment, par rapport à leur origine, elles peuvent différer des vérités qu'il est seulement capable de connaître[2].

THÉOPHILE. L'esprit n'est pas seulement capable de les connaître, mais encore de les trouver en soi, et s'il n'avait que la simple capacité de recevoir les connaissances ou la puissance passive pour cela, aussi indéterminée que celle qu'a la cire de recevoir des figures et la table rase de recevoir des lettres, il ne

sufflt pas : il faut une disposition spéciale de l'esprit à former ces idées et ces vérités, « un rapport particulier de l'esprit à ces vérités »; ajoutons : et de ces vérités à l'esprit. (Voy. plus loin, § 11.)

1. De même qu'il y a dans l'âme de l'enfant des vérités qu'il ne connaît pas encore, mais qu'il pourra connaître en cette vie, il y a peut-être aussi dans toutes les âmes des vérités qu'elles ne peuvent pas découvrir en cette vie, mais qu'elles apercevront dans une existence future. On sait que Leibniz admet, pour les Monades humaines seulement, une vie future dans laquelle l'intelligence et la volonté atteindront leur plein développement.

2. Philalèthe demande quelle différence il y a entre les vérités que l'esprit trouve en lui et celles qu'il reçoit du dehors. Leibniz répond que les premières ont un caractère que les secondes ne possèdent jamais, la nécessité.

serait pas la source des vérités nécessaires, comme je viens de montrer qu'il l'est : car il est incontestable que les sens ne suffisent pas pour en faire voir la nécessité, et qu'ainsi l'esprit a une disposition (tant active que passive) pour les tirer lui-même de son fonds, quoique les sens soient nécessaires pour lui donner de l'occasion et de l'attention pour cela, et pour le porter plutôt aux unes qu'aux autres[8]. Vous voyez donc, Monsieur, que ces personnes, très habiles d'ailleurs, qui sont d'un autre sentiment, paraissent n'avoir pas assez médité sur les suites de la différence qu'il y a entre les vérités nécessaires ou éternelles, et entre les vérités d'expérience, comme je l'ai déjà remarqué, et comme toute notre contestation le montre. La preuve originaire des vérités nécessaires vient du seul entendement, et les autres vérités viennent des expériences ou des observations des sens. Notre esprit est capable de connaître les unes et les autres, mais il est la source des premières, et, quelque nombre d'expériences particulières qu'on puisse avoir d'une vérité universelle, on ne saurait s'en assurer pour toujours, par l'induction, sans en connaître la nécessité par la raison.

PHILALÈTHE. Mais n'est-il pas vrai que si ces mots, *être dans l'entendement*, emportent quelque chose de positif, ils signifient être aperçu et compris par l'entendement ?

THÉOPHILE. Ils nous signifient tout autre chose : c'est assez que ce qui est dans l'entendement y puisse être trouvé, et que les sources ou preuves originaires des vérités dont il s'agit ne soient que dans l'entendement : les sens peuvent insinuer, justifier et confirmer ces vérités, mais non pas en démontrer la certitude immanquable et perpétuelle.

§ 11. PHILALÈTHE. Cependant tous ceux qui voudront prendre la peine de réfléchir avec un peu d'attention sur les opérations de l'entendement, trouveront que ce consentement que l'esprit donne *sans peine* à certaines vérités, dépend de la faculté de l'esprit humain.

THÉOPHILE. Fort bien : Mais c'est ce rapport particulier de l'esprit humain à ces vérités qui rend l'exercice de la faculté aisé et naturel à leur égard, et qui fait qu'on les appelle innées. Ce n'est donc pas une faculté nue qui consiste dans la seule possibilité de les entendre : c'est une disposition, une aptitude, une préformation qui détermine notre âme et qui fait qu'elles en peuvent être tirées ; tout comme il y a de la différence entre les figures qu'on donne à la pierre ou au marbre indifféremment, et entre celles que ses veines marquent déjà ou sont disposées à marquer si l'ouvrier en profite.

PHILALÈTHE. Mais n'est-il point vrai que les vérités sont postérieures aux idées dont elles naissent? Or les idées viennent des sens.

THÉOPHILE. Les idées intellectuelles, qui sont la source des vérités nécessaires, ne viennent point des sens : et vous reconnaissez qu'il y a des idées qui sont dues à la réflexion de l'esprit lorsqu'il réfléchit sur soi-même. Au reste, il est vrai que la connaissance expresse des vérités est postérieure (*tempore vel natura*) à la connaissance expresse des idées ; comme la nature des vérités dépend de la nature des idées, avant qu'on forme expressément les unes et les autres, et les vérités où entrent les idées qui viennent des sens dépendent des sens, au moins en partie. Mais les idées qui viennent des sens sont confuses, et les vérités qui en dépendent le sont aussi, au moins en partie ; au lieu que les idées intellectuelles et les vérités qui en dépendent sont distinctes, et ni les unes ni les autres n'ont point leur origine des sens, quoiqu'il soit vrai que nous n'y penserions jamais sans les sens [1].

PHILALÈTHE. Mais, selon vous, les nombres sont des idées intellectuelles, et cependant il se trouve que la difficulté y dépend de la formation expresse des idées : par exemple, un homme sait que 18 et 19 sont égaux à 37, avec la même évidence qu'il sait que 1 et 2 sont égaux à 3 ; mais pourtant un enfant ne connaît pas la première proposition sitôt que la seconde, ce qui vient de ce qu'il n'a pas sitôt formé les idées que les mots [2].

---

1. Ainsi nous trouvons en nous les idées des nombres et les vérités que nous affirmons sur les nombres, mais nous ne penserions jamais à ces idées et à ces vérités sans les perceptions visuelles qui nous font connaître des objets multiples dans l'espace.

2. Selon Locke, si un enfant ne sait pas tout d'abord que 18 et 19 font 37, c'est qu'il n'a pas encore acquis les idées de ces nombres. Leibniz reconnaît qu'il lui faut un certain temps pour les *former*, quoiqu'il les tire de lui-même ; et, pour mieux faire voir qu'il les tire en effet de lui-même, il fait remarquer que les idées de 18, 19 et 37 ne sont pas des idées entièrement nouvelles, et se forment par une simple répétition des idées plus simples de 10, 8, 9 et 7.

THÉOPHILE. Je puis vous accorder que souvent la difficulté qu'il y a dans la formation expresse des vérités dépend de celle qu'il y a dans la formation expresse des idées. Cependant je crois que dans votre exemple il s'agit de se servir des idées déjà formées. Car ceux qui ont appris à compter jusqu'à 10 et la manière de passer plus avant par une certaine réplication de dizaines, entendent sans peine ce que c'est que 18, 19, 37, savoir : une, deux, trois fois 10, avec 8, ou 9, ou 7 : mais, pour en tirer que 18 plus 19 fait 37, il faut bien plus d'attention que pour connaître que 2 plus 1 sont 3, ce qui, dans le fond, n'est que la définition de trois.

§ 18. PHILALÈTHE. Ce n'est pas un privilège attaché aux nombres ou aux idées que vous appelez intellectuelles de fournir des propositions auxquelles on acquiesce infailliblement dès qu'on les entend. On en rencontre aussi dans la Physique et dans toutes les autres sciences, et les sens même en fournissent. Par exemple, cette proposition : *Deux corps ne peuvent pas être en un même lieu à la fois*, est une vérité dont on n'est pas autrement persuadé que des maximes suivantes : *Il est impossible qu'une chose soit et ne soit pas en même temps ; le blanc n'est pas le rouge ; le carré n'est pas un cercle ; la couleur jaune n'est pas la douceur.*

THÉOPHILE. Il y a de la différence entre ces propositions. La première, qui prononce que la pénétration des corps est impossible, a besoin de preuve. Tous ceux qui croient des condensations et des raréfactions véritables et prises à la rigueur[1], comme les Péripatéticiens et feu Monsieur le Chevalier Digby[2], la rejettent en effet ; sans parler des Chrétiens, qui croient la plupart que le contraire, savoir, la pénétration des dimensions, est possible à Dieu[3]. Mais les autres propositions sont *identiques*, ou peu s'en faut ; et les identiques ou immédiates ne reçoivent point de preuve. Celles qui regardent ce que les sens fournissent, comme celle qui dit que la couleur jaune n'est pas la douceur, ne font qu'appliquer la maxime identique générale à des cas particuliers.

PHILALÈTHE. Chaque proposition qui est composée de deux différentes idées dont l'une est niée de l'autre, par exemple que le carré n'est pas un cercle, qu'être jaune n'est pas être doux, sera aussi certainement reçue comme indubitable, dès qu'on en comprendra les termes, que cette maxime générale : *Il est impossible qu'une chose soit et ne soit pas en même temps*[4].

---

1. Les scolastiques croyaient qu'il y avait des *condensations* et des *raréfactions* proprement dites, c'est-à-dire que la matière d'un corps pouvait, tout en restant la même, occuper tantôt moins, tantôt plus d'espace. Selon Descartes, au contraire, toutes les fois « que nous voyons qu'un corps est raréfié, nous devons penser qu'il y a plusieurs intervalles entre ses parties, lesquels sont remplis de quelque autre corps » (comme les pores d'une éponge lorsqu'ils se remplissent d'eau) « et que, lorsqu'il est condensé, ces mêmes parties sont plus proches les unes des autres qu'elles n'étaient » (comme celles de l'éponge lorsqu'on la presse et qu'on en exprime l'eau). (Voyez Descartes, *Principes*, part. II, § 5 sqq.)

2. Le chevalier Digby, naturaliste et philosophe anglais, né en 1603, mort en 1665. Il donnait dans les rêves de l'alchimie, et recourait volontiers, dans ses explications des phénomènes, aux causes occultes.

3. Dans l'Eucharistie, où le corps du Christ est réduit aux dimensions de l'hostie consacrée.

4. Philalèthe persiste à confondre les vérités premières innées et les vérités particulières qui tirent toute leur certitude des principes innés. L'absolue certitude de propositions

THÉOPHILE. C'est que l'une (savoir, la maxime générale) est le principe, et l'autre (c'est-à-dire la négation d'une idée d'une autre opposée) en est l'application.

PHILALÈTHE. Il me semble plutôt que la maxime dépend de cette négation, qui en est le fondement, et qu'il est encore plus aisé d'entendre que *ce qui est la même chose n'est pas différent*, que la maxime qui rejette les contradictions. Or, à ce compte, il faudra qu'on reçoive pour vérités innées un nombre infini de propositions de cette espèce qui nient une idée de l'autre, sans parler des autres vérités. Ajoutez à cela qu'une proposition ne pouvant être innée, à moins que les idées dont elle est composée ne le soient, il faudra supposer que toutes les idées que nous avons des couleurs, des sons, des goûts, des figures, etc., sont innées.

THÉOPHILE. Je ne vois pas bien comment ceci : *Ce qui est la même chose n'est pas différent*, soit l'origine du principe de contradiction et plus aisé ; car il me paraît qu'on se donne plus de liberté en avançant qu'A n'est point B, qu'en disant qu'A n'est point non-A[1]. Et la raison qui empêche A d'être B est que B enveloppe non-A. Au reste cette proposition : *Le doux n'est pas l'amer*, n'est point innée, suivant le

---

particulières dont les éléments sont empruntés aux sens, comme : Le doux n'est pas amer, est fondée, selon Leibniz, sur le principe de contradiction.

1. A n'est pas non-A est plus manifestement évident que A n'est pas B. *On se donne plus de liberté* signifie qu'on affirme une chose moins évidente.

sens que nous avons donné à ce terme de vérité innée ; car les sentiments du doux et de l'amer viennent des sens externes. Ainsi c'est une conclusion mêlée (*hybrida conclusio*), où l'axiome est appliqué à une vérité sensible. Mais quant à cette proposition : *Le carré n'est pas un cercle*, on peut dire qu'elle est innée, car, en l'envisageant, on fait une subsomption ou application du principe de contradiction à ce que l'entendement fournit lui-même, dès qu'on s'aperçoit que ces idées, qui sont innées, renferment des notions incompatibles.

§ 19. PHILALÈTHE. Quand vous soutenez que ces propositions particulières et évidentes par elles-mêmes, dont on reconnaît la vérité dès qu'on les entend prononcer (comme que le vert n'est pas le rouge), sont reçues comme des conséquences de ces autres propositions plus générales, qu'on regarde comme autant de principes innés, il semble que vous ne considérez point, Monsieur, que ces propositions particulières sont reçues comme des vérités indubitables de ceux qui n'ont aucune connaissance de ces maximes plus générales.

THÉOPHILE. J'ai déjà répondu à cela ci-dessus : On se fonde sur ces maximes générales, comme on se fonde sur les majeures qu'on supprime lorsqu'on raisonne par enthymèmes : car, quoique bien souvent on ne pense pas distinctement à ce qu'on fait en raisonnant, non plus qu'à ce qu'on fait en marchant et en sautant, il est toujours vrai que la force de la conclusion consiste en partie dans ce qu'on supprime et ne saurait venir d'ailleurs, ce qu'on trouvera quand on voudra la justifier.

§ 20. PHILALÈTHE. Mais il semble que les idées générales et abstraites sont plus étrangères à notre esprit que les notions et les vérités particulières : donc ces vérités particulières seront plus naturelles à l'esprit que le principe de contradiction, dont vous voulez qu'elles ne soient que l'application.

THÉOPHILE. Il est vrai que nous commençons plutôt de nous apercevoir des vérités particulières, comme nous commençons par les idées plus composées et plus grossières : mais cela n'empêche point que l'ordre de la nature ne commence par le plus simple, et que la raison des vérités plus particulières ne dépende des plus générales, dont elles ne sont que les exemples. Et quand on veut considérer ce qui est en nous virtuellement et avant toute *aperception*, on a raison de commencer par le plus simple. Car les principes généraux entrent dans nos pensées, dont ils font l'âme et la liaison. Ils y sont nécessaires comme les muscles et les tendons le sont pour marcher, quoiqu'on n'y pense point. L'esprit s'appuie sur ces principes à tous moments, mais il ne vient pas si souvent à les démêler et à se les représenter distinctement et séparément, parce que cela demande une grande attention à ce qu'il fait, et la plupart des gens peu accoutumés à méditer n'en ont guère. Les Chinois n'ont-ils pas comme nous des sons articulés ? et cependant, s'étant attachés à une autre manière d'écrire, ils ne se sont pas encore avisés de faire un Alphabet de ces sons.

C'est ainsi qu'on possède bien des choses sans le savoir.

§ 21. PHILALÈTHE. Si l'esprit acquiesce si promptement à certaines vérités, cela ne peut-il point venir de la considération même de la nature des choses, qui ne lui permet pas d'en juger autrement, plutôt que de ce que ces propositions sont gravées naturellement dans l'esprit?

THÉOPHILE. L'un et l'autre est vrai. La nature des choses et la nature de l'esprit y concourent. Et puisque vous opposez la considération de la chose à l'aperception de ce qui est gravé dans l'esprit, cette objection même fait voir, Monsieur, que ceux dont vous prenez le parti n'entendent par les *vérités innées* que ce qu'on approuverait naturellement, comme par *instinct* et même sans le connaître que confusément. Il y en a de cette nature, et nous aurons sujet d'en parler. Mais ce qu'on appelle la *lumière naturelle* suppose une connaissance distincte, et bien souvent la considération de la nature des choses n'est autre chose que la connaissance de la nature de notre esprit[1] et de ces idées innées, qu'on n'a point besoin de chercher au dehors. Ainsi j'appelle *innées* les vérités qui n'ont besoin que de cette considération pour être vérifiées. J'ai déjà répondu, § 5, à l'objection, § 22, qui voulait que lorsqu'on dit que les notions innées sont implicitement

---

1. C'est en connaissant l'essence même de notre esprit que nous connaissons l'essence des choses. C'est en effet en réfléchissant sur nous-mêmes que nous formons certaines idées que nous appliquons ensuite aux choses, comme les idées de l'Être, de la Substance, de la Force. Nous ne pourrions pas affirmer que les choses sont si nous ne savions pas par nous-mêmes ce que c'est qu'être.

dans l'esprit, cela doit signifier seulement qu'il a la faculté de les connaître ; car j'ai fait remarquer qu'outre cela il a la faculté de les trouver en soi, et la disposition à les approuver quand il y pense comme il faut.

§ 23. PHILALÈTHE. Il semble donc que vous voulez, Monsieur, que ceux à qui on propose ces maximes générales pour la première fois n'apprennent rien qui leur soit entièrement nouveau. Mais il est clair qu'ils apprennent premièrement les noms, et puis les vérités et même les idées dont ces vérités dépendent.

THÉOPHILE. Il ne s'agit point ici des noms, qui sont arbitraires en quelque façon, au lieu que les idées et les vérités sont naturelles. Mais, quant à ces idées et vérités, vous nous attribuez, Monsieur, une doctrine dont nous sommes fort éloignés, car je demeure d'accord que nous apprenons les idées et les vérités innées, soit en prenant garde à leur source, soit en les vérifiant par l'expérience. Ainsi je ne fais point la supposition que vous dites, comme si dans le cas dont vous parlez nous n'apprenions rien de nouveau[1]. Et je ne saurais admettre cette proposition : *tout ce qu'on apprend n'est pas inné*. Les vérités des nombres sont en nous, et on ne laisse pas de les apprendre, soit en les tirant de leur source lorsqu'on les apprend par raison démonstrative (ce qui fait voir qu'elles sont innées),

---

1. Quand on arrive à concevoir clairement, pour la première fois, une vérité dont on n'avait pas encore eu conscience, bien qu'elle fût innée, on peut dire qu'on apprend du nouveau. Le plus souvent c'est l'expérience qui nous amène à la découverte de vérités qui pourtant étaient en nous et que nous aurions pu y trouver de nous-mêmes.

soit en les éprouvant dans des exemples comme font les Arithméticiens vulgaires, qui, faute de savoir les raisons, n'apprennent leurs règles que par tradition, et tout au plus, avant que de les enseigner, ils les justifient par l'expérience, qu'ils poussent aussi loin qu'ils jugent à propos. Et quelquefois même un fort habile Mathématicien, ne sachant point la source de la découverte d'autrui, est obligé de se contenter de cette méthode de l'induction pour l'examiner, comme fit un célèbre écrivain à Paris, quand j'y étais, qui poussa assez loin l'essai de mon tétragonisme arithmétique[1] en le comparant avec les nombres de Ludolphe[2], croyant d'y trouver quelque faute : et il eut raison de douter jusqu'à ce qu'on lui en communiqua la démonstration, qui nous dispense de ces essais, qu'on pourrait toujours continuer sans être jamais parfaitement certain. Et c'est cela même, savoir, l'imperfection des inductions, qu'on peut encore vérifier par les instances de l'expérience. Car il y a des progressions où l'on peut aller fort loin avant que de remarquer les changements et les lois qui s'y trouvent.

PHILALÈTHE. Mais ne se peut-il point que, non seulement les termes ou paroles dont on se sert, mais encore les idées, nous viennent de dehors ?

THÉOPHILE. Il faudrait donc que nous fussions nous-mêmes hors de nous, car les idées intellectuelles ou

---

1. Leibniz avait abordé le problème de la quadrature du cercle. (Cf. Dutens, t. III, p. 140.)

2. Ludolphe, orientaliste distingué et mathématicien allemand, né à Erfurt en 1640, mort en 1711, s'était particulièrement occupé du même problème.

de réflexion sont tirées de notre esprit. Et je voudrais bien savoir comment nous pourrions avoir l'idée de l'être, si nous n'étions des Êtres nous-mêmes, et ne trouvions ainsi l'être en nous.

PHILALÈTHE. Mais que dites-vous, Monsieur, à ce défi d'un de mes amis? Si quelqu'un, dit-il, peut trouver une proposition dont les idées soient innées, qu'il me la nomme, il ne saurait me faire un plus grand plaisir.

THÉOPHILE. Je lui nommerais les propositions d'Arithmétique et de Géométrie, qui sont toutes de cette nature, et en matière de vérités nécessaires on n'en saurait trouver d'autres.

§ 25. PHILALÈTHE. Cela paraîtra étrange à bien des gens. Peut-on dire que les sciences les plus difficiles et les plus profondes sont innées?

THÉOPHILE. Leur connaissance actuelle ne l'est point, mais bien ce qu'on peut appeler la connaissance virtuelle; comme la figure tracée par les veines du marbre est dans le marbre avant qu'on les découvre en travaillant.

PHILALÈTHE. Mais est-il possible que des enfants recevant des notions qui leur viennent du dehors, et y donnant leur consentement, n'aient aucune connaissance de celles qu'on suppose être innées avec eux et faire comme partie de leur esprit, où elles sont, dit-on, empreintes en caractères ineffaçables pour servir de fondement? Si cela était, la nature se serait donné de la peine inutilement, ou du moins elle aurait mal gravé ces caractères, puisqu'ils ne sauraient être aperçus par des yeux qui voient fort bien d'autres choses [1].

Théophile. L'aperception de ce qui est en nous dépend d'une attention et d'un ordre [2]. Or, non seulement il est possible, mais il est même convenable que les enfants aient plus d'attention aux notions des sens, parce que l'attention est réglée par le besoin. L'événement cependant fait voir dans la suite que la nature ne s'est point donné inutilement la peine de nous imprimer les connaissances innées, puisque sans elles il n'y aurait aucun moyen de parvenir à la connaissance actuelle des vérités nécessaires dans les sciences démonstratives, et aux raisons des faits; et nous n'aurions rien au-dessus des bêtes.

§ 26. Philalèthe. S'il y a des vérités innées, ne faut-il pas qu'il y ait des pensées innées?

Théophile. Point du tout, car les pensées sont des actions [3], et les connaissances ou les vérités, en tant qu'elles sont en nous, quand même on n'y pense point, sont des habitudes ou des dispositions; et nous savons bien des choses, auxquelles nous ne pensons guère.

Philalèthe. Il est bien difficile de concevoir qu'une

---

1. Philalèthe continue à croire qu'il s'agit d'idées et de vérités toutes faites, que l'esprit contient en lui-même.

2. Pour découvrir les vérités qui sont en nous à l'état de virtualité il faut : 1° être capable d'attention; 2° savoir diriger cette attention. Leibniz dira plus loin que les personnes qui ne trouvent pas ces vérités en elles, ou n'ont pas d'attention, ou en ont pour autre chose. — L'attention, comme toutes les opérations actives de l'esprit, obéit à des motifs, et ces motifs sont avant tout d'ordre sensible.

3. Il faut distinguer l'acte de juger, qui n'est pas inné, et les idées ou vérités qui servent de principe au jugement, lesquelles sont innées.

vérité soit dans l'esprit, si l'esprit n'a jamais pensé à cette vérité.

THÉOPHILE. C'est comme si quelqu'un disait qu'il est difficile de concevoir qu'il y a des veines dans le marbre avant qu'on les découvre[1]. Il semble aussi que cette objection approche un peu trop de la pétition de principe. Tous ceux qui admettent des vérités innées, sans les fonder sur la réminiscence platonicienne, en admettent auxquelles on n'a pas encore pensé. D'ailleurs ce raisonnement prouve trop : car si les vérités sont des pensées, on sera privé non seulement des vérités auxquelles on n'a jamais pensé, mais encore de celles auxquelles on a pensé et auxquelles on ne pense plus actuellement ; et si les vérités ne sont pas des pensées, mais des habitudes et aptitudes, naturelles ou acquises, rien n'empêche qu'il y en ait en nous auxquelles on n'ait jamais pensé ni ne pensera jamais.

§ 27. PHILALÈTHE. Si les maximes générales étaient innées, elles devraient paraître avec plus d'éclat dans l'esprit de certaines personnes, où cependant nous n'en voyons aucune trace ; je veux parler des enfants, des idiots et des sauvages, car de tous les hommes ce sont ceux qui ont l'esprit le moins altéré et corrompu par la coutume et par l'impression des opinions étrangères.

---

1. Toute cette argumentation deviendrait plus saisissante si Leibniz parlait de lois de l'esprit et non de notions et principes innés, car rien n'est plus facile que de comprendre que l'esprit obéisse à certaines lois sans en avoir une connaissance actuelle.

Théophile. Je crois qu'il faut raisonner tout autrement ici. Les maximes innées ne paraissent que par l'attention qu'on leur donne; mais ces personnes n'en ont guère, ou l'ont pour tout autre chose. Ils ne pensent qu'aux besoins du corps, et il est raisonnable que les pensées pures et détachées soient le prix des soins plus nobles. Ils est vrai que les enfants et les sauvages ont l'esprit moins altéré par les coutumes, mais ils l'ont aussi moins élevé par la doctrine qui donne de l'attention. Ce serait bien peu juste que les plus vives lumières dussent mieux briller dans les esprits qui les méritent moins et qui sont enveloppés des plus épais nuages. Je ne voudrais donc pas qu'on fît trop d'honneur à l'ignorance et à la barbarie, quand on est aussi habile que vous l'êtes, Philalèthe, aussi bien que notre excellent Auteur : ce serait rabaisser les dons de Dieu. Quelqu'un dira que plus on est ignorant, plus on approche de l'avantage d'un bloc de marbre ou d'une pièce de bois, qui sont infaillibles et impeccables; mais, par malheur, ce n'est pas en cela qu'on y approche; et tant qu'on est capable de connaissance on pèche en négligeant de l'acquérir, et on manquera d'autant plus aisément qu'on est moins instruit.

CHAPITRE II.

Qu'il n'y a point de principes de pratique qui soient innés.

Philalèthe. La Morale est une Science démonstrative, et cependant elle n'a point de principes innés.

Et même il serait bien difficile de produire une règle de morale qui fût d'une nature à être résolue d'un consentement aussi général et aussi prompt que cette Maxime : *Ce qui est est.*

THÉOPHILE. Il est absolument impossible qu'il y ait des vérités de raison aussi évidentes que les *identiques* ou immédiates. Et quoiqu'on puisse dire véritablement que la morale a des principes indémontrables, et qu'un des premiers et des plus pratiques est qu'il faut suivre la joie et éviter la tristesse, il faut ajouter que ce n'est pas une vérité qui soit connue purement de raison, puisqu'elle est fondée sur l'expérience interne, ou sur des connaissances confuses, car on ne sait pas ce que c'est que la joie et la tristesse[1].

PHILALÈTHE. Ce n'est que par des raisonnements, par des discours et par quelque application d'esprit qu'on peut s'assurer des vérités de pratique.

THÉOPHILE. Quand cela serait, elles n'en seraient pas moins innées. Cependant la maxime que je viens d'alléguer paraît d'une autre nature; elle n'est pas connue par la raison, mais pour ainsi dire par un *instinct*[2]. C'est un principe inné, mais il ne fait point

---

1. Il n'y a pas de notion claire et distincte de phénomènes sensibles, comme la joie et la tristesse, car ces phénomènes ne sont que les sentiments confus des mouvements du sang et des esprits animaux. Connaître la joie et la tristesse, ce serait connaître ces mouvements et leurs lois.

2. En morale il ne s'agit plus d'unir logiquement des idées, mais de passer de l'idée à l'action. Ce passage n'est possible qu'à la condition que l'idée se manifeste à la conscience par une tendance, par une impulsion ou instinct.

partie de la lumière naturelle, car on ne le connaît point d'une manière lumineuse[1]. Cependant, ce principe posé, on en peut tirer des conséquences scientifiques, et j'applaudis extrêmement à ce que vous venez de dire, Monsieur, de la morale comme d'une science démonstrative. Aussi voyons-nous qu'elle enseigne des vérités si évidentes, que les larrons, pirates et bandits sont forcés de les observer entre eux.

§ 2. PHILALÈTHE. Mais les bandits gardent entre eux les règles de la justice sans les considérer comme des principes innés.

THÉOPHILE. Qu'importe? Est-ce que le monde se soucie de ces questions Théoriques?

PHILALÈTHE. Ils n'observent les maximes de justice que comme des règles de convenance, dont la pratique est absolument nécessaire pour la conservation de leur société.

THÉOPHILE. Fort bien. On ne saurait rien dire de mieux à l'égard de tous les hommes en général. Et c'est ainsi que ces lois sont gravées dans l'âme, savoir, comme les conséquences de notre conservation et de nos vrais biens[2]. Est-ce qu'on s'imagine que nous voulons que les vérités soient dans l'entendement comme indépendantes les unes des autres et comme les édits du préteur étaient dans son affiche ou *album*?

---

1. On connaît d'une manière lumineuse ce que l'on conçoit clairement et distinctement, comme le principe de contradiction et ses applications.

2. L'idée de Leibniz est que ce qui est conforme à la raison ou à la loi morale est en même temps ce qui peut assurer notre bonheur. Cf. *Monad.*, §§ 87, 88, 89 : « Les péchés portent leur peine avec eux par l'ordre de la nature et en vertu même de la structure mécanique des choses ».

Je mets à part ici l'instinct qui porte l'homme à aimer l'homme, dont je parlerai tantôt, car maintenant je ne veux parler que des vérités, en tant qu'elles se connaissent par la raison. Je reconnais aussi que certaines règles de la justice ne sauraient être démontrées dans toute leur étendue et perfection qu'en supposant l'existence de Dieu et l'immortalité de l'âme[1], et celles où l'instinct de l'humanité ne nous pousse point ne sont gravées dans l'âme que comme d'autres vérités dérivatives. Cependant ceux qui ne fondent la justice que sur les nécessités de cette vie et sur le besoin qu'ils en ont, plutôt que sur le plaisir qu'ils y devraient prendre, qui est des plus grands lorsque Dieu en est le fondement[2], ceux-là sont sujets à ressembler un peu à la société des bandits.

Sit spes fallendi, miscebunt sacra profanis[3].

§ 3. PHILALÈTHE. Je vous avoue que la nature a mis dans tous les hommes l'envie d'être heureux et

---

1. Cf. *Discours de Métaphysique*, § 84, et *De notionibus juris et justitiæ*, Erdmann, XXXII, p. 118. Leibniz dit que pour démontrer *omne honestum esse utile et omne turpe esse damnosum, assumenda est immortalitas animæ et rector universi Deus*. Dieu seul a pu établir l'harmonie entre l'ordre moral et l'ordre physique.

2. Le plaisir que nous devons chercher est celui qui résulte de la conformité de notre conduite avec la raison. Dieu en est le fondement parce que Dieu n'est autre chose que la raison suprême. La justice ou le bien est donc la recherche du plaisir qui vient de la raison, et l'injustice ou le mal, la recherche du plaisir qui vient des sens.

3. Vers d'Horace, *Ep.*, I, XVI, 54. Horace a écrit :

Sit spes fallendi, miscebit sacra profanis.

une forte aversion pour la misère. Ce sont là des *principes de pratique véritablement innés*, et qui, selon la destination de tout principe de pratique, ont une influence continuelle sur toutes nos actions. Mais ce sont là des inclinations de l'âme vers le bien, et non pas des impressions de quelque vérité qui soit gravée dans notre entendement.

Théophile. Je suis ravi, Monsieur, de vous voir reconnaître en effet des vérités innées comme je dirai tantôt. Ce principe convient assez avec celui que je viens de marquer, qui nous porte à suivre la joie et à éviter la tristesse. Car la *félicité* n'est autre chose qu'une joie durable. Cependant notre penchant va, non pas à la félicité proprement, mais à la joie, c'est-à-dire au présent; c'est la raison qui porte à l'avenir et à la durée. Or le penchant, exprimé par l'entendement, passe en *précepte* ou vérité de pratique [1], et si le penchant est inné, la vérité l'est aussi, n'y ayant rien dans l'âme qui ne soit exprimé dans l'entendement, mais non pas toujours par une considération actuelle distincte, comme j'ai assez fait voir. Les *instincts* aussi ne sont pas toujours de pratique; il y en a qui contiennent des vérités de théorie, et tels sont les principes internes des sciences et du raisonnement, lorsque, sans en connaître la raison, nous les employons par un instinct naturel; et, dans ce sens, vous ne pouvez pas vous dispenser de reconnaître des

---

1. L'entendement exprime par un précepte le penchant naturel, et prononce qu'il faut chercher le bonheur; mais une vérité qui exprime un penchant inné peut être dite innée.

principes *innés :* quand même vous voudriez nier que les vérités dérivatives sont *innées.* Mais ce serait une question de nom après l'explication que j'ai donnée de ce que j'appelle *inné.* Et si quelqu'un ne veut pas donner cette appellation, qu'aux vérités qu'on reçoit d'abord par instinct, je ne le lui contesterai pas.

PHILALÈTHE. Voilà qui va bien. Mais s'il y avait dans notre âme certains caractères qui y fussent gravés naturellement, comme autant de principes de connaissance, nous ne pourrions que les apercevoir agissant en nous, comme nous sentons l'influence des deux principes qui agissent constamment en nous, savoir, l'envie d'être heureux et la crainte d'être misérables.

THÉOPHILE. Il y a des principes de connaissance qui influent aussi constamment dans nos raisonnements que ceux de pratique dans nos volontés, par exemple, tout le monde emploie les règles des conséquences par une Logique naturelle, sans s'en apercevoir.

§ 4. PHILALÈTHE. Les règles de Morale ont besoin d'être prouvées, donc elles ne sont pas innées, comme cette règle, qui est la source des vertus qui regardent la société : *Ne faites à autrui que ce que vous voudriez qu'il vous soit fait à vous-même.*

THÉOPHILE. Vous me faites toujours l'objection que j'ai déjà réfutée. Je vous accorde, Monsieur, qu'il y a des règles de morale qui ne sont point des principes innés, mais cela n'empêche pas que ce ne soient des vérités innées ; car une vérité dérivative sera innée lorsque nous la pouvons tirer de notre esprit. Mais il y a des vérités innées que nous trouvons en nous de deux façons, par lumière et par instinct. Celles que je viens de marquer se démontrent par nos idées, ce qui fait la lumière naturelle. Mais il y a des conclusions *de la lumière naturelle*[1] qui sont des principes par rapport à *l'instinct*. C'est ainsi que nous sommes portés aux actes d'humanité par instinct, parce que cela nous plaît, et par raison, parce que cela est juste. Il y a donc en nous des vérités d'instinct, qui sont des principes innés, qu'on sent et approuve quand même on n'en a point la preuve, qu'on obtient pourtant lorsqu'on rend raison de cet instinct. C'est ainsi qu'on se sert des lois des conséquences suivant une connaissance confuse et comme par instinct; mais les logiciens en démontrent la raison, comme les mathématiciens aussi rendent raison de ce qu'on fait sans y penser en marchant et en sautant. Quant à la règle qui porte qu'*on ne doit faire aux autres que ce qu'on voudrait qu'ils nous fissent*, elle a besoin non seulement de preuve, mais encore de déclaration[2]. On voudrait trop si on en était le maître, est-ce donc qu'on doit trop aussi aux autres? On me dira que cela ne s'entend que d'une volonté juste. Mais ainsi cette

---

1. Il y a des règles morales qui sont des *conclusions* par rapport à *la lumière naturelle*, c'est-à-dire qui sont dérivatives » ou qui ont besoin de démonstration, et qui sont en même temps *des principes par rapport à l'instinct*, en ce sens que l'instinct nous les dicte avant tout raisonnement, et nous porte immédiatement aux actes qu'elles prescrivent.

2. Cette règle doit être non seulement justifiée, mais encore expliquée. Elle deviendrait fausse, selon Leibniz, si *vouloir* était pris dans le sens de *désirer*.

règle, bien loin de suffire à servir de mesure, en aurait besoin. Le véritable sens de la règle est que la place d'autrui est le vrai point de vue pour juger équitablement lorsqu'on s'y met.

§ 9. PHILALÈTHE. On commet souvent des actions mauvaises sans aucun remords de conscience[1] : par exemple, lorsqu'on prend des villes d'assaut, les Soldats commettent sans scrupule les plus méchantes actions; des nations polies ont exposé leurs enfants; quelques Caribes châtrent les leurs pour les engraiser et les manger. Garcilasso de la Vega[2] rapporte que certains peuples du Pérou prenaient des prisonnières pour en faire des concubines, et nourrissaient les enfants jusqu'à l'âge de treize ans, après quoi ils les mangeaient, et traitaient de même les mères dès qu'elles ne faisaient plus d'enfants.

THÉOPHILE. La science Morale (outre les instincts comme celui qui fait suivre la joie et fuir la tristesse) n'est pas autrement innée que l'Arithmétique, car elle dépend aussi des démonstrations que la lumière interne fournit. Et comme les démonstrations ne sautent pas d'abord aux yeux, ce n'est pas grande merveille si les hommes ne s'aperçoivent pas toujours et d'abord de tout ce qu'ils possèdent en eux, et ne lisent pas assez promptement les *caractères de la loi*

---

1. Philalèthe tire argument de la différence des opinions morales chez les différents peuples. Leibniz répond que mille causes peuvent empêcher les hommes d'apercevoir la loi naturelle qui est gravée dans leur âme et vicier leurs penchants innés.

2. Garcias Lasso de la Vega, histor. péruvien, né à Cuzco en 1530, mort à Valladolid en 1568, écrivit une *Histoire des Incas* et une *Histoire des guerres civiles dans les Indes*.

naturelle, que Dieu, selon saint Paul, *a gravée dans leur esprit.* Cependant, comme la Morale est plus importante que l'Arithmétique, Dieu a donné à l'homme des instincts qui portent d'abord et sans raisonnement à quelque chose de ce que la raison ordonne[1]. C'est comme nous marchons suivant les lois de la mécanique sans penser à ces lois, et comme nous mangeons non seulement parce que cela nous est nécessaire, mais encore et bien plus parce que cela nous fait plaisir. Mais ces instincts ne portent pas à l'action d'une manière invincible; on y résiste par des passions, on les obscurcit par des préjugés, et on les altère par des coutumes contraires. Cependant on convient le plus souvent de ces instincts de la conscience et on les suit même, quand de plus grandes impressions ne les surmontent. La plus grande et la plus saine partie du genre humain leur rend témoignage. Les Orientaux et les Grecs ou Romains, la Bible et l'Alcoran y conviennent, et il faudrait être aussi abruti que les sauvages Américains pour approuver leurs coutumes pleines d'une cruauté, qui passe même celle des bêtes. Cependant ces mêmes sauvages sentent bien ce que c'est que la justice en d'autres occasions; et, quoiqu'il n'y ait point de mauvaise pratique peut-être qui ne soit autorisée quelque part et en quelques rencontres, il y en a eu peu pourtant qui ne soient condamnées le plus souvent et par la plus grande partie des hommes. Ce qui n'est point arrivé sans raison, et,

---

1. Cette phrase résume tout le système de morale exposé dans ce chapitre

n'étant pas arrivé par le seul raisonnement, doit être rapporté en partie aux instincts naturels. La coutume, la tradition, la discipline s'y est mêlée, mais le naturel est cause que la coutume s'est tournée plus généralement du bon côté sur ces devoirs. C'est comme le naturel est encore cause que la tradition de l'existence de Dieu est venue. Or la nature donne à l'homme et même à la plupart des animaux une affection et douceur pour ceux de leur espèce. Le Tigre même *parcit cognatis maculis*[1] : d'où vient ce bon mot[2] d'un Jurisconsulte Romain : *Quia inter omnes homines natura cognationem constituit, inde hominem homini insidiari nefas esse.* Il n'y a presque que les araignées qui fassent exception et qui s'entre-mangent, jusqu'à ce point que la femelle dévore le mâle après en avoir joui. Après cet instinct général de *société*, qui se peut appeler *philanthropie* dans l'homme, il y en a de plus particuliers, comme l'affection entre le mâle et la femelle, l'amour que père et mère portent aux enfants, que les Grecs appellent στοργὴν, et autres inclinations semblables, qui font ce droit naturel, ou cette image de droit plutôt, que selon les jurisconsultes Romains la Nature a enseigné aux animaux. Mais, dans l'homme particulièrement, il se trouve un certain soin de la dignité et de la convenance, qui porte à cacher les choses qui nous

---

1. Vers de Juvénal, XV, 159-160 :

Sed jam serpentum major concor[dia : parcit

Cognatis maculis similis fera.

2. Bon mot : parole juste, profonde, et non plaisante.

rabaissent, à ménager la pudeur, à avoir de la répugnance pour des incestes, à ensevelir les cadavres, à ne point manger des hommes du tout ni des bêtes vivantes. On est porté encore à avoir soin de sa réputation, même au delà du besoin et de la vie ; à être sujet à des remords de la conscience et à sentir ces *laniatus et ictus*, ces tortures et gênes dont parle Tacite après Platon [1] ; outre la crainte d'un avenir et d'une puissance suprême qui vient encore assez naturellement. Il y a de la réalité en tout cela ; mais, dans le fond, ces impressions, quelque naturelles qu'elles puissent être, ne sont que des aides à la raison et des indices du conseil de la nature. La coutume, l'éducation, la tradition, la raison y contribuent beaucoup, mais la nature humaine ne laisse pas d'y avoir part. Il est vrai que sans la raison ces aides ne suffiraient pas pour donner une certitude entière à la morale. Enfin niera-t-on que l'homme est porté naturellement, par exemple, à s'éloigner des choses vilaines, sous prétexte qu'on trouve des gens qui aiment à ne parler que d'ordures, qu'il y en a même dont le genre de vie les engage à manier des excréments, et qu'il y a des peuples de Boutan où ceux du Roi passent pour quelque chose d'aromatique ? Je m'imagine que vous êtes,

---

1. Tacite, *Ann.*, VI, c. VI : *Si recludantur tyrannorum mentes, posse aspici laniatus et ictus : quando, ut corpora verberibus, ita sævitia, libidine, malis consultis animus dilaceretur.* Platon, *Gorgias*, LXXX : Ὁ Ῥαδάμανθυς ἐκεῖνος ἐπιστήσας θεᾶται ἑκάστου τὴν ψυχὴν οὐκ εἰδὼς ὅτου ἐστίν, ἀλλὰ πολλάκις τοῦ μεγάλου βασιλέως ἐπιλαβόμενος, ἢ ἄλλου ὁτουοῦν βασιλέως ἢ δυνάστου, κατεῖδεν οὐδὲν ὑγιὲς ὂν τῆς ψυχῆς, ἀλλὰ διαμεμαστιγωμένην καὶ οὐλῶν μεστὴν ὑπ' ἐπιορκιῶν καὶ ἀδικίας.

Monsieur, de mon sentiment dans le fond à l'égard de ces instincts naturels au bien honnête; quoique vous direz peut-être, comme vous avez dit à l'égard de l'instinct qui porte à la joie et à la félicité, que ces impressions ne sont pas des vérités innées. Mais j'ai déjà répondu que tout sentiment est la perception d'une vérité[1], et que le sentiment naturel l'est d'une vérité innée, mais bien souvent confuse, comme sont les expériences des sens externes : ainsi on peut distinguer les *vérités innées* d'avec la *lumière naturelle* (qui ne contient rien que de distinctement connaissable), comme le genre doit être distingué de son espèce, puisque les *vérités innées* comprennent tant les *instincts* que la *lumière naturelle*.

§ 11. PHILALÈTHE. Une personne qui connaîtrait les bornes naturelles du juste et de l'injuste et ne laisserait pas de les confondre ensemble, ne pourrait être regardée que comme l'ennemi déclaré du repos et du bonheur de la société dont il fait partie. Mais les hommes les confondent à tout moment, donc ils ne les connaissent point.

THÉOPHILE. C'est prendre les choses un peu trop théoriquement. Il arrive tous les jours que les hommes agissent contre leurs connaissances, en se les cachant à eux-mêmes lorsqu'ils tournent l'esprit ailleurs pour suivre leurs passions ; sans cela nous ne verrions pas les gens manger et boire de ce qu'ils savent leur devoir causer des maladies et même la mort. Ils ne néglige-

---

1. Les perceptions des sens externes correspondent toujours à des mouvements et par conséquent expriment des vérités nécessaires.

raient pas leurs affaires, ils ne feraient pas ce que des nations entières ont fait à certains égards. L'avenir et le raisonnement frappent rarement autant que le présent et les sens. Cet Italien le savait bien, qui, devant être mis à la torture, se proposa d'avoir continuellement le gibet en vue pendant les tourments pour y résister, et on l'entendit dire quelquefois : *Io ti vedo*, ce qu'il expliqua ensuite quand il fut échappé. A moins de prendre une ferme résolution d'envisager le vrai bien et vrai mal pour les suivre ou les éviter, on se trouve emporté, et il arrive encore, par rapport aux besoins les plus importants de cette vie, ce qui arrive par rapport au paradis et à l'enfer chez ceux-là même qui les croient le plus :

> Cantantur hæc, laudantur hæc,
> Dicuntur, audiuntur,
> Scribuntur hæc, leguntur hæc,
> Et lecta negliguntur.

PHILALÈTHE. Tout principe qu'on suppose inné ne peut qu'être connu d'un chacun comme juste et avantageux.

THÉOPHILE. C'est toujours revenir à cette supposition que j'ai réfutée tant de fois, que toute vérité innée est connue toujours et de tous.

§ 12. PHILALÈTHE. Mais une permission publique de violer la loi prouve que cette loi n'est pas innée : par exemple, la loi d'aimer et de conserver les enfants a été violée chez les anciens lorsqu'ils ont permis de les exposer.

Théophile. Cette violation supposée, il s'ensuit seulement qu'on n'a pas bien lu ces caractères de la nature gravés dans nos âmes, mais quelquefois assez enveloppés par nos désordres; outre que, pour voir la nécessité des devoirs d'une manière invincible, il en faut envisager la démonstration, ce qui n'est pas fort ordinaire. Si la Géométrie s'opposait autant à nos passions et à nos intérêts présents que la Morale, nous ne la contesterions et ne la violerions guère moins, malgré toutes les démonstrations d'Euclide et d'Archimède, qu'on traiterait de rêveries et croirait pleines de paralogismes; et Joseph Scaliger [1], Hobbes [2] et autres qui ont écrit contre Euclide et Archimède, ne se trouveraient point si peu accompagnés qu'ils le sont. Ce n'était que la passion de la gloire que ces auteurs croyaient trouver dans la quadrature du cercle et autres problèmes difficiles, qui ait pu aveugler jusqu'à un tel point des personnages d'un si grand mérite. Et si d'autres avaient le même intérêt, ils en useraient de même.

Philalèthe. Tout devoir emporte l'idée de loi, et

---

1. Joseph-Juste Scaliger, philologue français, fils de J.-César Scaliger, né en 1540 à Agen, mort en 1609 à Leyde. Joseph Scaliger est célèbre pour avoir établi le premier les principes de la critique des textes. Il édita les *Catalecta* de Virgile, Catulle, Tibulle, Properce, Festus. On a de lui en outre un grand nombre d'ouvrages d'histoire, de sciences, de mathématiques, et des poésies. — Il avait écrit contre Archimède, chez lequel il croyait trouver des fautes.

2. Hobbes, philosophe anglais (1588-1679), est surtout connu par ses ouvrages de philosophie morale et sociale, par exemple le *De cive*, le *Leviathan;* mais il avait écrit un certain nombre d'ouvrages et d'opuscules sur des questions mathématiques. Il s'était particulièrement occupé de la question de la quadrature du cercle.

une loi ne saurait être connue ou supposée, sans un législateur qui l'ait prescrite, ou sans récompense et sans peine.

Théophile. Il y peut avoir des *récompenses* et des *peines naturelles* sans législateur; l'intempérance, par exemple, est punie par des maladies. Cependant comme elle ne nuit pas à tous d'abord, j'avoue qu'il n'y a guère de précepte à qui on serait obligé indispensablement, s'il n'y avait pas un Dieu qui ne laisse aucun crime sans châtiment, ni aucune bonne action sans récompense [1].

Philalèthe. Il faut donc que les idées d'un Dieu et d'une vie à venir soient aussi innées?

Théophile. J'en demeure d'accord dans le sens que j'ai expliqué.

Philalèthe. Mais ces idées sont si éloignées d'être gravées naturellement dans l'esprit de tous les hommes, qu'elles ne paraissent pas même fort claires et fort distinctes dans l'esprit de plusieurs hommes d'étude, et qui font profession d'examiner les choses avec quelque exactitude : tant il s'en faut qu'elles soient connues de toute créature humaine.

Théophile. C'est encore revenir à la même supposition, qui prétend que ce qui n'est point connu n'est point inné, que j'ai pourtant réfutée tant de fois. Ce qui est inné n'est pas d'abord connu clairement et distinctement pour cela : il faut souvent beaucoup d'attention et d'ordre pour s'en apercevoir, les

---

1. Cf. *Monadologie*, §§ 87 et suiv.

gens d'étude n'en apportent pas toujours, et toute créature humaine encore moins.

§ 13. PHILALÈTHE. Mais si les hommes peuvent ignorer ou révoquer en doute tout ce qui est inné, c'est en vain qu'on nous parle de Principes innés et qu'on en prétend faire voir la nécessité ; bien loin qu'ils puissent servir à nous instruire de la vérité et de la certitude des choses, comme on le prétend, nous nous trouverions dans le même état d'incertitude avec ces principes que s'ils n'étaient point en nous.

THÉOPHILE. On ne peut point révoquer en doute tous les principes innés. Vous en êtes demeuré d'accord, Monsieur, à l'égard des identiques ou du Principe de contradiction, avouant qu'il y a des Principes incontestables, quoique vous ne les reconnaissiez point alors comme innés ; mais il ne s'ensuit point que tout ce qui est inné et lié nécessairement avec ces principes innés soit aussi d'abord d'une évidence indubitable.

PHILALÈTHE. Personne n'a encore entrepris, que je sache, de nous donner un catalogue exact de ces principes.

THÉOPHILE. Mais nous a-t-on donné jusqu'ici un catalogue plein et exact des axiomes de Géométrie?

§ 15. PHILALÈTHE. Milord Herbert[1] a voulu mar-

---

1. *Mylord Herbert.* Lord Edward Herbert de Cherbury (1581-1648), diplomate, historien et philosophe. Il avait écrit un livre intitulé : *De veritate*, où il opposait la vérité (connue par la raison) à la révélation. Mais il croyait en Dieu et voulait que Dieu eût son culte. Le

quer quelques-uns de ces principes, qui sont : 1° Qu'il y a un Dieu suprême. 2° Qu'il doit être servi. 3° Que la vertu jointe avec la piété est le meilleur culte. 4° Qu'il faut se repentir de ses péchés. 5° Qu'il y a des peines et des récompenses après cette vie. Je tombe d'accord que ce sont là des vérités évidentes et d'une telle nature, qu'étant bien expliquées, une créature raisonnable ne peut guère éviter d'y donner son consentement. Mais nos amis disent qu'il s'en faut beaucoup que ce soient autant d'impressions innées. Et si ces cinq propositions sont des notions communes gravées dans nos âmes par le doigt de Dieu, il y en a beaucoup d'autres qu'on doit aussi mettre de ce rang.

Théophile. J'en demeure d'accord, Monsieur, car je prends toutes les *vérités nécessaires* pour innées, et j'y joins même les *instincts*. Mais je vous avoue que ces cinq propositions ne sont point des Principes innés; car je tiens qu'on peut et qu'on doit les prouver.

§ 18. Philalèthe. Dans la proposition troisième, que la vertu est le culte le plus agréable à Dieu, il est obscur ce qu'on entend par la *vertu.* Si on l'entend dans le sens qu'on lui donne le plus communément, je veux dire de ce qui passe pour louable selon les différentes opinions qui règnent en divers pays, tant s'en faut que cette proposition soit évidente, qu'elle n'est pas même véritable. Que si on appelle

---

passage cité par Locke et par Leibniz se trouve dans un petit traité de cet auteur intitulé: *De religione laici.* Paris, 1624; Londres, 1645.

vertu les actions qui sont conformes à la volonté de Dieu, ce sera presque *idem per idem*, et la proposition ne nous apprendra pas grand'chose; car elle voudra dire seulement que Dieu a pour agréable ce qui est conforme à sa volonté. Il en est de même de la notion du péché dans la quatrième proposition.

Théophile. Je ne me souviens pas d'avoir remarqué qu'on prenne communément la vertu pour quelque chose qui dépende des opinions; au moins les Philosophes ne le font pas. Il est vrai que le nom de vertu dépend de l'opinion de ceux qui le donnent à de différentes habitudes ou actions, selon qu'ils jugent bien ou mal et font usage de leur raison; mais tous conviennent assez de la notion de la vertu en général, quoiqu'ils diffèrent dans l'application. Selon Aristote et plusieurs autres la vertu est une habitude de modérer les passions par la raison, et encore plus simplement une habitude d'agir suivant la raison[1]. Et cela ne peut manquer d'être agréable à celui qui est la suprême et dernière raison des choses; à qui rien n'est indifférent, et les actions des créatures raisonnables moins que toutes les autres.

§ 20. Philalèthe. On a accoutumé de dire que la coutume, l'éducation et les opinions générales de ceux avec qui on converse peuvent obscurcir ces principes de morale, qu'on suppose innés. Mais si cette réponse est bonne, elle anéantit la preuve qu'on

---

[1]. Aristote définit la vertu, d'un côté : ἕξις ἀρχῆς ἀγαθὸς ἄνθρωπος γίνεται (ἕξις : direction constante de la volonté, habitudo), et de l'autre : ψυχῆς ἐνέργεια κατὰ λόγον (*Eth. Nic.*, II, 5).

prétend tirer du consentement universel. Le raisonnement de bien des gens se réduit à ceci : Les Principes que les gens de bon sens reconnaissent sont innés : Nous et ceux de notre parti sommes des gens de bon sens : donc nos principes sont innés. Plaisante manière de raisonner, qui va tout droit à l'infaillibilité[1] !

Théophile. Pour moi, je me sers du consentement universel, non pas comme d'une preuve principale, mais comme d'une confirmation : car les vérités innées, prises pour la lumière naturelle de la raison, portent leurs caractères avec elles comme la Géométrie, car elles sont enveloppées dans les principes immédiats que vous reconnaissez vous-même pour incontestables. Mais j'avoue qu'il est plus difficile de démêler les instincts, et quelques autres habitudes naturelles d'avec les coutumes, quoique cela se puisse pourtant, ce semble, le plus souvent. Au reste il me paraît que les peuples qui ont cultivé leur esprit ont quelque sujet de s'attribuer l'usage du bon sens préférablement aux barbares, puisqu'en les domptant si aisément, presque comme des bêtes, ils montrent assez leur supériorité. Si on n'en peut pas toujours venir à bout, c'est qu'encore comme les bêtes, ils se

---

1. L'argument de Philalèthe est qu'il n'y a aucun principe de morale sur lequel tous les hommes s'accordent, et qu'il est absolument arbitraire de soutenir que les principes adoptés par les hommes civilisés sont les seuls bons.
Leibniz répond : 1° que l'opinion des hommes dont la raison est le plus développée a plus de valeur que celle des sauvages, et 2° que, dans tous les cas, pour décider quels sont les vrais principes de la morale, il faut s'appuyer sur la raison et non sur le consentement des hommes.

souvent dans les épaisses forêts, où il est difficile de les forcer, et le jeu ne vaut pas la chandelle. C'est un avantage sans doute d'avoir cultivé l'esprit, et, s'il est permis de parler pour la barbarie contre la culture, on aura aussi le droit d'attaquer la raison en faveur des bêtes et de prendre sérieusement les saillies spirituelles de M. Des Préaux dans une de ses satires, où, pour contester à l'homme sa prérogative sur les animaux, il demande si

> L'ours a peur du passant, ou le passant de l'ours ;
> Et si, par un édit des pâtres de Libye,
> Les lions videraient les parcs de Numidie, etc.[1].

Cependant il faut avouer qu'il y a des points importants où les barbares nous passent, surtout à l'égard de la vigueur du corps, et à l'égard de l'âme même on peut dire qu'à certains égards leur morale pratique est meilleure que la nôtre, parce qu'ils n'ont point l'avarice d'amasser, ni l'ambition de dominer. Et on peut même ajouter que la conversation[2] des Chrétiens les a rendus pires en bien des choses : on leur a appris l'ivrognerie (en leur apportant de l'eau-de-vie), les jurements, les blasphèmes et d'autres vices qui leur étaient peu connus. Il y a chez nous plus de bien et plus de mal que chez eux : un méchant Européen est plus méchant qu'un sauvage : il raffine sur le mal. Cependant rien n'empêcherait les

---

1. Boileau (Sat. VIII, v. 62) a écrit : Et si, sur un édit des pâtres de Nubie, Les lions de Barca videraient la Lybie.

2. Sens latin ; *Conversari* : Vivre avec quelqu'un, fréquenter une personne.

hommes d'unir les avantages que la nature donne à ces peuples avec ceux que nous donne la raison.

PHILALÈTHE. Mais que répondrez-vous, Monsieur, à ce dilemme d'un de mes amis? Je voudrais bien, dit-il, que les partisans des idées innées me dissent si ces Principes peuvent ou ne peuvent pas être effacés par l'éducation et la coutume ; s'ils ne peuvent l'être, nous devons les trouver dans tous les hommes, et il faut qu'ils paraissent clairement dans l'esprit de chaque homme en particulier : que s'ils peuvent être altérés par des notions étrangères, ils doivent paraître plus distinctement et avec plus d'éclat lorsqu'ils sont plus près de leur source, je veux dire dans les enfants et les ignorants, sur qui les opinions étrangères ont fait le moins d'impression. Qu'ils prennent tel parti qu'ils voudront, ils verront clairement, dit-il, qu'il est démenti par des faits constants et par une continuelle expérience.

THÉOPHILE. Je m'étonne que votre habile ami a confondu *obscurcir* et *effacer*, comme on confond dans votre parti *n'être point* et *ne point paraître*. Les idées et vérités innées ne sauraient être effacées, mais elles sont obscurcies dans tous les hommes (comme ils sont présentement) par leur penchant vers les besoins du corps, et souvent encore plus par les mauvaises coutumes survenues. Ces caractères de lumière interne seraient toujours éclatants dans l'entendement et donneraient de la chaleur dans la volonté, si les perceptions confuses des sens ne s'emparaient de notre attention. C'est le combat dont la

Sainte Écriture ne parle pas moins que la Philosophie ancienne et moderne[1].

Philalèthe. Ainsi donc nous nous trouvons dans des ténèbres aussi épaisses et dans une aussi grande incertitude que s'il n'y avait point de semblables lumières.

Théophile. A Dieu ne plaise; nous n'aurions ni sciences, ni lois, et nous n'aurions pas même de la raison.

§§ 21, 22, etc. Philalèthe. J'espère que vous conviendrez au moins de la force des préjugés, qui font souvent passer pour naturel ce qui est venu des mauvais enseignements où les enfants ont été exposés, et des mauvaises coutumes que l'éducation et la conversation leur ont données.

Théophile. J'avoue que l'excellent Auteur que vous suivez dit de fort belles choses là-dessus, et qui ont leur prix si on les prend comme il faut; mais je ne crois pas qu'elles soient contraires à la doctrine bien prise du naturel ou des vérités innées. Et je m'assure qu'il ne voudra pas étendre ses remarques trop loin; car je suis également persuadé et que bien des opinions passent pour des vérités, qui ne sont que des effets de la coutume et de la crédulité, et

---

1. La philosophie ancienne oppose la passion à la raison, et déclare que la vertu consiste à obéir à la raison.

Saint Paul dit : Βλέπω δὲ ἕτερον νόμον ἐν τοῖς μέλεσί μου ἀντιστρατευόμενον τῷ νόμῳ τοῦ νοός μου καὶ αἰχμαλωτίζοντά με τῷ νόμῳ τῆς ἁμαρτίας, τῷ ὄντι ἐν τοῖς μέλεσί μου.

Ἄρα οὖν αὐτὸς ἐγὼ τῷ μὲν νοῒ δουλεύω νόμῳ Θεοῦ· τῇ δὲ σαρκὶ νόμῳ ἁμαρτίας. Ad Rom., ch. VII, v. 23 et 25.

Voy. aussi Racine, Cantique II : Mon Dieu, quelle guerre cruelle, Je trouve deux hommes en moi, etc.

qu'il y en a bien aussi que certains philosophes voudraient faire passer pour des préjugés, qui sont pourtant fondées dans la droite raison et dans la nature. Il y a autant ou plus de sujet de se garder de ceux qui, par ambition le plus souvent, prétendent innover, que de se défier des impressions anciennes. Et, après avoir assez médité sur l'ancien et sur le nouveau, j'ai trouvé que la plupart des doctrines reçues peuvent souffrir un bon sens. De sorte que je voudrais que les hommes d'esprit cherchassent de quoi satisfaire à leur ambition, en s'occupant plutôt à bâtir et à avancer qu'à reculer et à détruire. Et je souhaiterais qu'on ressemblât plutôt aux Romains qui faisaient de beaux ouvrages publics, qu'à ce Roi Vandale à qui sa mère recommanda que, ne pouvant pas espérer la gloire d'égaler ces grands bâtiments, il en cherchât à les détruire[1].

PHILALÈTHE. Le but des habiles gens qui ont combattu les vérités innées, a été d'empêcher que, sous ce beau nom, on ne fasse passer des préjugés et cherche à couvrir sa paresse.

THÉOPHILE. Nous sommes d'accord sur ce point, car, bien loin que j'approuve qu'on se fasse des principes douteux, je voudrais, moi, qu'on cherchât jusqu'à la démonstration des Axiomes d'Euclide, comme quelques Anciens ont fait aussi. Et lorsqu'on demande le moyen de connaître et d'examiner les principes innés, je réponds, suivant ce que j'ai dit ci-

---

1. *Roi Vandale :* Genséric.

dessus, qu'excepté les instincts dont la raison est inconnue, il faut tâcher de les réduire aux premiers principes, c'est-à-dire aux Axiomes identiques ou immédiats par le moyen des définitions, qui ne sont autre chose qu'une exposition distincte des idées. Je ne doute pas même que vos amis, contraires jusqu'ici aux vérités innées, n'approuvent cette méthode, qui paraît conforme à leur but principal.

CHAPITRE III

Autres considérations touchant les principes innés, tant ceux qui regardent la spéculation que ceux qui appartiennent à la pratique.

§ 3. PHILALÈTHE. Vous voulez qu'on réduise les vérités aux premiers principes, et je vous avoue que s'il y a quelque principe, c'est sans contredit celui-ci : *Il est impossible qu'une chose soit et ne soit pas en même temps.* Cependant il paraît difficile de soutenir qu'il est inné, puisqu'il faut se persuader en même temps que les idées d'impossibilité et d'identité sont innées.

THÉOPHILE. Il faut bien que ceux qui sont pour les vérités innées soutiennent et soient persuadés que ces idées le sont aussi [1] ; et j'avoue que je suis de leur

---

1. Les idées d'être et d'identité sont du nombre de celles que nous découvrons en réfléchissant sur notre nature. L'idée de possibilité est dérivée du principe de contradiction, car : est possible ce qui n'implique pas contradiction.

avis. Les idées de *l'être*, du *possible*, du *Même*, sont si bien innées, qu'elles entrent dans toutes nos pensées et raisonnements, et je les regarde comme des choses essentielles à notre esprit ; mais j'ai déjà dit qu'on n'y a point toujours une attention particulière et qu'on ne les démêle qu'avec le temps. J'ai déjà dit que nous sommes, pour ainsi dire, innés à nous-mêmes ; et, puisque nous sommes des êtres, l'être nous est inné [1] ; et la connaissance de l'être est enveloppée dans celle que nous avons de nous-mêmes. Il y a quelque chose d'approchant en d'autres notions générales.

§ 4. PHILALÈTHE. Si l'idée de *l'identité* est naturelle, et *par conséquent* si évidente et si présente à l'esprit que nous devions la connaître dès le berceau, je voudrais bien qu'un enfant de sept ans et même un homme de soixante-dix ans me dît si un homme, qui est une créature composée de corps et d'âme, est le même lorsque son corps est changé, et si, supposé la Métempsycose, Euphorbe serait le même que Pythagore [2].

THÉOPHILE. J'ai assez dit que ce qui nous est naturel ne nous est pas connu pour cela dès le berceau ; et même une idée nous peut être connue sans que nous puissions décider d'abord toutes les questions

---

1. Cf. l'Extrait n° 4, A
2. Euphorbe, fils de Panthis, noble troyen, fut tué par Ménélas au siège de Troie. Pythagore prétendait que l'âme d'Euphorbe était passée dans son propre corps. La preuve qu'il en donnait était que, lorsqu'il vit à Argos le bouclier de cet Euphorbe que Ménélas y avait suspendu, il se souvint de l'avoir déjà vu, quoique ce fût la première fois qu'il vint à Argos et que ce bouclier n'en fût pas sorti.

qu'on peut former là-dessus. C'est comme si quelqu'un prétendait qu'un enfant ne saurait connaître ce que c'est que le carré et sa diagonale, parce qu'il aura de la peine à connaître que la diagonale est incommensurable avec le côté du carré. Pour ce qui est de la question en elle-même, elle me paraît démonstrativement résolue par la doctrine des Monades, que j'ai mise ailleurs dans son jour, et nous parlerons plus amplement de cette matière dans la suite.

§ 6. PHILALÈTHE. Je vois bien que je vous objecterais en vain que l'Axiome qui porte que *le tout est plus grand que sa partie*, n'est point inné, sous prétexte que les idées de tout et de la partie sont relatives, dépendant de celles du nombre et de l'étendue : puisque vous soutiendrez apparemment qu'il y a des idées innées respectives et que celles des nombres et de l'étendue sont innées aussi.

THÉOPHILE. Vous avez raison, et même je crois plutôt que l'idée de l'étendue est postérieure à celle du tout et de la partie.

§ 7. PHILALÈTHE. Que dites-vous de la vérité que Dieu doit être adoré? est-elle innée?

THÉOPHILE. Je crois que le devoir d'adorer Dieu porte que dans les occasions on doit marquer qu'on l'honore au delà de tout autre objet, et que c'est une conséquence nécessaire de son idée et de son existence, ce qui signifie chez moi que cette vérité est innée.

§ 8. PHILALÈTHE. Mais les Athées semblent prouver par leur exemple que l'idée de Dieu n'est point innée. Et, sans parler de ceux dont les anciens ont fait mention, n'a-t-on pas découvert des nations entières qui n'avaient aucune idée de Dieu, ni des noms pour marquer Dieu et l'âme, comme à la baie de Soldanie, dans le Brésil, dans les îles Caribes, dans le Paraguay?

THÉOPHILE. Feu M. Fabricius [1], Théologien célèbre de Heidelberg, a fait une Apologie du genre humain pour le purger de l'imputation de l'Athéisme. C'était un auteur de beaucoup d'exactitude et fort au-dessus de bien des préjugés; cependant je ne prétends point entrer dans cette discussion des faits. Je veux que des peuples entiers n'aient jamais pensé à la substance suprême ni à ce que c'est que l'âme. Et je me souviens que lorsqu'on voulut, à ma prière, favorisée par l'illustre M. Witsen [2], m'obtenir en Hollande une version de l'Oraison Dominicale dans la langue de Barantola, on fut arrêté à cet endroit : *ton nom soit sanctifié*, parce qu'on ne pouvait point faire entendre aux Barantolais ce que voulait dire *saint*. Je me souviens aussi que dans le *Credo* fait pour les *Hottentots* on fut obligé d'exprimer le *Saint-Esprit* par des mots du pays qui signifient un vent doux et agréable. Ce qui n'était pas sans raison, car nos mots grecs et latins, πνεῦμα, *anima*, *spiritus*, ne signifient originairement que l'air ou vent qu'on respire, comme une des plus subtiles choses qui nous soit connue par

---

[1]. Fabricius (Jean-Louis), 1632-1697, était d'origine suisse. Il fut professeur de théologie et de philosophie à l'université de Heidelberg.

[2]. Witsen, théologien hollandais, né en 1636, mort en 1708, fut professeur de théologie à Utrecht, puis à Leyde.

les sens : et on commence par les sens pour mener peu à peu les hommes à ce qui est au-dessus des sens. Cependant toute cette difficulté qu'on trouve à parvenir aux connaissances abstraites ne fait rien contre les connaissances innées. Il y a des peuples qui n'ont aucun mot qui réponde à celui d'*Être* ; est-ce qu'on doute qu'ils ne savent pas ce que c'est que d'*être*, quoiqu'ils n'y pensent guère à part ? Au reste, je trouve si beau et si à mon gré ce que j'ai lu chez notre excellent Auteur sur l'idée de Dieu (*Essai sur l'Entendement*, liv. I, ch. III, § 9), que je ne saurais m'empêcher de le rapporter, le voici : « Les hommes
» ne sauraient guère éviter d'avoir quelque espèce
» d'idée des choses dont ceux avec qui ils conversent
» ont souvent occasion de les entretenir sous certains
» noms, et si c'est une chose qui emporte avec elle
» l'idée d'excellence, de grandeur ou de quelque qua-
» lité extraordinaire, qui intéresse par quelque en-
» droit et qui s'imprime dans l'esprit sous l'idée
» d'une puissance absolue et irrésistible qu'on ne
» puisse s'empêcher de craindre » (j'ajoute : et sous l'idée d'une grandissime bonté qu'on ne saurait s'empêcher d'aimer), « une telle idée doit, suivant toutes
» les apparences, faire de plus fortes impressions et
se répandre plus loin qu'aucune autre : surtout si
» c'est une idée qui s'accorde avec les plus simples
» lumières de la *raison* et qui découle *naturellement*
» de chaque partie de nos connaissances. Or telle est
» l'idée de Dieu, car les marques éclatantes d'une
» sagesse et d'une puissance extraordinaire paraissent

» si visiblement dans tous les ouvrages de la création,
» que toute créature raisonnable qui voudra y faire
» réflexion ne saurait manquer de découvrir l'Auteur
» de toutes ces merveilles : et l'impression que la dé-
» couverte d'un tel Être doit faire naturellement sur
» l'âme de tous ceux qui en ont entendu parler une
» seule fois, est si grande et entraîne avec elle des
» pensées d'un si grand poids et si propres à se ré-
» pandre dans le monde, qu'il me paraît tout à fait
» étrange qu'il se puisse trouver sur la terre une na-
» tion entière d'hommes assez stupides pour n'avoir
» aucune idée de Dieu. Cela, dis-je, me semble aussi
» surprenant que d'imaginer des hommes qui n'au-
» raient aucune idée des nombres ou du feu[1]. » Je
voudrais qu'il me fût toujours permis de copier mot
à mot quantité d'autres excellents endroits de notre
Auteur, que nous sommes obligés de passer. Je dirai
seulement ici que cet Auteur, parlant des *plus simples lumières de la raison* qui s'accordent avec l'idée
de Dieu et de ce qui en découle naturellement, ne
paraît guère s'éloigner de mon sens sur les vérités
innées; et sur ce qu'il lui paraît aussi étrange qu'il y
ait des hommes sans aucune idée de Dieu qu'il serait
surprenant de trouver des hommes qui n'auraient au-

---

1. Leibniz tire habilement parti des expressions de Locke, mais le sens du passage est que l'idée de Dieu nous vient de l'expérience, comme l'idée du feu, du soleil, de la chaleur, etc. Il est vrai que l'on ne peut observer Dieu directement par les sens, comme le feu et le soleil : mais toutes les observations que nous faisons sur le monde extérieur nous conduisent à l'idée de Dieu. Si l'idée de Dieu est universelle, c'est que les observations des hommes sont partout les mêmes. (Voy. *Essai* de Locke, trad. Coste, liv. I, ch. III, § 9.)

cune idée des nombres ou du feu, je remarquerai que les habitants des îles-Mariannes, à qui on a donné le nom de la Reine d'Espagne qui y a favorisé les missions, n'avaient aucune connaissance du feu lorsqu'on les découvrit, comme il paraît par la relation que le R. P. Gobien, Jésuite Français, chargé du soin des missions éloignées, a donnée au public et m'a envoyée.

§ 16. PHILALÈTHE. Si l'on a droit de conclure que l'idée de Dieu soit innée de ce que tous les gens sages ont eu cette idée, la vertu doit aussi être innée, parce que les gens sages en ont toujours eu une véritable idée.

THÉOPHILE. Non pas la vertu, mais l'idée de la vertu est innée, et peut-être ne voulez-vous que cela[1].

PHILALÈTHE. Il est aussi certain qu'il y a un Dieu qu'il est certain que les angles opposés qui se font par l'intersection de deux lignes droites, sont égaux. Et il n'y eut jamais de créature raisonnable qui se soit appliquée sincèrement à examiner la vérité de ces deux propositions, qui ait manqué d'y donner son consentement. Cependant il est hors de doute qu'il y a bien des hommes qui, n'ayant point tourné leurs pensées de ce côté-là, ignorent également ces deux vérités.

THÉOPHILE. Je l'avoue, mais cela n'empêche point

---

1. L'idée du bien, qui sert de fondement à la vertu, est innée, mais non la vertu elle-même, qui consiste dans une disposition constante de la volonté à agir conformément à cette idée.

qu'elles soient *innées*, c'est-à-dire qu'on ne les puisse trouver en soi.

§ 18. PHILALÈTHE. Il serait encore avantageux d'avoir une idée innée de la *substance;* mais il se trouve que nous ne l'avons ni innée ni acquise, puisque nous ne l'avons ni par la sensation ni par la réflexion [1].

THÉOPHILE. Je suis d'opinion que la réflexion suffit pour trouver l'idée de la substance en nous-mêmes, qui sommes des substances. Et cette notion est des plus importantes. Mais nous en parlerons peut-être plus amplement dans la suite de notre conférence.

PHILALÈTHE. S'il y a des idées innées qui soient dans l'esprit sans que l'esprit y pense actuellement, il faut du moins qu'elles soient dans la mémoire d'où elles devaient être tirées par voie de *Réminiscence* [2], c'est-à-dire être connues lorsqu'on en rappelle le

---

1. Locke croit que nous ne pouvons avoir aucune connaissance positive des substances qui servent de substrat aux phénomènes. Il le répétera, liv. II, ch. XXIII, § 2 : « Qui voudra prendre la peine de se consulter soi-même sur la notion qu'il a de la pure substance en général, trouvera qu'il n'en a absolument point d'autre que de je ne sais quel sujet qui lui est tout à fait inconnu, et qu'il suppose être le soutien des qualités qui sont capables d'exciter des idées simples dans notre esprit. » (Trad. Coste.) — Leibniz pense au contraire que la réflexion que nous faisons sur notre propre nature nous donne une connaissance positive de la substance.

(Voy. Introduction, II⁰ part. II, 5.)
2. Locke entend par *réminiscence* le souvenir accompagné de la reconnaissance de la perception reproduite. Son argument est que, s'il y avait des idées innées, elles devraient être en quelque sorte en réserve dans la mémoire, et qu'elles devraient produire, en se présentant à l'esprit, un sentiment de réminiscence, c'est-à-dire qu'elles devraient porter avec elles une perception qui convaincrait l'esprit qu'elles ne sont pas nouvelles. (Trad. Coste, liv. I, ch. III, § 20.) Leibniz répond, comme ci-dessus, qu'il n'est pas nécessaire que l'esprit ait jamais pensé actuellement aux idées qu'il découvre en lui.

souvenir, comme autant de perceptions qui ont été auparavant dans l'âme, à moins que la réminiscence ne puisse subsister sans réminiscence. Car cette persuasion, où l'on est intérieurement sûr qu'une telle idée a été auparavant dans notre esprit, est proprement ce qui distingue la réminiscence de toute autre voie de penser.

Théophile. Pour que les connaissances, idées ou vérités soient dans notre esprit, il n'est point nécessaire que nous y ayons jamais pensé actuellement : ce ne sont que des habitudes naturelles, c'est-à-dire des dispositions et aptitudes actives et passives, et plus que *Tabula rasa.* Il est vrai cependant que les Platoniciens croyaient que nous avions déjà pensé actuellement à ce que nous retrouvons en nous; et, pour les réfuter, il ne suffit pas de dire que nous ne nous en souvenons point, car il est sûr qu'une infinité de pensées nous revient que nous avons oublié d'avoir eues. Il est arrivé qu'un homme a cru faire un vers nouveau qu'il s'est trouvé avoir lu mot pour mot longtemps auparavant dans quelque ancien Poëte. Et souvent nous avons une facilité non commune de concevoir certaines choses, parce que nous les avons conçues autrefois sans que nous nous en souvenions. Il se peut qu'un enfant devenu aveugle oublie d'avoir jamais vu la lumière et les couleurs, comme il arriva, à l'âge de deux ans et demi par la petite vérole, à ce célèbre Ulric Schönberg, natif de Weide au Haut-Palatinat, qui mourut à Königsberg en Prusse en 1649, où il avait enseigné la Philosophie et les Mathématiques avec l'admiration de tout le monde. Il se peut aussi qu'il reste à un tel homme des effets des anciennes impressions sans qu'il s'en souvienne. Je crois que les songes nous renouvellent souvent ainsi d'anciennes pensées. Jules Scaliger ayant célébré en vers les hommes illustres de Vérone, un certain soi-disant Brugnolus, Bavarois d'origine, mais depuis établi à Vérone, lui parut en songe et se plaignit d'avoir été oublié. Jules Scaliger, ne se souvenant pas d'en avoir ouï parler auparavant, ne laissa point de faire des vers élégiaques à son honneur sur ce songe. Enfin le fils Joseph Scaliger, passant en Italie, apprit plus particulièrement qu'il y avait eu autrefois à Vérone un célèbre Grammairien ou Critique savant de ce nom qui avait contribué au rétablissement des belles-lettres en Italie. Cette histoire se trouve dans les poésies de Scaliger le père avec l'Élégie, et dans les lettres du fils. On la rapporte aussi dans les Scaligerana qu'on a recueillis des conversations de Joseph Scaliger. Il y a bien de l'apparence que Jules Scaliger avait su quelque chose de Brugnol, dont il ne se souvenait plus, et que le songe avait été en partie le renouvellement d'une ancienne idée, quoiqu'il n'y ait pas eu cette *réminiscence* proprement appelée ainsi, qui nous fait connaître que nous avons déjà eu cette même idée. Du moins je ne vois aucune nécessité qui nous oblige d'assurer qu'il ne reste aucune trace

---

1. *Scaligerana, ou Bons mots, rencontres agréables et remarques judicieuses et savantes de J. Scali-ger.* Cologne, 1695. Il y eut deux recueils de *Scaligerana*, les *Scaligerana prima* et *secunda*.

d'une perception, quand il n'y en a pas assez pour se souvenir qu'on l'a eue.

§ 24. PHILALÈTHE. Il faut que je reconnaisse que vous répondez assez naturellement aux difficultés que nous avons formées contre les vérités innées. Peut-être aussi que nos auteurs ne les combattent point dans le sens que vous les soutenez. Ainsi je reviens seulement à vous dire, Monsieur, qu'on a eu quelque sujet de craindre que l'opinion des vérités innées ne servît de prétexte aux paresseux de s'exempter de la peine des recherches, et donnât la commodité aux docteurs et maîtres de poser pour principe des principes que les principes ne doivent pas être mis en question.

THÉOPHILE. J'ai déjà dit que si c'est là le dessein de vos amis de conseiller qu'on cherche les preuves des vérités qui en peuvent recevoir sans distinguer si elles sont innées ou non, nous sommes entièrement d'accord; et l'opinion des vérités innées, de la manière que je les prends, n'en doit détourner personne, car, outre qu'on fait bien de rechercher la raison des *instincts*, c'est une de mes grandes maximes qu'il est bon de chercher les démonstrations des *Axiomes* mêmes, et je me souviens qu'à Paris, lorsqu'on se moquait de feu M. Roberval[1] déjà vieux, parce qu'il voulait démontrer ceux d'Euclide à l'exemple d'Apollonius[2] et de Proclus, je fis voir l'utilité de cette

---

1. Roberval, mathématicien français, né en 1602, mort en 1075.
2. Apollonius de Perga, mathématicien grec, disciple d'Archimède, qui vivait à Alexandrie sous le règne de Ptolémée Philopator. Il est l'auteur d'un traité célèbre des sections coniques.

recherche[1]. Pour ce qui est du Principe de ceux qui disent qu'il ne faut point disputer contre celui qui nie les principes, il n'a lieu entièrement qu'à l'égard de ces principes qui ne sauraient recevoir ni doute ni preuve. Il est vrai que, pour éviter les scandales et les désordres, on peut faire des règlements à l'égard des disputes publiques et de quelques autres conférences, en vertu desquels il soit défendu de mettre en contestation certaines vérités établies : mais c'est plutôt un point de police que de philosophie.

1. Proclus, philosophe néoplatonicien, né à Constantinople en 412, mort en 485, était mathématicien et astronome.

EXTRAITS

EXTRAIT N° 1.

SUR L'ESSAI DE L'ENTENDEMENT HUMAIN DE M. LOCKE[1].

Je trouve tant de marques d'une pénétration peu ordinaire dans ce que M. Locke nous a donné sur l'entendement de l'homme et sur l'éducation, et je juge la matière si importante, que j'ai cru ne pas mal employer le temps que je donnerais à une lecture si profitable, d'autant que j'ai fort médité moi-même sur ce qui regarde les fondements de nos connaissances. C'est ce qui m'a fait mettre sur cette feuille quelques-unes des remarques qui me sont venues en lisant son *Essai de l'Entendement*.

De toutes les recherches, il n'y en a pas de plus importante, puisque c'est la clef de voûte de toutes les autres. Le premier livre regarde principalement les principes qu'on dit être nés avec nous. M. Locke ne les admet pas, non plus qu'*ideas innatas*. Il a eu sans doute de grandes raisons de s'opposer en cela aux préjugés ordinaires; car on abuse extrêmement du nom des idées et des principes. Les Philosophes vulgaires se font des principes à leur fantaisie; et les Cartésiens, qui font profession de plus d'exactitude,

[1] Publié par Gerhardt, *Écrits philosophiques de Leibnitz*, vol. V

ne laissent pas de faire leur retranchement des idées prétendues de l'étendue, de la matière et de l'âme, voulant s'eximer par là de la nécessité de prouver ce qu'ils avancent, sous prétexte que ceux qui méditeront les idées y trouveront la même chose qu'eux, c'est-à-dire que ceux qui s'accoutumeront à leur jargon et à leur manière de penser auront les mêmes préventions, ce qui est très véritable.

Mon opinion est donc qu'on ne doit rien prendre pour principe primitif, sinon les expériences, et l'axiome de l'identicité ou (qui est la même chose) de contradiction, qui est primitif, puisqu'autrement il n'y aurait pas de différence entre la vérité et la fausseté, et que toutes les recherches cesseraient d'abord, s'il était indifférent de dire oui ou non. On ne saurait donc s'empêcher de supposer ce principe dès qu'on veut raisonner. Toutes les autres vérités sont prouvables, et j'estime extrêmement la méthode d'Euclide, qui, sans s'arrêter à ce qu'on croirait être assez prouvé par les prétendues idées, a démontré par exemple que dans un triangle un côté est toujours moindre que les deux autres ensemble. Cependant Euclide a eu raison de prendre quelques axiomes pour accordés, non pas comme s'ils étaient vraiment primitifs et indémontrables, mais parce qu'il se serait arrêté s'il n'avait voulu venir aux conclusions qu'après une discussion exacte des principes. Ainsi il a jugé à propos de se contenter d'avoir poussé les preuves jusqu'à ce petit nombre de propositions, en sorte qu'on peut dire que si elles sont vraies, tout ce qu'il dit l'est aussi. Il a laissé à d'autres le soin de démontrer encore ces principes mêmes, qui d'ailleurs sont déjà justifiés par les expériences. Mais c'est de quoi on ne se contente pas en ces matières. C'est pourquoi Apollonius, Proclus et d'autres ont pris la peine de démontrer quelques-uns des axiomes d'Euclide. Cette manière de procéder doit être imitée des Philosophes, pour venir enfin à quelques établissements, quand ils ne seraient que provisionnels de la manière que je viens de dire.

Quant aux idées, j'en ai donné quelque éclaircissement dans un petit écrit imprimé dans les *Actes des Savants,* de Leipzig, au mois de novembre 1684, p. 537, qui est intitulé : *Meditationes de Cognitione, Veritate et Ideis:* et j'aurais souhaité que M. Locke l'eût vu et examiné ; car je suis des plus dociles, et rien n'est plus propre à avancer nos pensées que les considérations et les remarques des personnes de mérite, lorsqu'elles sont faites avec attention et avec sincérité. Je dirai seulement ici que les idées vraies ou réelles sont celles dont on est assuré que l'exécution est possible; les autres sont douteuses ou (en cas de preuve de l'impossibilité) chimériques. Or la possibilité des idées se prouve tant *a priori* par des démonstrations, en se servant de la possibilité d'autres idées plus simples, qu'*a posteriori* par les expériences ; car ce qui est ne saurait manquer d'être possible. Mais les idées primitives sont celles dont la possibilité est indémontrable, et qui, en effet, ne sont autre chose que les attributs de Dieu.

Pour ce qui est de la question, s'il y a des idées et des vérités nées avec nous, je ne trouve point absolument nécessaire pour les commencements, ni pour la pratique de l'art de penser, de la décider ; soit qu'elles nous viennent toutes du dehors ou qu'elles viennent de nous, on raisonnera juste, pourvu qu'on garde ce que j'ai dit ci-dessus et qu'on procède par ordre et sans prévention. La question de l'origine de nos idées et de nos maximes n'est pas préliminaire en philosophie, et il faut avoir fait de grands progrès pour la bien résoudre. Je crois cependant pouvoir dire que nos idées, même celles des choses sensibles, viennent de notre propre fonds, dont on pourra mieux juger par ce que j'ai publié touchant la nature et la communication des substances, et ce qu'on appelle l'union de l'âme et du corps. Car j'ai trouvé que ces choses n'avaient pas été bien prises. Je ne suis nullement pour la *Tabula rasa* d'Aristote, et il y a quelque chose de solide dans ce que Platon appelait la réminiscence. Il y a même quelque chose de plus, car nous n'avons pas seulement une réminiscence de toutes nos pensées passées, mais encore un pressentiment de toutes nos pensées futures. Il est vrai que c'est confusément et sans les distinguer, à peu près comme lorsque j'entends le bruit de la mer, j'entends celui de toutes les vagues en particulier qui composent le bruit total, quoique ce soit sans discerner une vague de l'autre. Ainsi il est vrai, dans un certain sens que j'ai expliqué, que non seulement nos idées, mais encore nos sentiments, naissent de notre propre fonds, et que l'âme est plus indépendante qu'on ne pense, quoiqu'il soit toujours vrai que rien ne se passe en elle qui ne soit déterminé, et que rien ne se trouve dans les créatures que Dieu ne crée continuellement.

Dans le livre II, qui vient au détail des idées, j'avoue que les raisons de M. Locke pour prouver que l'âme est quelquefois sans penser à rien ne me paraissent pas convaincantes, si ce n'est qu'il donne le nom de pensées aux seules perceptions qui sont assez notables pour être distinguées et retenues. Je tiens que l'âme et même le corps n'est jamais sans action, et que l'âme n'est jamais sans quelque perception : même en dormant sans avoir des songes, on a quelque sentiment confus et sombre du lieu où l'on est et d'autres choses. Mais quand l'expérience ne les confirmerait pas, je crois qu'il y en a démonstration. C'est à peu près comme on ne saurait prouver absolument par les expériences s'il n'y a pas de vide dans l'espace, et s'il n'y a point de repos dans la matière. Et cependant ces sortes de questions me paraissent décidées démonstrativement, aussi bien qu'à M. Locke.

Je demeure d'accord de la différence qu'il met avec beaucoup de raison entre la matière et l'espace ; mais pour ce qui est du vide, plusieurs personnes habiles l'ont cru. M. Locke est de ce nombre ; j'en étais presque persuadé moi-même, mais j'en suis revenu depuis longtemps. Et l'incomparable M. Huygens, qui était aussi pour le vide et pour les Atomes, commença à la fin de faire réflexion sur mes raisons, comme ses lettres le peuvent témoigner. La preuve du vide prise du mouvement, dont M. Locke se sert, suppose que le corps est originairement dur et qu'il est composé d'un certain nombre de parties inflexibles. Car en ce cas il serait vrai, quelque nombre fini d'Atomes qu'on pourrait prendre, que le mouvement ne saurait avoir lieu sans vide. Mais toutes les parties de la matière sont divisibles et même pliables.

Il y a encore quelques autres choses dans ce second livre qui m'arrêtent; par exemple lorsqu'il est dit, chapitre XVII, que l'infinité ne se doit attribuer qu'à l'espace, au temps et aux nombres. Je crois à la vérité, avec M. Locke, qu'à proprement parler on peut dire qu'il n'y a point d'espace, de temps ni de nombre, qui soit infini, mais qu'il est seulement vrai que pour grand [que soit un nombre, on peut toujours en trouver un autre qui soit plus grand] que lui, sans fin; et qu'ainsi le véritable infini ne se trouve point dans un tout composé de parties. Cependant il ne laisse pas de se trouver ailleurs, savoir dans l'Absolu, qui est sans parties et qui a influence sur les choses composées, parce qu'elles résultent de la limitation de l'absolu. Donc l'infini positif, n'étant autre chose que l'absolu, on peut dire qu'il y a en ce sens une idée positive de l'infini, et qu'elle est antérieure à celle du fini. Au reste, en rejetant un infini composé, on ne nie point ce que les géomètres démontrent *de Seriebus infinitis*, et particulièrement ce que nous a donné l'excellent M. Newton, sans parler de ce que j'y ai contribué moi-même.

Quant à ce qui est dit chapitre xxx, *De ideis adæquatis,* il est permis de donner aux termes la signification qu'on trouve à propos. Cependant, sans blâmer le sens de M. Locke, je mets des degrés dans les idées, selon lesquelles j'appelle *adequates* celles où il n'y a plus rien à expliquer, à peu près comme dans les nombres. Or toutes les idées des qualités sensibles, comme de la lumière, couleur, chaleur, n'étant point de cette nature, je ne les compte point parmi les adéquates. Aussi n'est-ce point par elles-mêmes, ni *a priori*, mais par l'expérience, que nous en savons la réalité ou la possibilité.

Il y a encore bien de bonnes choses dans le livre III, où il est traité des Mots ou Termes. Il est très vrai qu'on ne saurait tout définir, et que les qualités sensibles n'ont point de *définition nominale,* ainsi on les peut appeler primitives en ce sens-là; mais elles ne laissent pas de pouvoir recevoir une *définition réelle*. J'ai montré la différence de ces deux sortes de définitions dans la méditation citée ci-dessus. La définition nominale explique le nom par les marques de la chose, mais la définition réelle fait connaître *a priori* la possibilité du défini. Au reste, j'applaudis fort à la doctrine de M. Locke touchant la démonstrabilité des vérités morales.

Le *quatrième ou dernier livre*, où il s'agit de la connaissance de la vérité, montre l'usage de ce qui vient d'être dit. J'y trouve, aussi bien que dans les livres précédents, une infinité de belles réflexions. De faire là-dessus les remarques convenables, ce serait faire un livre aussi grand que l'ouvrage même. Il me semble que les Axiomes y sont un peu moins considérés qu'ils ne méritent de l'être. C'est apparemment parce que, excepté ceux des Mathématiciens, on n'en trouve guère ordinairement qui soient importants et solides; j'ai tâché de remédier à ce défaut. Je ne méprise pas les Propositions identiques, et j'ai trouvé qu'elles ont un grand usage, même dans l'analyse. Il est très vrai que nous connaissons notre existence par une intuition immédiate, et celle de Dieu par démonstration, et qu'une masse de matière, dont les parties sont sans perception, ne saurait faire un tout qui pense. Je ne méprise point l'argument inventé il y a quelques siècles par Anselme, archevêque de Cantorbéry, qui prouve que l'être parfait doit exister, quoique je trouve qu'il manque quelque chose à cet argument, parce qu'il suppose que l'être parfait est possible. Car si ce seul point se démontrait encore, la démonstration tout entière serait entièrement achevée.

Quant à la connaissance des autres choses, il est fort bien dit que la seule expérience ne suffit pas pour avancer assez en physique. Un esprit pénétrant tirera plus de conséquences de quelques expériences assez ordinaires, qu'un autre ne saurait tirer des plus choisies, outre qu'il y a un art d'expérimenter et d'interroger pour ainsi dire la nature. Cependant il est toujours vrai qu'on ne saurait avancer dans le détail de la physique qu'à mesure qu'on a des expériences.

Notre auteur est de l'opinion de plusieurs habiles

hommes, qui tiennent que la forme des Logiciens est de peu d'usage. Je serais quasi d'un autre sentiment, et j'ai trouvé souvent que les paralogismes, même dans les mathématiques, sont des manquements de la forme. M. Huygens a fait la même remarque. Il y aurait bien à dire là-dessus; et plusieurs choses excellentes sont méprisées, parce qu'on n'en fait pas l'usage dont elles sont capables. Nous sommes portés à mépriser ce que nous avons appris dans les écoles. Il est vrai que nous y apprenons bien des inutilités; mais il est bon de faire la fonction *della Crusca*, c'est-à-dire de séparer le bon du mauvais.

M. Locke le peut faire autant que qui que ce soit, et, de plus, il nous donne des pensées considérables de son propre cru; sa pénétration et sa droiture paraissent partout. Il n'est pas seulement essayeur, mais il est encore transmutateur, par l'augmentation qu'il donne du bon métal. S'il continuait d'en faire présent au public, nous lui en serions fort redevables.

EXTRAIT N° 2

ÉCHANTILLON DE RÉFLEXIONS SUR LE PREMIER LIVRE DE L'ESSAI DE L'ENTENDEMENT DE L'HOMME[1].

Pour prouver qu'il n'y a point d'idées nées avec nous, l'excellent Auteur de l'*Essai* sur l'entendement

---

1. Publié par Gerhardt, *Écrits philosophiques de Leibniz*, vol. V.

de l'homme allègue l'expérience, qui fait voir que nous avons besoin d'occasions extérieures, pour penser à ces idées. J'en demeure d'accord, mais il ne me semble point qu'il s'ensuit que les occasions qui les font envisager, les font naître. Et cette expérience ne saurait déterminer si c'est par immission d'une espèce ou par l'impression des traces sur un tableau vide, ou si c'est par le développement de ce qui est déjà en nous, que nous nous en apercevons. Il n'est pas extraordinaire qu'il y ait quelque chose en notre esprit dont nous ne nous apercevions point toujours. La réminiscence fait voir que nous avons souvent de la peine à nous souvenir de ce que nous savons, et à attaquer ce qui est déjà dans le clos et dans la possession de notre entendement. Cela se trouve vrai dans les connaissances acquises, rien n'empêche qu'il ne soit vrai aussi dans celles qui sont nées avec nous. Et même il y a encore plus de difficulté de s'apercevoir de ces dernières, quand elles n'ont pas encore été modifiées et circonstanciées par des expériences, comme les acquises le sont, dont souvent les circonstances nous font souvenir. L'Auteur entreprend de faire voir en particulier que l'impossibilité et l'identité, le tout et la partie, n'ont point d'idées nées avec nous. Mais je ne comprends point la force des preuves qu'il apporte. J'avoue qu'on a de la peine à faire que les hommes s'aperçoivent distinctement de ces notions métaphysiques, car les abstractions et les réflexions leur coûtent. Mais on peut avoir en soi ce qu'on a de la peine à y distinguer. Il faut cependant quelque autre chose que l'idée de l'identité pour déterminer la question, qu'on propose ici, savoir : si Euphorbe et Pythagore et le coq même, où l'âme de Pythagore logeait pour quelque temps, ont toujours été le même individu, et il ne s'ensuit point que ceux qui ne la peuvent point résoudre, n'ont point d'idée de l'identité. Qu'y a-t-il de plus clair que les idées de Géométrie? cependant il y a des questions qu'on n'a pas encore pu décider. Mais celle qui regarde l'identité de Pythagore suivant la fiction de sa métamorphose n'est pas des plus impénétrables.

Pour ce qui est de l'idée de Dieu, on allègue les exemples de quelques nations, qui n'en ont eu aucune connaissance. Mons. Fabritius, théologien fort éclairé du feu Électeur Palatin Charles-Louys, a publié l'Apologie du genre humain contre l'accusation de l'Athéisme, où il répond à des passages tels qu'on cite ici. Mais je n'entre point dans cette discussion. Supposé qu'il y ait des hommes, et même des peuples, qui n'aient jamais pensé à Dieu, on peut dire que cela prouve seulement qu'il n'y a point eu d'occasion suffisante pour réveiller en eux l'idée de la substance suprême.

Avant que de passer aux principes complexes ou vérités primitives, je dirai que je demeure d'accord que la connaissance ou bien l'envisagement actuel des idées et des vérités n'est point né avec nous, et qu'il n'est point nécessaire que nous les ayons connues distinctement autrefois, selon la réminiscence de Platon. Mais, l'idée étant prise pour l'objet immédiat interne d'une notion, ou de ce que les Logiciens appellent un Terme incomplexe, rien ne l'empêche d'être toujours en nous, car ces objets peuvent subsister lorsqu'on ne s'en aperçoit point. On peut encore diviser les idées et les vérités en primitives et dérivatives : les connaissances des primitives n'ont point besoin d'être formées, il faut les distinguer seulement ; celles des dérivatives se forment par l'entendement et par le raisonnement dans les occasions. Cependant on peut dire en un sens que les objets internes de ces connaissances, c'est-à-dire les idées et les vérités mêmes, tant primitives que dérivatives, sont toutes en nous, puisque toutes les idées dérivatives et toutes les vérités qu'on en déduit résultent des rapports des idées primitives qui sont en nous. Mais l'usage fait qu'on a coutume d'appeler nées avec nous les vérités à qui on donne créance aussitôt qu'on les entend ; et les idées dont la réalité (c'est-à-dire la possibilité de la chose qu'elle représente) est du nombre de ces vérités et n'a point besoin d'être prouvée par l'expérience ou par la raison ; il y a donc assez d'équivoque dans cette question, et il suffit dans le fonds de reconnaître qu'il y a une lumière interne née avec nous, qui comprend toutes les idées intelligibles et toutes les vérités nécessaires qui ne sont qu'une suite de ces idées et n'ont point besoin de l'expérience pour être prouvées.

Pour réduire donc cette discussion à quelque utilité, je crois que le vrai but qu'on y doit avoir est de déterminer le fondement des vérités et leur origine.

J'avoue que les vérités contingentes ou de fait nous viennent par l'observation et par l'expérience; mais je tiens que les vérités nécessaires dérivatives dépendent de la démonstration, c'est-à-dire des définitions ou idées, jointes aux vérités primitives. Et les vérités primitives (telles que le principe de la contradiction) ne viennent point des sens ou de l'expérience et n'en sauraient être prouvées parfaitement, mais de la lumière naturelle interne, et c'est ce que je veux en disant qu'elles sont nées avec nous. C'est ce que les Géomètres aussi ont fort bien compris. Ils pouvaient prouver passablement leurs propositions (au moins les plus importantes) par l'expérience, et je ne doute point que les anciens Égyptiens et les Chinois n'aient eu une telle géométrie expérimentale. Mais les Géomètres véritables, surtout les Grecs, ont voulu montrer la force de la raison et l'excellence de la science, en faisant voir qu'on peut tout prévoir en ces matières par les lumières internes avant l'expérience. Aussi faut-il avouer que l'expérience ne nous assure jamais d'une parfaite universalité, et encore moins de la nécessité. Quelques anciens se sont moqué d'Euclide, de ce qu'il a prouvé ce qu'âne même n'ignore pas (à ce qu'ils disent), savoir, que dans un triangle les deux côtés ensemble sont plus grands que le troisième. Mais ceux qui savent ce que c'est que la véritable analyse, savent bon gré à Euclide de sa preuve. Et c'est beaucoup que les Grecs, si peu exacts en autre chose, l'ont été tant en Géométrie. Je l'attribue à la Providence, et je crois que sans cela nous ne saurions presque point ce que c'est que démonstration. Aussi crois-je que c'est en cela principalement que nous sommes supérieurs aux Chinois jusqu'ici.

Mais il faut encore voir un peu ce que dit notre habile et célèbre Auteur dans les chapitres II et III pour soutenir qu'il n'y a point de principes nés avec nous. Il s'oppose au consentement universel qu'on allègue en leur faveur, soutenant que bien des gens doutent même de ce fameux principe que deux contradictoires ne sauraient être vraies ou fausses à la fois, et que la plus grande partie du genre humain l'ignore tout à fait. Il avoue qu'il y a une infinité de personnes qui n'en ont jamais fait une énonciation expresse. J'ai vu même des auteurs qui l'ont voulu réfuter, le prenant sans doute de travers. Mais où en trouvera-t-on qui ne s'en serve en pratique et qui ne soit choqué d'un menteur qui se contredit? Cependant je ne me fonde pas entièrement sur le consentement universel : et quant aux propositions qu'on approuve aussitôt qu'elles sont proposées, j'avoue qu'il n'est point nécessaire qu'elles soient primitives ou prochaines d'elles, car il se peut que ce soient des faits fort communs. Pour ce qui est de cette énonciation qui nous apprend qu'un et un font deux (que l'Auteur apporte comme un exemple), elle n'est pas un Axiome, mais une définition. Et lorsqu'on dit que la douceur est autre chose que l'amertume, on ne rapporte qu'un fait de l'expérience primitive ou de la perception immédiate. Ou bien on ne fait que dire que la perception de ce qu'on entend par le mot de la Douceur, est différente de la perception de ce qu'on entend par le mot de l'Amertume. Je ne distingue point ici les vérités pratiques de celles qui sont spéculatives : c'est toujours la même chose. Et comme on peut dire que c'est une vérité des plus manifestes, qu'une substance dont la science et la puissance sont infinies, doit être honorée, on peut dire qu'elle émane d'abord de la lumière qui est née avec nous, pourvu qu'on y puisse donner son attention.

ÉCHANTILLON DE RÉFLEXIONS SUR LE DEUXIÈME LIVRE.

Il est très vrai que nos perceptions des idées viennent ou des sens extérieurs ou des sens internes qu'on peut appeler réflexion; mais cette réflexion ne se borne pas aux seules opérations de l'esprit, comme il dit chap. I, § 4, elle va jusqu'à l'esprit lui-même, et c'est en s'apercevant de lui que nous nous apercevons de la substance.

J'avoue que je suis du sentiment de ceux qui croient que l'âme pense toujours, quoique ses pensées soient souvent trop confuses et trop faibles pour qu'elle s'en puisse souvenir distinctement. Je crois d'avoir des preuves certaines de l'action continuelle de l'âme, et même je crois que le corps ne saurait jamais être sans mouvement. Les objections faites par l'Auteur (liv. II, chap. I, §§ 10 jusqu'à 19) se peuvent résoudre facilement par ce qu'on vient de dire ou qu'on va dire. On se fonde sur l'expérience du sommeil qui est quelquefois sans aucun songe; et, en effet, il y a des personnes qui ne savent ce que c'est que songer. Cependant il n'est pas toujours sûr de nier tout ce dont on ne s'aperçoit point. Et c'est à peu près comme lorsqu'il y a des gens qui nient les petits corps et les mouvements insensibles, et se moquent des particules, parce qu'on ne les saurait montrer. Mais on me dira qu'il y a des preuves qui nous forcent de les admettre. Je réponds qu'il y en a de même qui nous obligent d'admettre les perceptions qui ne sont pas assez notables pour qu'on s'en souvienne. L'expérience encore favorise ce sentiment; par exemple, ceux qui ont dormi dans un lieu froid remarquent d'avoir eu quelque sentiment confus et faible en dormant. Je connais une personne qui s'éveille quand la lampe qu'elle tient toujours allumée la nuit dans sa chambre, cesse d'éclairer. Mais voici quelque chose de plus précis, et qui fait voir que, si on n'avait point toujours des perceptions, on ne pourrait jamais être réveillé du sommeil. Qu'un homme qui dort soit appelé par plusieurs à la fois, et qu'on suppose que la voix de chacun à part ne soit pas assez forte pour l'éveiller, mais que le bruit de toutes ces voix ensemble l'éveille; prenons-en une: il faut bien qu'il ait été touché de cette voix en particulier, car les parties sont dans le tout, et si chacune à part ne fait rien du tout, le tout ne fera rien non plus. Cependant il aurait continué de dormir si elle avait été seule, et cela sans se souvenir d'avoir été appelé. Ainsi il y a des perceptions trop faibles pour être remarquées, quoiqu'elles soient toujours retenues, mais parmi un tas d'une infinité d'autres petites perceptions que nous avons continuellement. Car ni mouvements ni perceptions ne se perdent jamais, l'un et l'autre continuent toujours, devenant seulement indistinguables par la composition avec beaucoup d'autres. On pourrait répondre à ce raisonnement qu'effectivement chaque voix à part touche le corps, mais qu'il en faut une certaine quantité pour que le mouvement du corps aille à l'âme. Je réponds que la moindre impression va à tout corps, et par conséquent à celui dont les mouvements répondent aux actions de l'âme. Et après cela on ne saurait trouver aucun principe de limitation pour qu'il faille une certaine quantité. Je ne veux point insister sur l'intérêt que l'Immortalité de l'âme a dans cette doctrine. Car si l'âme est sans opération, elle est autant que sans vie, et il semble qu'elle ne peut être immortelle que par grâce et par miracle : sentiment qu'on a raison de désapprouver: J'avoue cependant que notre intérêt n'est pas la règle de la vérité; et je ne veux point mêler ici les raisons Théologiques avec celles de la Philosophie.

EXTRAIT N° 3

LES PERCEPTIONS INSENSIBLES. — L'AME PENSE-T-ELLE TOUJOURS

(*Nouveaux Essais*, liv, II, ch. 1, § 9.)

§ 9. PHILALÈTHE. Après cela, voyons quand on doit dire que l'âme commence d'avoir de la perception et de penser actuellement aux idées. Je sais bien qu'il y a une opinion qui pose que l'âme pense toujours, et que la pensée actuelle est aussi inséparable de l'âme que l'extension actuelle est inséparable du corps (§ 10). Mais je ne saurais concevoir qu'il soit plus nécessaire à l'âme de penser toujours qu'au corps d'être toujours en mouvement, la perception des idées étant à l'âme ce que le mouvement est au corps. Cela me paraît fort raisonnable au moins, je serais bien aise, Monsieur, de savoir votre sentiment là-dessus.

THÉOPHILE. Vous l'avez dit, Monsieur, l'action n'est pas plus attachée à l'âme qu'au corps, un état sans pensée dans l'âme et un repos absolu dans le corps me paraissant également contraires à la nature et sans exemple dans le monde. Une substance qui sera une fois en action le sera toujours, car toutes les impressions demeurent et sont mêlées seulement avec d'autres nouvelles. Frappant un corps, on y excite ou détermine plutôt une infinité de tourbillons comme dans une liqueur; car dans le fond tout solide a un degré de liquidité et tout liquide un degré de solidité, et il n'y a pas moyen d'arrêter jamais entièrement ces tourbillons internes : maintenant on peut croire que si le corps n'est jamais en repos, le corps qui y répond ne sera jamais non plus sans perception...

§ 11. PHILALÈTHE. Il n'est pas aisé de concevoir qu'une chose puisse penser et ne pas sentir qu'elle pense.

THÉOPHILE. Voilà sans doute le nœud de l'affaire et la difficulté qui a embarrassé d'habiles gens ; mais voici le moyen d'en sortir. Il faut considérer que nous pensons à quantité de choses à la fois, mais nous ne prenons garde qu'aux pensées qui sont les plus distinguées : et la chose ne saurait aller autrement, car, si nous prenions garde à tout, il faudrait penser avec attention à une infinité de choses en même temps, que nous sentons toutes et qui font impression sur nos sens. Je dis bien plus : il reste quelque chose de toutes nos pensées passées, et aucune n'en saurait jamais être effacée entièrement. Or, quand nous dormons sans songe et quand nous sommes étourdis par quelque coup, chute, syncope ou autre accident, il se forme en nous une infinité de petits sentiments confus, et la mort même ne saurait faire un autre effet sur les âmes des animaux, qui doivent sans doute reprendre tôt ou tard des perceptions distinguées, tout va par ordre dans la nature. J'avoue cependant qu'en cet état de confusion l'âme serait sans plaisir et sans douleur, car ce sont des perceptions notables.

§ 12. Philalèthe. N'est-il pas vrai que ceux avec qui nous avons présentement affaire, c'est-à-dire les Cartésiens, qui croient que l'âme pense toujours, accordent la vie à tous les animaux différents de l'homme, sans leur donner une âme qui connaisse et qui pense; et que les mêmes ne trouvent aucune difficulté de dire que l'âme puisse penser sans être jointe à un corps ?

Théophile. Pour moi, je suis d'un autre sentiment; car, quoique je sois de celui des Cartésiens en ce qu'ils disent que l'âme pense toujours, je ne le suis dans les deux autres points. Je crois que les bêtes ont des âmes impérissables et que les âmes humaines et toutes les autres ne sont jamais sans quelque corps : je tiens même que Dieu seul, comme étant un acte pur, en est entièrement exempt.

Philalèthe. Si vous aviez été du sentiment des Cartésiens, j'en aurais inféré que le corps de Castor ou de Pollux, pouvant être tantôt avec, tantôt sans âme, quoique demeurant toujours vivants, et l'âme pouvant aussi être tantôt dans un tel corps et tantôt dehors, n'auraient qu'une seule âme qui agirait alternativement dans le corps de ces deux hommes endormis et éveillés tour à tour : ainsi elle ferait deux personnes aussi distinctes que Castor et Hercule pourraient l'être.

Théophile. Je vous ferai une autre supposition à mon tour, qui paraît plus naturelle. N'est-il pas vrai qu'il faut toujours accorder qu'après quelque intervalle ou quelque grand changement on peut tomber dans un oubli général? Sleidan, dit-on, avant que de mourir, oublia tout ce qu'il savait. Et il y a quantité d'autres exemples de ce triste événement. Supposons qu'un tel homme rajeunisse et apprenne tout de nouveau. Sera-ce un autre homme pour cela? Ce n'est donc pas le souvenir qui fait justement le même homme. Cependant la fiction d'une âme qui anime des corps différents tour à tour, sans que ce qui lui arrive dans l'un de ces corps l'intéresse dans l'autre, est une de ces fictions contraires à la nature des choses, qui viennent des notions incomplètes des philosophes, comme l'espace sans corps et le corps sans mouvement, et qui disparaissent quand on pénètre un peu plus avant; car il faut savoir que chaque âme garde toutes les impressions précédentes et ne saurait se mi-partir de la manière qu'on vient de dire. L'avenir dans chaque substance a une parfaite liaison avec le passé. C'est ce qui fait l'identité de l'individu. Cependant le souvenir n'est point nécessaire ni même toujours possible, à cause de la multitude des impressions présentes et passées qui concourent à nos pensées présentes, car je ne crois point qu'il y ait dans l'homme des pensées dont il n'y ait quelque effet au moins confus, ou quelque reste mêlé avec les pensées suivantes. On peut oublier bien des choses, mais on pourrait aussi se ressouvenir de bien loin si l'on était ramené comme il faut.

Philalèthe. Ceux qui viennent à dormir sans faire aucun songe ne peuvent jamais être convaincus que leurs pensées soient en action.

Théophile. On n'est pas sans quelque sentiment faible pendant qu'on dort, lors même qu'on est sans songe. Le réveil même le marque; et plus on est aisé à être éveillé, plus on a de sentiment de ce qui se passe au dehors, quoique ce sentiment ne soit pas toujours assez fort pour causer le réveil.

§ 14. Philalèthe. Il paraît bien difficile de concevoir que dans ce moment l'âme pense dans un homme endormi, et le moment suivant dans un homme éveillé, sans qu'elle s'en ressouvienne.

Théophile. Non seulement cela est aisé à concevoir, mais même quelque chose de semblable s'observe tous les jours pendant qu'on veille; car nous avons toujours des objets qui frappent nos yeux ou nos oreilles, et par conséquent l'âme en est touchée aussi, sans que nous y prenions garde : parce que notre attention est bandée à d'autres objets, jusqu'à ce que l'objet devienne assez fort pour l'attirer à soi en redoublant son action ou par quelque autre raison; c'était comme un sommeil particulier à l'égard de cet objet-là, et ce sommeil devient général lorsque notre attention cesse à l'égard de tous les objets ensemble. C'est aussi un moyen de s'endormir quand on partage l'attention pour l'affaiblir.

Philalèthe. J'ai appris d'un homme qui dans sa jeunesse s'était appliqué à l'étude et avait eu la mémoire assez heureuse, qu'il n'avait jamais eu aucun songe avant que d'avoir eu la fièvre, dont il venait d'être guéri dans le temps qu'il me parlait, âgé pour lors de vingt-cinq ou vingt-six ans.

Théophile. On m'a aussi parlé d'une personne d'étude bien plus avancée en âge, qui n'avait jamais eu aucun songe. Mais ce n'est pas sur les songes seuls qu'il faut fonder la perpétuité de la perception de l'âme, puisque j'ai fait voir comment, même en dormant, elle a quelque perception de ce qui se passe au dehors.

§ 15. Philalèthe. Penser souvent et ne pas conserver un seul moment le souvenir de ce qu'on pense, c'est penser d'une matière inutile.

Théophile. Toutes les impressions ont leur effet, mais tous les effets ne sont pas toujours notables ; quand je me tourne d'un côté plutôt que d'un autre, c'est bien souvent par un enchaînement de petites impressions dont je ne m'aperçois pas, et qui rendent un mouvement un peu plus malaisé que l'autre. Toutes nos actions indélibérées sont des résultats d'un concours de petites perceptions, et même nos coutumes et passions, qui ont tant d'influence dans nos délibérations, en viennent ; car ces habitudes naissent peu à peu, et par conséquent, sans les petites perceptions, on ne viendrait point à ces dispositions notables. J'ai déjà remarqué que celui qui nierait ces effets dans la morale imiterait des gens mal instruits qui nient les corpuscules insensibles dans la physique ; et cependant je vois qu'il y en a parmi ceux qui parlent de la liberté, qui, ne prenant pas garde à ces impressions insensibles, capables de faire pencher la balance, s'imaginent une entière indifférence dans les actions morales, comme celle de l'âne de Buridan mi-parti entre deux prés. Et c'est de quoi nous parlerons plus amplement dans la suite. J'avoue pourtant que ces impressions font pencher, sans nécessiter.

Philalèthe. On dira peut-être que, dans un homme éveillé qui pense, son corps est pour quelque chose, et que le souvenir se conserve par les traces du cerveau; mais que, lorsqu'il dort, l'âme a ses pensées à part en elle-même.

Théophile. Je suis bien éloigné de dire cela, puisque je crois qu'il y a toujours une exacte correspondance entre le corps et l'âme, et puisque je me sers des impressions du corps dont on ne s'aperçoit pas, soit en veillant, soit en dormant, pour prouver que l'âme en a de semblables. Je tiens même qu'il se passe quelque chose dans l'âme qui répond à la circulation du sang et à tous les mouvements internes des viscères, dont on ne s'aperçoit pourtant point, tout comme ceux qui habitent auprès d'un moulin à eau ne s'aperçoivent point du bruit qu'il fait. En effet, s'il y avait des impressions dans le corps, pendant le sommeil ou pendant qu'on veille, dont l'âme ne fût point touchée ou affectée du tout, il faudrait donner des limites à l'union de l'âme et du corps, comme si les impressions corporelles avaient besoin d'une certaine figure et grandeur pour que l'âme s'en pût ressentir; ce qui n'est point soutenable si l'âme est incorporelle, car il n'y a point de proportion entre une substance incorporelle et une telle ou telle modification de la matière. En un mot, c'est une grande source d'erreurs de croire qu'il n'y a aucune perception dans l'âme que celles dont elle s'aperçoit.

§ 16. PHILALÈTHE. La plupart des songes dont nous nous souvenons sont extravagants et mal liés. On devrait donc dire que l'âme doit la faculté de penser raisonnablement au corps, ou qu'elle ne retient aucun de ses soliloques raisonnables.

THÉOPHILE. Le corps répond à toutes les pensées de l'âme, raisonnables ou non. Et les songes ont aussi bien leurs traces dans le cerveau que les pensées de ceux qui veillent.

§ 17. PHILALÈTHE. Puisque vous êtes si assuré que l'âme pense toujours actuellement, je voudrais que vous me puissiez dire quelles sont les idées qui sont dans l'âme d'un enfant avant que d'être unie au corps, ou justement dans le temps de son union, avant qu'elle ait reçu aucune idée par la voie de la sensation.

THÉOPHILE. Il est aisé de vous satisfaire par nos principes. Les perceptions de l'âme répondent toujours naturellement à la constitution du corps; et lorsqu'il y a quantité de mouvements confus et peu distingués dans le cerveau, comme il arrive à ceux qui ont peu d'expérience, les pensées de l'âme (suivant l'ordre des choses) ne sauraient être non plus distinctes. Cependant l'âme n'est jamais privée du secours de la sensation, parce qu'elle exprime toujours son corps; et ce corps est toujours frappé par les autres qui l'environnent d'une infinité de manières, mais qui souvent ne font qu'une impression confuse.

§ 18. PHILALÈTHE. Mais voici encore une autre question que fait l'Auteur de l'*Essai*. Je voudrais bien, dit-il, que ceux qui soutiennent avec tant de confiance que l'âme de l'homme ou (ce qui est la même chose) que l'homme pense toujours, me dissent comment ils le savent.

THÉOPHILE. Je ne sais s'il ne faut pas plus de confiance pour nier qu'il se passe quelque chose dans l'âme dont nous ne nous apercevions pas ; car ce qui est remarquable doit être composé de parties qui ne le sont pas : rien ne saurait naître tout d'un coup, la pensée non plus que le mouvement. Enfin c'est comme si quelqu'un demandait aujourd'hui comment nous connaissons les corpuscules insensibles.

§ 19. PHILALÈTHE. Je ne me souviens pas que ceux qui nous disent que l'âme pense toujours nous disent jamais que l'homme pense toujours.

THÉOPHILE. Je m'imagine que c'est parce qu'ils l'entendent aussi de l'âme séparée. Cependant ils avoueront volontiers que l'homme pense toujours durant l'union. Pour moi, qui ai des raisons pour tenir que l'âme n'est jamais séparée de tout corps, je crois qu'on peut dire absolument que l'homme pense et pensera toujours.

PHILALÈTHE. Dire que le corps est étendu sans avoir des parties, et qu'une chose pense sans s'apercevoir qu'elle pense, ce sont deux assertions qui paraissent également inintelligibles.

THÉOPHILE. Pardonnez-moi, Monsieur, je suis obligé de vous dire que lorsque vous avancez qu'il n'y a rien dans l'âme dont elle ne s'aperçoive, c'est une pétition de principe qui a déjà régné par toute notre première conférence, où l'on a voulu s'en servir pour détruire les idées et les vérités innées. Si nous accordions ce principe, outre que nous croirions choquer l'expérience et la raison, nous renoncerions sans raison à notre sentiment que je crois avoir rendu assez intelligible. Mais outre que nos adversaires, tout habiles qu'ils sont, n'ont point apporté de preuve de ce qu'ils avancent si souvent et si positivement là-dessus il est aisé de leur montrer le contraire, c'est-à-dire, qu'il n'est pas possible que nous réfléchissions toujours expressément sur toutes nos pensées ; autrement l'esprit ferait réflexion sur chaque réflexion à l'infini, sans pouvoir jamais passer à une nouvelle pensée. Par exemple, en m'apercevant de quelque sentiment présent, je devrais toujours penser que j'y pense, et penser encore que je pense d'y penser, et ainsi à l'infini. Mais il faut bien que je cesse de réfléchir sur toutes ces réflexions, et qu'il y ait enfin quelque pensée qu'on laisse passer sans y penser ; autrement on demeurerait toujours sur la même chose.

PHILALÈTHE. Mais ne serait-on pas tout aussi bien fondé à soutenir que l'homme a toujours faim, en disant qu'il en peut avoir sans s'en apercevoir ?

THÉOPHILE. Il y a bien de la différence ; la faim a des raisons particulières qui ne subsistent pas toujours. Cependant il est vrai aussi qu'encore quand on a faim, on n'y pense pas à tout moment ; mais quand on y pense, on s'en aperçoit : car c'est une disposition bien notable. Il y a toujours des irritations dans l'estomac, mais il faut qu'elles deviennent assez fortes pour causer la faim. La même distinction se doit toujours faire entre les pensées en général et les pensées notables. Ainsi, ce qu'on apporte pour tourner notre sentiment en ridicule sert à le confirmer.

§ 23. PHILALÈTHE. On peut demander maintenant quand l'homme commence à avoir des idées dans sa pensée, et il me semble qu'on doit répondre que c'est dès qu'il a quelque sensation.

THÉOPHILE. Je suis du même sentiment, mais c'est par un principe un peu particulier: car je crois que nous ne sommes jamais sans pensées, et aussi jamais sans sensations. Je distingue seulement entre sensations et pensées; car nous avons toujours toutes les idées pures ou distinctes indépendamment des sens, mais les pensées répondent toujours à quelque sensation.

§ 25. PHILALÈTHE. Mais l'esprit est passif seulement dans la perception des idées simples, qui sont des rudiments ou matériaux de la connaissance, au lieu qu'il est actif quand il forme des idées composées.

THÉOPHILE. Comment cela se peut-il qu'il soit passif seulement à l'égard de la perception de toutes les idées simples, puisque, selon votre propre aveu, il y a des idées simples dont la perception vient de la réflexion, et qu'au moins l'esprit se donne lui-même les pensées de réflexion ? car c'est lui qui réfléchit. S'il se peut les refuser, c'est une autre question; et il ne le peut point sans doute, sans quelque raison qui l'en détourne quand quelque occasion l'y porte.

PHILALÈTHE. Il semble que jusqu'ici nous avons disputé *ex professo*. Maintenant, que nous allons venir au détail des idées, j'espère que nous serons plus d'accord, et que nous ne différerons qu'en quelques particularités.

THÉOPHILE. Je serai ravi de voir d'habiles gens dans les sentiments que je tiens vrais, car ils sont propres à les faire valoir et à les mettre dans un beau jour.

EXTRAIT N° 4

SI L'AME À LA NAISSANCE EST UNE TABLE RASE

A (*Nouveaux Essais*, liv. II, ch. 1).

Cette *Tabula rasa* dont on parle tant n'est à mon avis qu'une fiction, que la nature ne souffre point et qui n'est fondée que dans les notions incomplètes des philosophes, comme le vide, les atomes et le repos ou absolu ou respectif de deux parties d'un tout entre elles, comme la matière première qu'on conçoit sans aucunes formes. Les choses uniformes et qui ne renferment aucune variété ne sont jamais que des abstractions, comme le temps, l'espace et les autres êtres des mathématiques pures. Il n'y a point de corps dont les parties soient en repos, et il n'y a point de substance qui n'ait de quoi se distinguer de toute autre. Les âmes humaines diffèrent non seulement des autres âmes, mais encore entre elles, quoique la différence ne soit point de la nature de celles qu'on appelle spécifiques. Et, selon les démonstrations que je crois avoir, toute chose substantielle, soit âme ou corps, a son rapport à chacune des autres qui lui est propre ; et l'une doit toujours différer de l'autre par des dénominations *intrinsèques*, pour ne pas dire que ceux qui parlent tant de cette *Table rase*, après lui avoir ôté les idées, ne sauraient dire ce qui lui reste, comme les philosophes de l'école qui ne laissent rien à leur matière première. On me répondra peut-être que cette *Table rase* des philosophes veut dire que l'âme n'a naturellement et originairement que des facultés nues. Mais les facultés sans quelque acte, en un mot les pures puissances de l'école, ne sont aussi que des fictions que la nature ne connaît point et qu'on n'obtient qu'en faisant des abstractions. Car où trouvera-t-on jamais dans le monde une faculté qui se renferme dans la seule puissance sans exercer aucun acte? Il y a toujours une disposition particulière à l'action et à une action plutôt qu'à l'autre ; et, outre la disposition, il y a une tendance à l'action, dont même il y a toujours une infinité à la fois dans chaque sujet, et ces tendances ne sont jamais sans quelque effet. L'expérience est nécessaire, je l'avoue, afin que l'âme soit déterminée à telles ou telles pensées, et afin qu'elle prenne garde aux idées qui sont en nous; mais le moyen que l'expérience et les sens puissent donner des idées? L'âme a-t-elle des fenêtres? ressemble-t-elle à des tablettes? est-elle comme de la cire? Il est visible que tous ceux qui pensent ainsi de l'âme la rendent corporelle dans le fond. On m'opposera cet axiome reçu parmi les philosophes : que *rien n'est dans l'âme qui ne vienne des sens;* mais il faut excepter l'âme même et ses affections : *Nihil est in intellectu quod non fuerit in sensu;* excipe, *nisi ipse intellectus.* Or l'âme renferme l'être, la substance, l'un, le même, la cause, la perception, le raisonnement et quantité d'autres notions que les sens ne sauraient donner. Cela s'accorde assez avec votre Auteur de l'*Essai,* qui cherche une bonne partie des idées dans la réflexion de l'esprit sur sa propre nature.

B (*Nouveaux Essais,* liv. II, ch. xii).

PHILALÈTHE. L'entendement ne ressemble pas mal à un cabinet entièrement obscur, qui n'aurait que quelques petites ouvertures pour laisser entrer par dehors les images extérieures et visibles; de sorte que si ces images, venant à se peindre dans ce cabinet obscur, pouvaient y rester et y être placées en ordre, en sorte qu'on pût les trouver dans l'occasion, il y aurait une grande ressemblance entre ce cabinet et l'entendement humain.

THÉOPHILE. Pour rendre la ressemblance plus grande, il faudrait supposer que dans la chambre obscure il y eût une toile pour recevoir les espèces, qui ne fût pas unie, mais diversifiée par les plis, représentant les connaissances innées; que, de plus, cette toile ou membrane étant tendue eût une manière de ressort ou force d'agir, et même une action ou réaction accommodée tant aux plis passés qu'aux nouveaux venus des impressions des espèces. Et cette action consisterait en certaines vibrations ou oscillations, telles qu'on voit dans une corde tendue quand on la touche, de sorte qu'elle rendrait une manière de son musical. Car non seulement nous recevons des images ou traces dans le cerveau, mais nous en formons encore de nouvelles quand nous envisageons des idées *complexes*. Ainsi, il faut que la toile qui représente notre cerveau soit active et élastique. Cette comparaison expliquerait tolérablement ce qui se passe dans le cerveau; mais quant à l'âme, qui est une substance simple ou *Monade*, elle représente sans étendue ces mêmes variétés des masses étendues et en a la perception.

EXTRAIT N° 5

LE PRINCIPE DE RAISON SUFFISANTE. — LES LOIS
DE LA NATURE ET LA FINALITÉ.

A (*Théodicée*, §§ 349-350).

Les lois de la Nature qui règlent les mouvements ne sont ni tout à fait nécessaires ni entièrement arbitraires. Le milieu qu'il y a à prendre est qu'elles sont un choix de la plus parfaite sagesse. Et ce grand exemple des lois du mouvement fait voir, le plus clairement du monde, combien il y a de différence entre ces trois cas, savoir, premièrement, une nécessité absolue métaphysique ou géométrique, qu'on peut appeler aveugle et qui ne dépend que des causes efficientes; en second lieu, une nécessité morale, qui vient du choix libre de la sagesse par rapport aux causes finales; et enfin en troisième lieu, quelque chose d'arbitraire absolument, dépendant d'une indifférence d'équilibre qu'on se figure, mais qui ne saurait exister, où il n'y a aucune raison suffisante ni dans la cause efficiente ni dans la finale. Et par conséquent on a tort de confondre, ou ce qui est *absolument nécessaire*, avec ce qui est *déterminé par la raison du meilleur;* ou la liberté qui se détermine par la raison avec une indifférence vague.

C'est ce qui satisfait justement à la difficulté de M. Bayle, qui craint que si Dieu est toujours déterminé, la Nature se pourrait passer de lui, et faire le même effet, qui lui est attribué, par la nécessité de l'ordre des choses. Cela serait vrai si, par exemple, la loi du mouvement ou tout le reste avait sa source dans une nécessité géométrique de causes efficientes; mais il se trouve que, dans la dernière analyse, on est obligé de recourir à quelque chose qui dépend des causes finales ou de la convenance.

LES LOIS DE LA NATURE ET LA FINALITÉ

B (*Disc. de Métaph.*, § 19).

§ 19. Comme je n'aime pas de juger des gens en mauvaise part, je n'accuse pas nos nouveaux philosophes qui prétendent de bannir les causes finales de la physique, mais je suis néanmoins obligé d'avouer que les suites de ce sentiment me paraissaient dangereuses, surtout quand je le joins à celui que j'ai réfuté au commencement de ce discours, qui semble aller à les ôter tout à fait, comme si Dieu ne se proposait aucune fin ni bien ; ou comme si le bien n'était pas l'objet de sa volonté. Je tiens au contraire que c'est là où il faut chercher le principe de toutes les existences et des lois de la Nature, parce que Dieu se propose toujours le meilleur et le plus parfait. Je veux bien avouer que nous sommes sujets à nous abuser, quand nous voulons déterminer les fins ou conseils de Dieu, mais ce n'est que lorsque nous les voulons borner à quelque dessein particulier, croyant qu'il n'a eu en vue qu'une seule chose, au lieu qu'il a eu en même temps égard à tout ; comme lorsque nous croyons que Dieu n'a fait le monde que pour nous, c'est un grand abus, quoiqu'il soit très véritable qu'il l'a fait tout entier pour nous, et qu'il n'y a rien dans l'univers qui ne nous touche et qui ne s'accommode aussi aux égards qu'il a pour nous, suivant les principes posés ci-dessus. Ainsi lorsque nous

voyons quelque bon effet ou quelque perfection qui
arrive ou qui s'ensuit des ouvrages de Dieu, nous
pouvons dire sûrement que Dieu se l'est proposée;
car il ne fait rien par hasard, et n'est pas semblable
à nous, à qui il échappe quelquefois de bien faire.
C'est pourquoi, bien loin qu'on puisse faillir en cela,
comme font les politiques outrés qui s'imaginent
trop de raffinement dans les desseins des princes, ou
comme font des commentateurs qui cherchent trop
d'érudition dans leur auteur, on ne saurait attribuer
trop de réflexions à cette sagesse infinie, et il n'y a
aucune matière où il y ait moins d'erreur à craindre
tandis qu'on ne fait qu'affirmer, et pourvu qu'on se
garde ici des propositions négatives qui limitent les
desseins de Dieu. Tous ceux qui voient l'admirable
structure des animaux se trouvent portés à reconnaître la sagesse de l'Auteur des choses, et je conseille
à ceux qui ont quelque sentiment de piété et même
de la véritable philosophie, de s'éloigner des phrases
de quelques esprits forts prétendus, qui disent qu'on
voit parce qu'il se trouve qu'on a des yeux, sans que
les yeux aient été faits pour voir. Quand on est sérieusement dans ces sentiments qui donnent tout à
la nécessité de la matière ou à un certain hasard
(quoique l'un et l'autre doive paraître ridicule à ceux
qui entendent ce que nous avons expliqué ci-dessus),
il est difficile qu'on puisse reconnaître un Auteur intelligent de la nature, car l'effet doit répondre à sa
cause, et même il reconnaît le mieux par la connaissance de la cause, et il est déraisonnable d'introduire

une intelligence souveraine ordonnatrice des choses, et puis, au lieu d'employer sa sagesse, ne se servir que des propriétés de la matière pour expliquer les phénomènes. Comme si pour rendre raison d'une conquête qu'un grand prince a faite en prenant quelque place d'importance, un historien voulait dire que c'est parce que les petits corps de la poudre à canon, étant délivrés à l'attouchement d'une étincelle, se sont échappés avec une vitesse capable de pousser un corps dur et pesant contre les murailles de la place, pendant que les branches des petits corps qui composent le cuivre du canon étaient assez bien entrelacées pour ne pas se disjoindre par cette vitesse ; au lieu de faire voir comment la prévoyance du conquérant lui a fait choisir le temps et les moyens convenables, et comment sa puissance a surmonté tous les obstacles.

C (*Epistola ad Bierlingium*, 1711).

Mechanismi fons est vis primitiva, sed leges motus, secundum quas ex eo nascuntur impetus seu vires derivativæ, profluunt ex perceptione boni et mali, seu ex eo quod est convenientissimum. Ita fit ut efficientes causæ pendeant a finalibus.....

EXTRAIT N° 6.

LE BIEN OU LA RECHERCHE DU BONHEUR RÉGLÉE PAR LA RAISON.

A (*Nouveaux Essais,* liv. II, ch. XXI).

THÉOPHILE. Si vous prenez *uneasiness* ou inquiétude pour un véritable déplaisir, en ce sens je n'accorde point qu'il soit le seul aiguillon. Ce sont le plus souvent ces petites perceptions insensibles qu'on pourrait appeler des douleurs inaperceptibles, si la notion de la douleur ne renfermait l'aperception. Ces petites impulsions consistent à se délivrer continuellement des petits empêchements, à quoi notre nature travaille sans qu'on y pense. C'est en quoi consiste véritablement cette inquiétude qu'on sent sans la connaître, qui nous fait agir dans les passions aussi bien que lorsque nous paraissons le plus tranquilles; car nous ne sommes jamais sans quelque action et mouvement, qui ne vient que de ce que la nature travaille toujours à se mettre mieux à son aise. Et c'est ce qui nous détermine aussi avant toute consultation dans les cas qui nous paraissent les plus indifférents, parce que nous ne sommes jamais parfaitement en balance et ne saurions être mi-partis exactement entre deux cas. Or, si ces éléments de la douleur (qui dégénèrent en douleur ou déplaisir véritable quelquefois lorsqu'ils croissent trop) étaient de vraies douleurs, nous serions toujours misérables en poursuivant le bien que nous cherchons avec inquiétude et ardeur. Mais c'est tout le contraire; et, comme j'ai dit déjà ci-dessus (§ 6 du chapitre précédent), l'amas de ces petits succès continuels de la Nature qui se met de plus en plus à son aise, en tendant au bien et jouissant de son image ou diminuant le sentiment de la douleur, est déjà un plaisir considérable, et vaut souvent mieux que la jouissance même du bien; et, bien loin qu'on doive regarder cette inquiétude comme une chose incompatible avec la félicité, je trouve que l'inquiétude est essentielle à la félicité des créatures, laquelle ne consiste jamais dans une parfaite possession qui les rendrait insensibles et comme stupides, mais dans un progrès continuel et non interrompu à de plus grands biens, qui ne peut manquer d'être accompagné d'un désir ou du moins d'une inquiétude continuelle, mais telle que je viens d'expliquer, qui ne va pas jusqu'à incommoder, mais qui se borne à ses éléments ou rudiments de la douleur, inaperceptibles à part, lesquels ne laissent pas d'être suffisants pour servir d'aiguillon et pour exciter la volonté; comme fait l'appétit dans un homme qui se porte bien, lorsqu'il ne va pas jusqu'à cette incommodité qui nous rend impatients et nous tourmente par un trop grand attachement à l'idée de ce qui nous manque. Ces appétitions, petites ou grandes, sont ce qui s'appelle dans les écoles *motus primo primi*, et ce sont véritablement les premiers pas que la Nature nous fait faire, non pas tant vers le bonheur que vers la joie; car on n'y regarde que le présent : mais l'expérience et la raison apprennent à régler ces appétitions et à les modérer pour qu'elles puissent conduire au bonheur. J'en ai déjà dit quelque chose (liv. I, chap. II, § 3), les appétitions sont comme la tendance de la pierre, qui va le plus droit, mais non pas toujours le meilleur chemin vers le centre de la terre, ne pouvant pas prévoir qu'elle rencontrera des rochers où elle se brisera, au lieu qu'elle se serait approchée davantage de son but, si elle avait eu l'esprit et le moyen de s'en détourner. C'est ainsi qu'allant droit vers le présent plaisir nous tombons quelquefois dans le précipice de la misère. C'est pourquoi la raison y oppose les images des plus grands biens ou maux à venir et une ferme résolution et habitude de penser avant que de faire et puis de suivre ce qui aura été reconnu le meilleur, lors même que les raisons sensibles de nos conclusions ne nous seront plus présentes dans l'esprit et ne consisteront presque plus qu'en images faibles, ou même dans les pensées sourdes que donnent les mots ou signes destitués d'une explication actuelle, de sorte que tout consiste dans le *pensez-y bien* et dans le *memento*; le premier pour se faire des lois, et le second pour les suivre, lors même qu'on ne pense pas à la raison qui les a fait naître. Il est pourtant bon d'y penser le plus qu'il se peut, pour avoir l'âme remplie d'une joie raisonnable et d'un plaisir accompagné de lumière.

B (*Nouveaux Essais*, liv. II, ch. xxi).

Théophile. Je ne sais si le plus grand plaisir est possible. Je croirais plutôt qu'il peut croître à l'infini ; car nous ne savons pas jusqu'où nos connaissances et nos organes peuvent être portés dans toute cette éternité qui nous attend. Je croirais donc que le *bonheur* est un plaisir durable, ce qui ne saurait avoir lieu sans une progression continuelle à de nouveaux plaisirs. Ainsi de deux, dont l'un ira incomparablement plus vite et par de plus grands plaisirs que l'autre, chacun sera heureux en soi-même, quoique leur bonheur soit fort inégal. Le *bonheur* est donc pour ainsi dire un chemin par des plaisirs, et le plaisir n'est qu'un pas et un avancement vers le bonheur, le plus court qui se peut faire suivant les présentes impressions, mais non pas toujours le meilleur, comme j'ai dit vers la fin du § 36. On peut manquer le vrai chemin en voulant suivre le plus court, comme la pierre allant droit peut rencontrer trop tôt des obstacles qui l'empêchent d'avancer assez vers le centre de la terre : ce qui fait connaître que c'est la raison et la volonté qui nous mènent vers le bonheur, mais que le sentiment et l'appétit ne nous portent que vers le plaisir. Or, quoique le plaisir ne puisse point recevoir une définition nominale, non plus que la lumière ou la couleur, il en peut pourtant recevoir une causale comme elles ; et je crois que dans le fond le *plaisir* est un sentiment de perfection, et la douleur un sentiment d'imperfection, pourvu qu'il soit assez notable pour faire qu'on s'en puisse apercevoir : car les petites perceptions insensibles de quelque perfection ou imperfection, qui sont comme les éléments du plaisir et de la douleur, et dont j'ai parlé tant de fois, forment des inclinations et des penchants, mais non pas encore les passions mêmes. Ainsi il y a des inclinations insensibles et dont on ne s'aperçoit pas; il y en a de sensibles dont on connaît l'existence et l'objet, mais dont on ne sent pas la formation, et ce sont des inclinations confuses que nous attribuons au corps, quoiqu'il y ait toujours quelque chose qui y répond dans l'esprit ; enfin il y a des inclinations distinctes que la raison nous donne, dont nous sentons et la force et la formation; et les plaisirs de cette Nature qui se trouvent dans la connaissance et la production de l'ordre et de l'harmonie sont les plus estimables. On a raison de dire que généralement toutes ces inclinations, ces passions, ces plaisirs et ces douleurs n'appartiennent qu'à l'esprit ou à l'âme; j'ajouterai même que leur origine est dans l'âme même, en prenant les choses dans une certaine rigueur métaphysique, mais que néanmoins on a raison de dire que les pensées confuses viennent du corps : parce que là-dessus la considération du corps, et non pas celle de l'âme, fournit quelque chose de distinct et d'explicable. Le *bien* est ce qui sert ou contribue au plaisir, comme le *mal* ce qui contribue à la douleur. Mais, dans la collision avec un plus grand bien, le bien qui nous en priverait pourrait devenir véritablement un mal, en tant qu'il contribuerait à la douleur qui en devrait naître.

EXTRAIT N° 7

L'IDÉE DU BIEN ET DE LA VERTU

(*Nouveaux Essais*, liv. II, ch. xxviii.)

PHILALÈTHE. *Relation Morale* est la convenance ou disconvenance qui se trouve entre les actions volontaires des hommes et une règle qui fait qu'on juge si elles sont *moralement bonnes ou mauvaises* (§ 5); et le *bien moral* ou le *mal moral* est la conformité ou l'opposition qui se trouve entre les actions volontaires et une certaine loi, ce qui nous attire du bien ou du mal (physique) par la volonté et puissance du législateur (ou de celui qui veut maintenir la loi), et c'est ce que nous appelons *récompense* et *punition*.

THÉOPHILE. Il est permis à des auteurs aussi habiles que celui dont vous représentez les sentiments, Monsieur, d'accommoder les termes comme ils le jugent à propos. Mais il est vrai aussi que, suivant cette notion, une même action serait moralement bonne et moralement mauvaise en même temps sous de différents législateurs, tout comme notre habile Auteur prenait la vertu ci-dessus pour ce qui est loué, et, par conséquent, une même action serait vertueuse ou non selon les opinions des hommes. Or, cela n'étant pas le sens ordinaire qu'on donne aux actions moralement bonnes et vertueuses, j'aimerais mieux, pour moi, prendre pour la mesure du bien moral et de la vertu la règle invariable de la raison que Dieu s'est chargé de maintenir. Aussi peut-on être assuré que par son moyen tout bien moral devient physique, ou, comme parlaient les anciens, tout honnête est utile; au lieu que, pour exprimer la notion de l'auteur, il faudrait dire que le bien ou le mal moral est un bien ou un mal d'imposition ou *institutif*, que celui qui a le pouvoir en main tâche de faire suivre ou éviter par les peines ou récompenses. Le bon est que ce qui est de l'institution générale de Dieu est conforme à la nature ou à la raison.

EXTRAIT N° 3

NATURE ET DESTINÉE DES ESPRITS OU MONADES RAISONNABLES ; LEUR PARENTÉ AVEC DIEU

(*Disc. de Métaph.*, §§ 34, 35, 36.)

Supposant que les corps qui font *unum per se* comme l'homme sont des substances, et qu'ils ont des formes substantielles, et que les bêtes ont des âmes, on est obligé d'avouer que ces âmes et ces formes ne sauraient entièrement périr, non plus que les atomes ou les dernières parties de la matière dans le sentiment des autres philosophes ; car aucune substance ne périt, quoiqu'elle puisse devenir tout autre. Elles expriment aussi tout l'univers, quoique plus imparfaitement que les esprits. Mais la principale différence est qu'elles ne connaissent pas ce qu'elles sont ni ce qu'elles font, et par conséquent, ne pouvant faire de réflexions, elles ne sauraient découvrir des vérités nécessaires et universelles. C'est aussi faute de réflexion sur elles-mêmes qu'elles n'ont point de qualité morale, d'où vient que, passant par mille transformations, à peu près comme nous voyons qu'une chenille se change en papillon, c'est autant pour la morale ou pratique, comme si on disait qu'elles périssent, et on le peut même dire physiquement, comme nous disons que les corps périssent par corruption. Mais l'âme intelligente, connaissant ce qu'elle est, et pouvant dire ce *moi* qui dit beaucoup, ne demeure pas seulement et subsiste métaphysiquement, bien plus que les autres, mais elle demeure encore la même moralement et fait le même personnage. Car c'est le souvenir ou la connaissance de ce *moi* qui la rend capable de châtiment et de récompense. Aussi l'immortalité qu'on demande dans la morale et dans la religion ne consiste pas dans cette subsistance perpétuelle toute seule qui convient à toutes les substances, car, sans le souvenir de ce qu'on a été, elle n'aurait rien de souhaitable. Supposons que quelque particulier doive devenir tout d'un coup roi de la Chine, mais à condition d'oublier ce qu'il a été, comme s'il venait de naître tout de nouveau ; n'est-ce pas autant dans la pratique, ou quant aux effets dont on se peut apercevoir, que s'il devait être anéanti, et qu'un roi de la Chine devait être créé dans le même instant à sa place ? Ce que ce particulier n'a aucune raison de souhaiter.

35. Mais pour faire juger par des raisons naturelles que Dieu conservera toujours non seulement notre substance, mais encore notre personne, c'est-à-dire le souvenir et la connaissance de ce que nous sommes (quoique la connaissance distincte en soit quelquefois suspendue dans le sommeil et dans les défaillances), il faut joindre la morale à la métaphysique, c'est-à-dire il ne faut pas seulement considérer Dieu comme le principe et la cause de toutes les substances et de tous les êtres, mais encore comme le chef de toutes les personnes ou substances intelligentes, et comme le monarque absolu de la plus parfaite cité ou république, telle qu'est celle de l'univers composé de tous les esprits ensemble, Dieu lui-même étant aussi bien le plus accompli de tous les esprits qu'il est le plus grand de tous les êtres. Car assurément les esprits sont les créatures les plus parfaites et qui expriment le mieux la divinité. Et toute la nature, fin, vertu et fonction des substances, n'étant que d'exprimer Dieu et l'univers, comme il a été assez expliqué, il n'y a pas lieu de douter que les substances qui l'expriment avec connaissance de ce qu'elles font, et qui sont capables de connaître de grandes vérités à l'égard de Dieu et de l'univers, ne l'expriment mieux sans comparaison que ces natures qui sont ou brutes, ou inca-

pables de connaître ces vérités, ou tout à fait dénuées de sentiment et de connaissance ; et la différence entre les substances intelligentes et celles qui ne le sont pas est aussi grande que celle qu'il y a entre le miroir et celui qui voit. Et comme Dieu lui-même est le plus grand et le plus sage des esprits, il est aisé de juger que les êtres avec lesquels il peut pour ainsi dire entrer en conversation et même en société, en leur communiquant ses sentiments et ses volontés d'une manière particulière, et en telle sorte qu'ils puissent connaître et aimer leur bienfaiteur, le doivent toucher infiniment plus que le reste des choses, qui ne peuvent passer que pour les instruments des esprits. Comme nous voyons que toutes les personnes sages font infiment plus d'état d'un homme que de quelqu'autre chose, quelque précieuse qu'elle soit : et il semble que la plus grande satisfaction qu'une âme, qui d'ailleurs est contente, peut avoir, est de se voir aimée des autres : quoiqu'à l'égard de Dieu il y ait cette différence que sa gloire et notre culte ne sauraient rien ajouter à sa satisfaction, la connaissance des créatures n'étant qu'une suite de sa souveraine et parfaite félicité, bien loin d'y contribuer ou d'en être en partie la cause. Cependant ce qui est bon et raisonnable dans les esprits finis se trouve éminemment en lui, et comme nous louerions un roi qui aimerait mieux de conserver la vie d'un homme que du plus précieux et du plus rare de ses animaux, nous ne devons point douter que le plus éclairé et le plus juste de tous les monarques ne soit dans le même sentiment.

§ 36. En effet, les esprits sont les substances les plus perfectionnables, et leurs perfections ont cela de particulier qu'elles s'entr'empêchent le moins, ou plutôt qu'elles s'entr'aident, car les plus vertueux pourront seuls être les plus parfaits amis : d'où il s'ensuit manifestement que Dieu, qui va toujours à la plus grande perfection en général, aura le plus de soin des esprits, et leur donnera non seulement en général, mais même à chacun en particulier, le plus de perfection que l'harmonie universelle saurait permettre. On peut même dire que Dieu, en tant qu'il est esprit, est l'origine des existences ; autrement, s'il manquait de volonté pour choisir le meilleur, il n'y aurait aucune raison pour qu'un possible existât préférablement aux autres. Ainsi la qualité de Dieu qu'il a d'être esprit lui-même, va devant toutes les autres considérations qu'il peut avoir à l'égard des autres créatures : les seuls esprits sont faits à son image, et quasi de sa race ou comme enfants de la maison, puisqu'eux seuls peuvent le servir librement et agir avec connaissance à l'imitation de la nature divine : un seul esprit vaut tout un monde, puisqu'il ne l'exprime pas seulement, mais le connaît aussi, et s'y gouverne à la façon de Dieu. Tellement qu'il semble, quoique toute substance exprime tout l'univers, que néanmoins les autres substances expriment plutôt le monde que Dieu, mais que les esprits expriment plutôt Dieu que le monde. Et cette nature si noble des esprits, qui les approche de la divinité autant qu'il est possible aux simples créatures, fait que Dieu tire d'eux infiniment plus de gloire que du reste des êtres, ou plutôt les autres êtres ne donnent, que de la matière aux esprits pour le glorifier. C'est pourquoi cette qualité morale de Dieu, qui le rend Seigneur ou monarque des esprits, le concerne pour ainsi dire personnellement d'une manière toute singulière. C'est en cela qu'il s'humanise, qu'il veut bien souffrir des anthropologies, et qu'il entre en société avec nous comme un prince avec ses sujets ; et cette considération lui est si chère que l'heureux et florissant état de son empire, qui consiste dans la plus grande félicité possible des habitants, devient la suprême de ses lois. Car la félicité est aux personnes ce que la perfection est aux êtres. Et si le premier principe de l'existence du monde physique est le décret de lui donner le plus de perfection qu'il se peut, le premier dessein du monde moral ou de la cité de Dieu, qui est la plus noble partie de l'univers, doit être d'y répandre le plus de félicité qu'il sera possible. Il ne faut donc point douter que Dieu n'ait ordonné tout en sorte que les esprits non seulement puissent vivre toujours, ce qui est immanquable, mais encore qu'ils conservent toujours leur qualité morale, afin que sa cité ne perde aucune personne, comme le monde ne perd aucune substance. Et par conséquent ils sauront toujours ce qu'ils sont, autrement ils ne seraient susceptibles de récompense ni de châtiment, ce qui est pourtant de l'essence d'une république, mais surtout de la plus parfaite où rien ne saurait être négligé. Enfin, Dieu étant en même temps le plus juste et le plus débonnaire des monarques, et ne demandant que la bonne volonté, pourvu qu'elle soit sincère et sérieuse, ses sujets ne sauraient souhaiter une meilleure condition, et pour les rendre parfaitement heureux il veut seulement qu'on l'aime.

TABLE DES MATIÈRES

INTRODUCTION

Avant-Propos. — Histoire des *Nouveaux Essais* 1
Vie et écrits de Leibniz 3

LA PHILOSOPHIE DE LEIBNIZ 8
   Avant-Propos 8

PREMIÈRE PARTIE. ESQUISSE DE LA MÉTAPHYSIQUE DE LEIBNIZ   11

   I. Aperçu général 11
   II. Nouvelle théorie de la Substance 1
   III. Les Monades 21
      1° La Force et la Perception 21
      2° Les Perceptions de la Monade 25
      3° Le point de vue de la Monade 27
      4° Le Monde des corps et la matière 30
   IV. L'Harmonie préétablie 34
   V. Le Déterminisme et le sentiment de la Liberté ... 38
   VI. L'immortalité des Monades 45

DEUXIÈME PARTIE. THÉORIE DE LA CONNAISSANCE 49

   Avant-Propos 49
   I. Connaissance non réfléchie. — Perceptions insensibles et perfections claires 50
   II. Connaissance réfléchie 56
      1° La question des idées innées avant Leibniz ... 57

TABLE DES MATIÈRES.

    1° Les Cartésiens et le Rationalisme...... 57
    2° Locke et l'Empirisme............... 59
  2° La question des idées innées chez Leibniz. —
    Il y a des idées et vérités innées........ 64
  3° Les idées et les vérités innées suivant Leibniz.
    — Les principes de la Connaissance....... 69
      a. Le Principe de Contradiction.......... 70
      b. Le Principe de Raison Suffisante....... 70
  4° Le fondement de la Morale................ 77
  5° Les Principes de la Métaphysique............ 81
  6° L'idée de Dieu......................... 83
CONCLUSIONS............................... 86

NOUVEAUX ESSAIS SUR L'ENTENDEMENT HUMAIN

AVANT-PROPOS............................... 91

LIVRE PREMIER. — DES NOTIONS INNÉES........... 130
  CHAPITRE I. — S'IL Y A DES PRINCIPES INNÉS DANS
    L'ESPRIT DE L'HOMME......................... 138
  CHAPITRE II. — QU'IL N'Y A POINT DE PRINCIPES DE PRA-
    TIQUE QUI SOIENT INNÉS..................... 170
  CHAPITRE III. — AUTRES CONSIDÉRATIONS TOUCHANT LES
    PRINCIPES INNÉS........................... 199

EXTRAITS

N° 1. — Sur l'Essai de l'Entendement humain de M. Locke. 211
N° 2. — Échantillons de réflexions sur le premier livre de
  l'Essai de l'Entendement de l'homme................ 110
  Échantillons des réflexions sur le deuxième livre.... 225
N° 3. — Les perceptions sensibles. — L'âme pense-t-elle
  toujours................................. 228
N° 4. — Si l'âme à la naissance est une table rase........ 239

N° 5. — **Le principe de Raison Suffisante.** — Les lois de la nature et la finalité.............................. 242
N° 6. — Le bien ou la recherche du bonheur réglée par a raison... 247
N° 7. — L'idée du bien et de la vertu.................. 252
N° 8. — Nature et destinée des esprits ou Monades raisonnables; leur parenté avec Dieu..................... 253

M.

Librairie HACHETTE et Cⁱᵉ, boul. St-Germain, 79, Paris

OUVRAGES

A L'USAGE DES

CANDIDATS AU BACCALAURÉAT

DE L'ENSEIGNEMENT SECONDAIRE CLASSIQUE ET MODERNE

Programmes des examens du baccalauréat de l'enseignement secondaire classique. Brochure in-16.. . . 30 c.

Programmes des examens du baccalauréat de l'enseignement secondaire moderne. Brochure in-16.. . . 30 c.

Mémento du baccalauréat de l'enseignement secondaire classique et moderne, édition entièrement refondue et conforme aux programmes derniers, format petit in-16, cartonné :

    Littérature, par M. Albert Le Roy. Nouvelle édition entièrement refondue. (*Baccalauréat classique*, 1ʳᵉ *partie*.) 1 vol.   5 fr.

    Histoire et Géographie, par MM. G. Ducoudray et Augustin Poux. (*Baccal. classique et moderne*, 1ʳᵉ *partie*.) 1 vol.   3 fr. 50

    Partie scientifique, par MM. Bos et Barré, astronome adjoint à l'Observatoire de Paris. (*Baccal. classique*, 1ʳᵉ *part*.) 1 vol.   2 fr.

    Philosophie. Histoire contemporaine, par MM. R. Thamin et G. Ducoudray. (*Baccal. classique et moderne*, 2ᵉ *partie*, 1ʳᵉ *série*.) 1 vol.. . . . .   3 fr. 50

    Éléments de Physique et de Chimie, nouvelle édition avec la notation atomique, par M. Banet-Rivet, professeur au lycée Michelet. (*Baccal. class.*, 2ᵉ *partie*, 1ʳᵉ *série*.) 1 vol.   2 fr.

    Histoire naturelle, par MM. Mangin, prof. au lycée Louis-le-Grand, et Retterer, prof. agrégé à la Faculté de médecine. (*Baccal. classique et moderne*, 2ᵉ *partie*, 1ʳᵉ *et* 2ᵉ *séries*.) 1 vol.   » »

    Mathématiques, par MM. Bos, Bezodis, Pichot et Mascart, agrégés de l'Université. (*Baccal. classique*, 2ᵉ *partie*, 2ᵉ *série*. — *Baccal. moderne*, 2ᵉ *partie*, 3ᵉ *série*.) 1 vol. . . . .   5 fr.

    Physique et Chimie, nouvelle édition avec la notation atomique, par M. Banet-Rivet. (*Baccal. classique*, 2ᵉ *partie*, 2ᵉ *série*. — *Baccal. moderne*, 2ᵉ *partie*, 3ᵉ *série*.) 1 vol. . .   3 fr. 50

    Éléments de Philosophie scientifique et morale. Histoire contemporaine, par MM. Worms et G. Ducoudray. (*Baccal. classique*, 2ᵉ *partie*, 2ᵉ *série*. — *Baccal. moderne*, 2ᵉ *partie*, 2ᵉ *et* 3ᵉ *séries*.) 1 vol. . . . .   2 fr.

BACCALAURÉAT — PREMIÈRE PARTIE
ÉPREUVES ÉCRITES
VERSION LATINE

Lexique latin-français, rédigé conformément au décret du 19 juin 1880, à l'usage des candidats au baccalauréat, par M. Châtelain, chargé de cours à la Faculté des lettres de Paris; 3 édit., revue et corrigée. 1 vol. in-16, cartonnage toile. 6 fr.

Reconnu conforme à la note officielle du 29 janvier 1881.

Cours de versions latines, à l'usage des candidats au baccalauréat. 125 textes précédés de notices sur les auteurs et accompagnés de notes, par M. Tridon-Péronneau, agrégé des classes supérieures. *Textes et traductions*. 2 volumes in-16, brochés. . . . 3 fr. 50

On vend séparément :
Textes latins. 1 vol. 2 fr. Traductions françaises. 1 vol. 1 fr. 50

Recueil de versions latines, dictées à la Sorbonne pour les examens du baccalauréat de 1888 à 1893, par M. Uri, docteur ès lettres, secrétaire des conférences à la Faculté des lettres de Paris. *Textes et traductions*. 2 volumes in-16, brochés. . . . . 3 fr.

On vend séparément :
Textes latins. 1 vol. 1 fr. 50 Traductions françaises. 1 vol. 1 fr. 50

COMPOSITION FRANÇAISE

Recueil de compositions françaises, à l'usage des candidats au baccalauréat, par M. Tridon-Péronneau. 5ᵉ éd. 1 vol. in-16, br. 2 fr.

Nouveau recueil des compositions françaises, à l'usage des candidats au baccalauréat, par M. Tridon-Péronneau. 1 vol. in-16, broché. . . . . 1 fr.

Questions de littérature et d'histoire, réponses aux questions les plus difficiles posées dans les examens oraux du baccalauréat. par M. Tridon-Péronneau. 1 vol. in-16, broché . . . . . . 1 fr.

Recueil de compositions françaises, lettres, récits, discours, dissertations (sujets et développements), à l'usage des candidats au baccalauréat et à l'école de Saint-Cyr, par M. Marais, ancien professeur au collège Sainte-Barbe. 1 vol. in-16, broché. . . 1 fr. 50

Conseils sur l'art d'écrire. Principes de composition et de style, par M. G. Lanson, maître de conférences à l'École normale supérieure. 1 vol. in-16, cart. toile. . . . . 2 fr. 50

Étude pratique de composition française, sujets préparés et commentés pour servir de complément aux *Conseils sur l'art d'écrire*, par M. Lanson. 1 vol. in-16, cart. toile. . . . . . 2 fr.

Histoire de la littérature française depuis les origines jusqu'à nos jours, par M. G. Lanson, 4ᵉ édition revue, corrigée et complétée. 1 volume in-16, broché . . . . 4 fr.
Cartonné toile. . . . . 4 fr. 50

Modèles de composition française, empruntés aux écrivains classiques; comprenant des descriptions, des portraits, des narrations, des dialogues, des lettres, des discours, des dissertations morales et littéraires, avec des arguments et des préceptes sur chaque genre de composition, à l'usage des classes supérieures et des candidats au baccalauréat; publiés par M. Chassang, ancien inspecteur général de l'instruction publique. 1 vol. in-13 cartonné. . . . . 2 fr.

Sujets et modèles de composition française, à l'usage des classes supérieures et des candidats au baccalauréat, publiés par M. Pellissier, ancien professeur au collège Sainte-Barbe. 1 vol. in-16, cartonné. . . . . 2 fr. 50
La composition française à l'examen de Saint-Cyr, par M. J. Berthet, professeur de rhétorique au lycée Condorcet. 1 vol. in-16, broché. . . . . 2 fr.

LANGUES VIVANTES

Lexique français-allemand, rédigé conformément au décret du 19 juin 1880, à l'usage des candidats au baccalauréat, par M. Koch, professeur au lycée Saint-Louis; nouv. édit. 1 vol. in-16, cart. 4 fr.
Reconnu conforme à la note officielle du 29 janvier 1881.
Cours de thèmes allemands, à l'usage des classes supérieures et des candidats au baccalauréat et à l'école de Saint-Cyr, par M. Scherdlin, professeur au lycée Charlemagne. 1 vol. in-16, cartonné. . . . . 3 fr.
Traduction allemande du Cours de thèmes. 1 volume in-16, broché. . . . . 3 fr. 50
Cours de thèmes allemands, accompagnés de vocabulaires, par M. Bacharach. 1 vol. in-16, cartonné. . . . . 3 fr. 50
Cours de thèmes allemands, par M. Riquiez, professeur agrégé d'allemand au lycée Henri IV. 1 vol. in-16, cartonné. . . 1 fr. 50
Lexique français-anglais, rédigé conformément au décret du 19 juin 1880, à l'usage des candidats au baccalauréat, par MM. Baltier et Legrand, agrégés de l'Université; nouv. éd. 1 vol. in-16, cart. 4 fr.
Reconnu conforme à la note officielle du 29 janvier 1881.
Cours de thèmes anglais, à l'usage des classes supérieures et des candidats au baccalauréat, par M. Morel, professeur au lycée Louis-le-Grand. 1 vol. in-16, cartonné . . . . 2 fr. 50

ÉPREUVES ORALES

RHÉTORIQUE ET LITTÉRATURE CLASSIQUE

Études littéraires sur les classiques français des classes supérieures et du baccalauréat, par M. Merlet, ancien professeur de rhétorique au lycée Louis-le-Grand; revues, continuées et mises au courant des derniers programmes, par M. E. Lintilhac, professeur de rhétorique au lycée Janson-de-Sailly. 2 vol. in-16, br. . . 8 fr.
I. Corneille. — Racine. — Molière. — La Fontaine. — Boileau. 1 volume. . . . . 4 fr.
II. Chanson de Roland. — Villehardouin. — Joinville. — Froissart. — Commynes. — Marot. — Ronsard. — J. du Bellay. — A. d'Aubigné. — M. Régnier. — Montaigne. — Pascal. — Bossuet. — Fénelon. — La Bruyère. — Montesquieu. — Buffon. — Voltaire. — Diderot. — J.-J. Rousseau. — Lettres du XVII° et du XVIII° siècles. — Chateaubriand. — Lamartine. — Victor Hugo. — Michelet. 1 volume. 4 fr.

Morceaux choisis des auteurs français des XVIᵉ, XVIIᵉ, XVIIIᵉ et XIXᵉ siècles, publiés conformément aux programmes du 28 janvier 1890 à l'usage de l'enseignement secondaire, avec un aperçu sur la littérature française, des notices et des notes, par M. Albert Cahen, professeur de rhétorique au lycée Louis-le-Grand, classes de Troisième, Seconde et Rhétorique. 2 vol. in-16, cart. toile :
Prose, 1 vol. . . . . 4 fr.
Poésie, 1 vol. . . . . 3 fr. 50

Textes classiques de la littérature française, extraits des grands écrivains, avec notices biographiques et bibliographiques, appréciations littéraires et notes explicatives par M. Demogeot; nouvelle édition. 2 vol. in-16, cartonnés. . . . . 6 fr.
I. *Moyen âge, seizième et dix-septième siècles.* 1 vol. 3 fr.
II. *Dix-huitième et dix-neuvième siècles.* 1 vol. . . . 3 fr.

Éléments de rhétorique française, par M. Filon. 1 vol. in-16, broché. . . . . 2 fr. 50

Principes de rhétorique française, par M. Pellissier, 1 vol. in-16, cartonné. . . . . 2 fr. 50

Histoire de la littérature française des origines jusqu'à nos jours, par M. Lanson, maître de conférences à l'École normale supérieure, 4ᵉ édit., revue, corrigée et complétée. 1 fort volume in-16, broché. . . . . 4 fr.
Cartonné toile. . . . . 4 fr. 50

Histoire de la littérature latine, des origines à la fin du vᵉ siècle après J.-C., par M. Pichon, professeur de rhétorique au lycée Hoche. 1 fort volume in-16, broché. . . . . 5 fr.
Cartonné toile. . . . . 5 fr. 50

Histoire de la littérature française depuis ses origines jusqu'à nos jours, par M. Demogeot. 1 vol. in-16, broché. . . . 4 fr.

Histoire de la littérature grecque, par M. Alexis Pierron. 1 vol. in-16, broché. 4 fr.

Histoire de la littérature romaine, par M. Pierron. 1 vol. in-16, broché. . . . . 4 fr.

HISTOIRE ET GÉOGRAPHIE

Histoire de l'Europe, et particulièrement de la France, de 1610 à 1789, par M. Duruy. Nouvelle édition entièrement refondue sous la direction de M. Lavisse, par M. Lacour-Gayet, professeur au lycée Saint-Louis. 1 vol. in-16, cart. toile. . . . 5 fr.

Géographie de la France, par M. Cortambert; nouvelle édition refondue (classe de rhétorique). 1 volume in-16, cart. . . 3 fr. 50
Atlas correspondant (18 cartes). . . . . 3 fr. 50

Géographie de la France, conforme aux programmes de 1890 pour la classe de rhétorique, par MM. Schrader et Gallouédec, professeur agrégé au lycée d'Orléans, 2ᵉ édition avec un index alphabétique de tous les noms cités. 1 vol. in-16, avec de nombreuses cartes en couleurs et en noir, cartonné. . . . . 3 fr. 50
Atlas correspondant, par MM. Schrader, Prudent et Anthoine. 11 cartes in-folio, cartonné. . . . . 5 fr.

Coulommiers. — Imp. PAUL BRODARD. — 813-97.

CLASSIQUES FRANÇAIS
(Les noms des annotateurs sont entre parenthèses.)

BOILEAU : *Œuvres poétiques* (Brunetière). 1 50
— *Poésies et Extraits des œuvres en prose*. 2 »
BOSSUET : *De la connaissance de Dieu* (de Lens). 1 60
— *Sermons choisis* (Rébelliau)............ 3 »
— *Oraisons funèbres* (Rébelliau)......... 2 50
— *Extraits des œuvres diverses* (Rébelliau)... » »
BUFFON : *Morceaux choisis* (E. Lupré)......... 1 50
— *Discours sur le style*................... » 30
CHANSON DE ROLAND : *Extraits* (G. Paris)...... 1 50
CHATEAUBRIAND : *Récits, scènes et paysages* (Brunetière). » »
CHEFS-D'ŒUVRE POÉTIQUES DU XVIᵉ SIÈCLE (Lemercier)........................... 2 50
CHOIX DE LETTRES DU XVIIᵉ SIÈCLE (Lanson)... 2 50
CHOIX DE LETTRES DU XVIIIᵉ SIÈCLE (Lanson)... 2 50
CHRESTOMATHIE DU MOYEN AGE (G. Paris et E. Langlois). 3 »
CORNEILLE : *Théâtre choisi* (Petit de Julleville)..... 3 »
— Chaque pièce séparément............... 1 »
— *Scènes choisies* (Petit de Julleville)...... 1 »
DIDEROT : *Extraits* (Texte)................... 2 »
EXTRAITS DES CHRONIQUEURS (G. Paris et Jeanroy). 2 50
EXTRAITS DES HISTORIENS DU XIXᵉ SIÈCLE (C. Jullian). 3 50
EXTRAITS DES MORALISTES (Thamin)...... 2 50
FÉNELON : *Fables* (Ad. Régnier)............. » 75
— *Télémaque* (A. Chassang)............... 1 80
FLORIAN : *Fables* (Géruzez)................. » 75
JOINVILLE : *Histoire de saint Louis* (Natalis de Wailly).. 2 »
LA BRUYÈRE : *Caractères* (Servois et Rébelliau).. 2 50
LA FONTAINE : *Fables* (Géruzez et Thirion)... 1 60
LAMARTINE : *Morceaux choisis*.............. 2 »
MOLIÈRE : *Théâtre choisi* (E. Thirion)......... 3 »
— Chaque pièce séparément............... 1 »
— *Scènes choisies* (E. Thirion)............. 1 50
MONTAIGNE : *Principaux chapitres et extraits* (Jeanroy). 2 50
MONTESQUIEU : *Grand. et décad. des Romains* (Jullian). 1 80
— *Extraits de l'Esprit des lois et des œuvres div.* (Jullian). 2 »
— *Esprit des lois, livre 1ᵉʳ* (Jullian)........ » 25
PASCAL : *Opuscules et Pensées* (Brunschwicg). 3 50
— *Opuscules* (C. Adam).................. 1 50
— *Provinciales*, I, IV, XIII (Brunetière)..... 1 80
PROSATEURS DU XVIᵉ SIÈCLE (Huguet)........ 2 50
RACINE : *Théâtre choisi* (Lanson)............ 3 »
— Chaque pièce séparément............... 1 »
RÉCITS DU MOYEN AGE (G. Paris)............. 1 50
ROUSSEAU : *Extraits en prose* (Brunel)........ 2 »
— *Lettre à d'Alembert sur les spectacles* (Brunel). 1 50
SÉVIGNÉ : *Lettres choisies* (Ad. Régnier)...... 1 80
THÉÂTRE CLASSIQUE (Ad. Régnier)........... 3 »
VOLTAIRE : *Extraits en prose* (Brunel)........ 3 »
— *Choix de lettres* (Brunel).............. 2 25
— *Siècle de Louis XIV* (Bourgeois)......... 2 75
— *Charles XII* (A. Waddington)........... 3 »

9-97

www.ingramcontent.com/pod-product-compliance
Lightning Source LLC
Chambersburg PA
CBHW050319170426
43200CB00009BA/1384